妾の入宿　左に腰掛けているのが「めかけの目見え」とあるように、これより目見えに出かけようという妾であり、「御奉公人口入仕候」という看板の下にいるのが「月きわめのかこひもの」すなわち月極めの妾で、その左が口入の「肝煎かか」である。（風俗画報四〇号所載）

狙曳図《さるひき》　下段の左が猿引すなわち猿廻しの図で、上段は京都四条河原の納涼、下段右は獅子舞の図。（風俗画報三一号所載）

男風呂の図　左側の足だけ見える所の奥に風呂桶があります。
（式亭三馬「浮世風呂初編」所載）

席の物ニ
兩女湯、
邪しき愛
秋より変
出し坐
月日

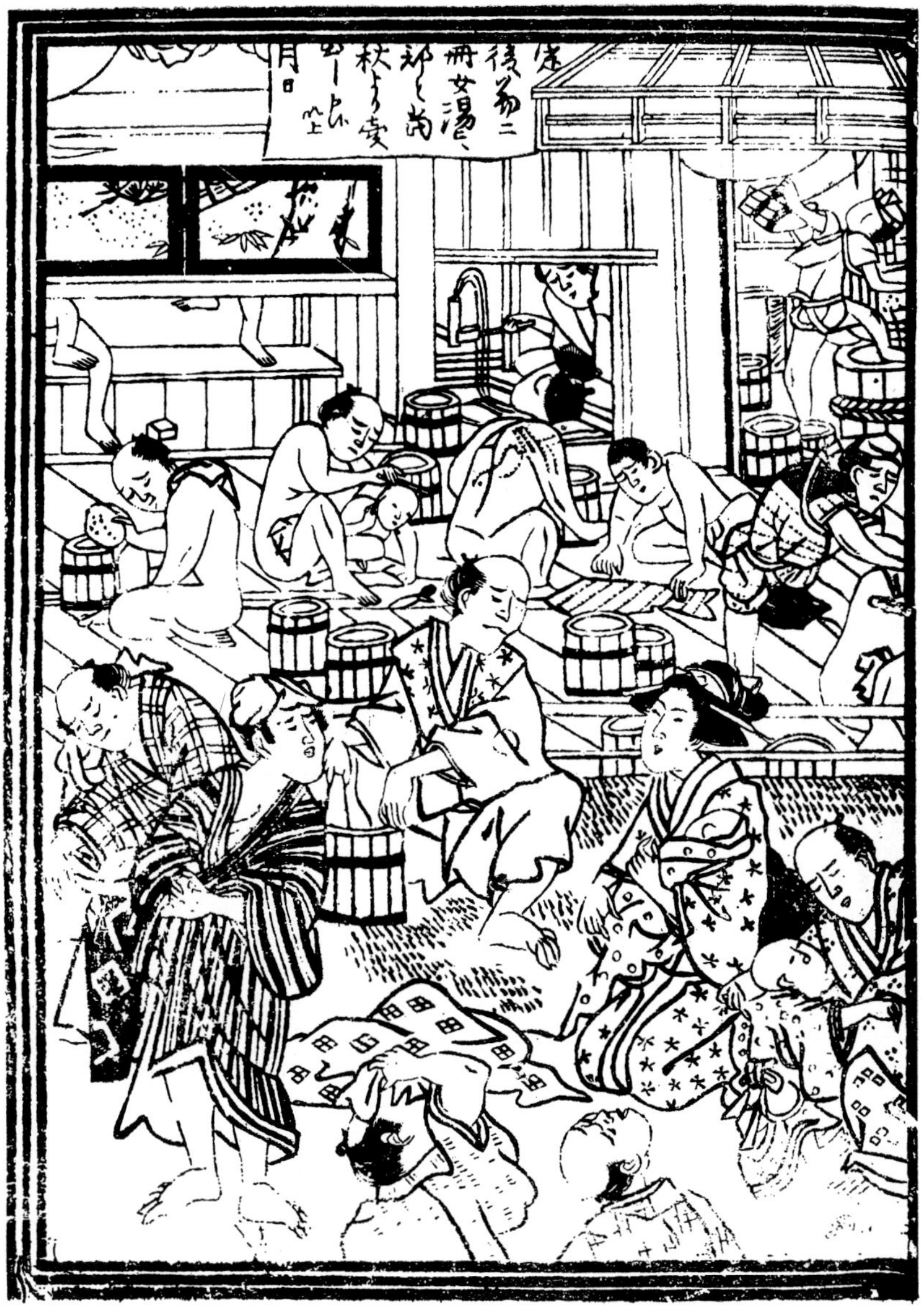

（上）品川の遊女（飯盛）の起請文

解説は本文一二七ページ参照

（下）遠山金四郎駕篭起請文

本文二三五ページにおいて述べるように、幕府の旗本が疾病その他の理由で、乗馬できず、駕篭に乗るときは、その理由が偽りでないことを起請文で誓わなければならなかった。図の起請文は若い時代に放蕩して、のち江戸の名奉行となり、「遠山の金ちゃん」の愛称で呼ばれる遠山左衛門尉が遠山金四郎時代に、痔病を理由にして差出した駕篭起請文である。左側の罰文には熊野午王《ごおう》が用いられている。（著者所蔵）

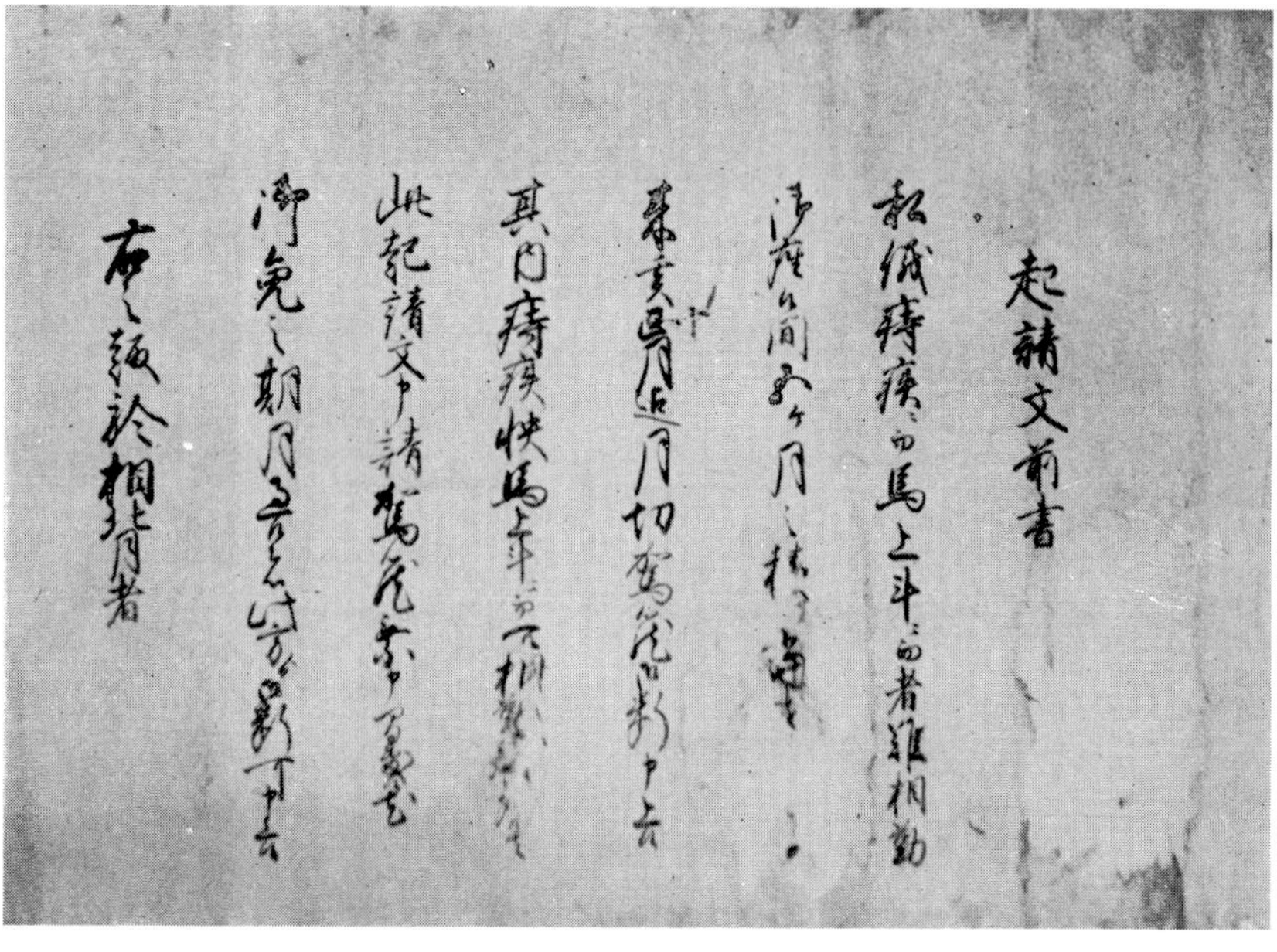
起請文前書

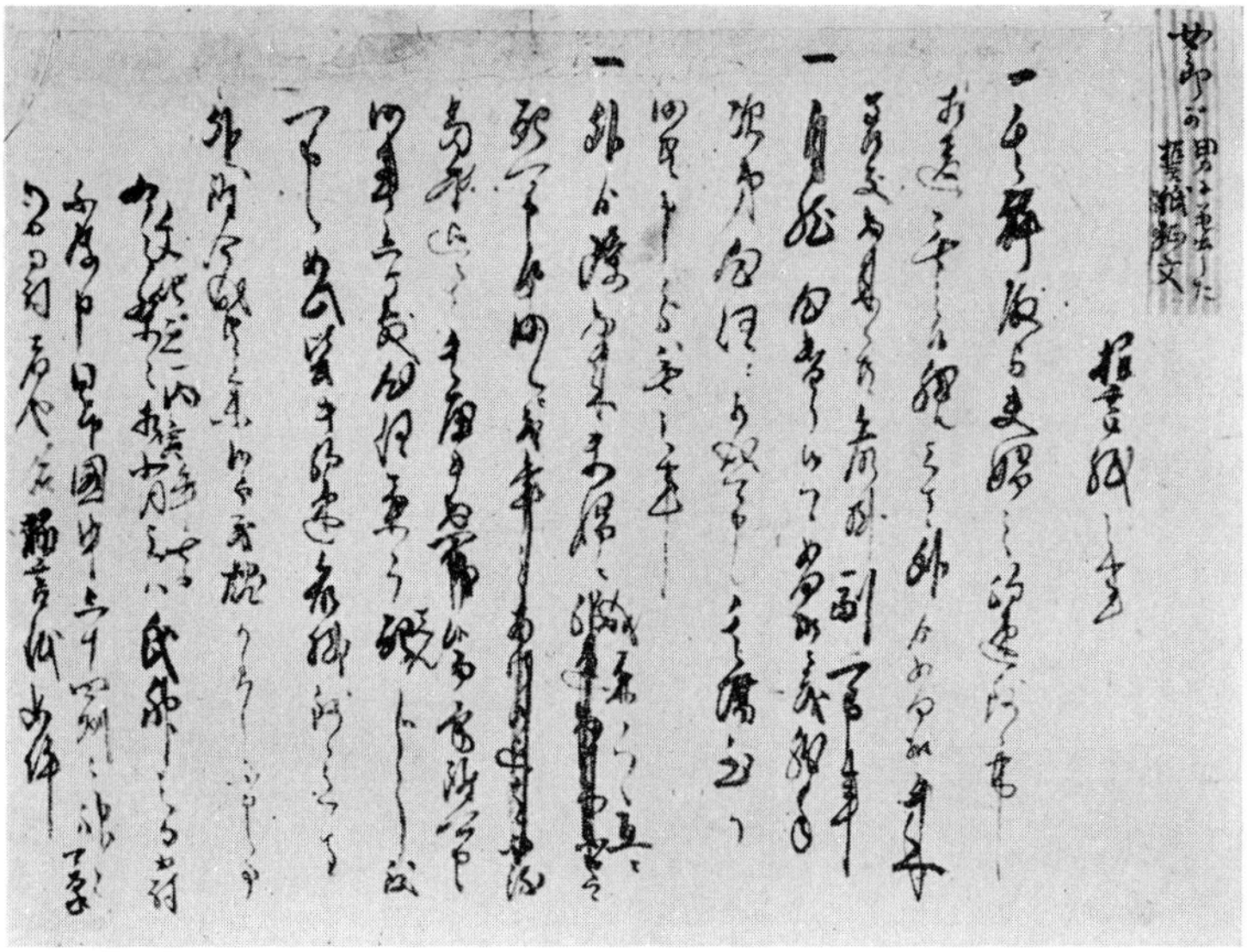

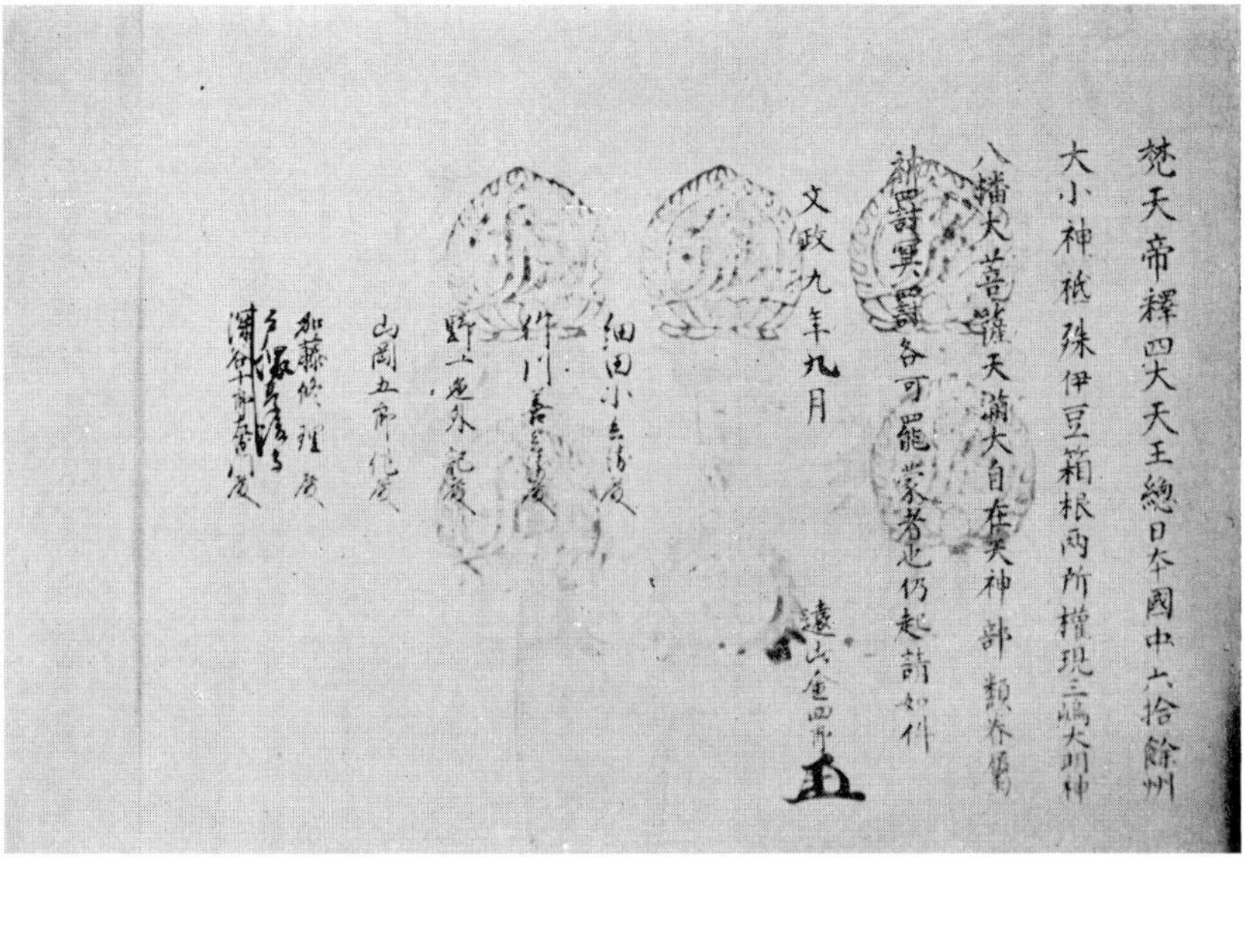
梵天帝釈四大天王總日本國中六拾餘州
大小神祇殊伊豆箱根両所権現三嶋大明神
八幡大菩薩天満大自在天神部類眷属
神罰冥罰各可罷蒙者也仍起請如件
文政九年九月
遠山金四郎

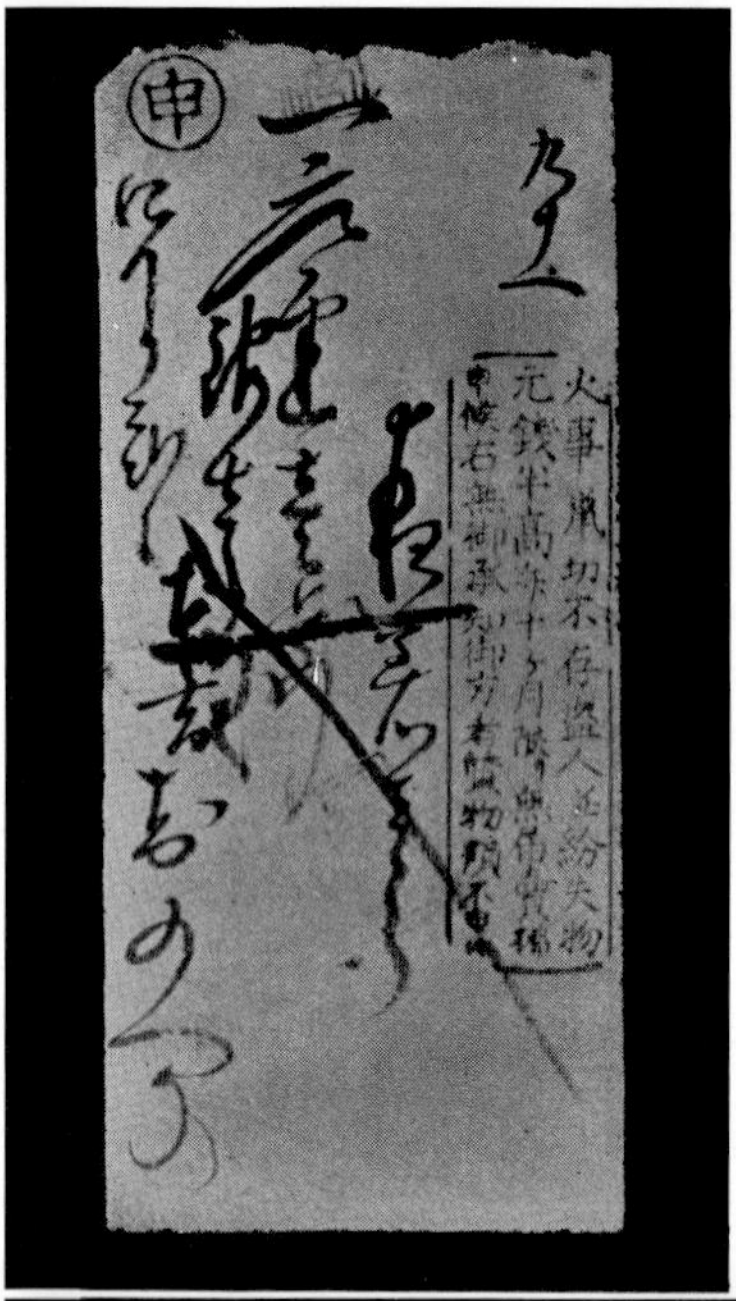

江戸時代の質札

（上）夜着一つで金一歩銀一匁を借りたもので、木版の意味は、質物の火事による焼失および鼠害については責任を負わない。質物が盗まれた場合および紛失した場合には質入人が元銭の半額を返すこと、十ヵ月内に請出さないと、質入主に無届で質物を売払うが、これらの条件を承知しないものからは質入を受けないということです。

（下）十一月に女の単物二つ、浴衣とかた置二つ、〆て五つを、金一両一分二朱で質入したものであって、裏の木版に、「三か月切」とあるのは、三ヵ月内に請出さないと流れるという意味、「鼠喰疵不レ存」は、鼠喰によって出来た疵には責任を負わないという意味である。裏面にはまた受人の文次郎の名前が書いてある。

（著者所蔵）

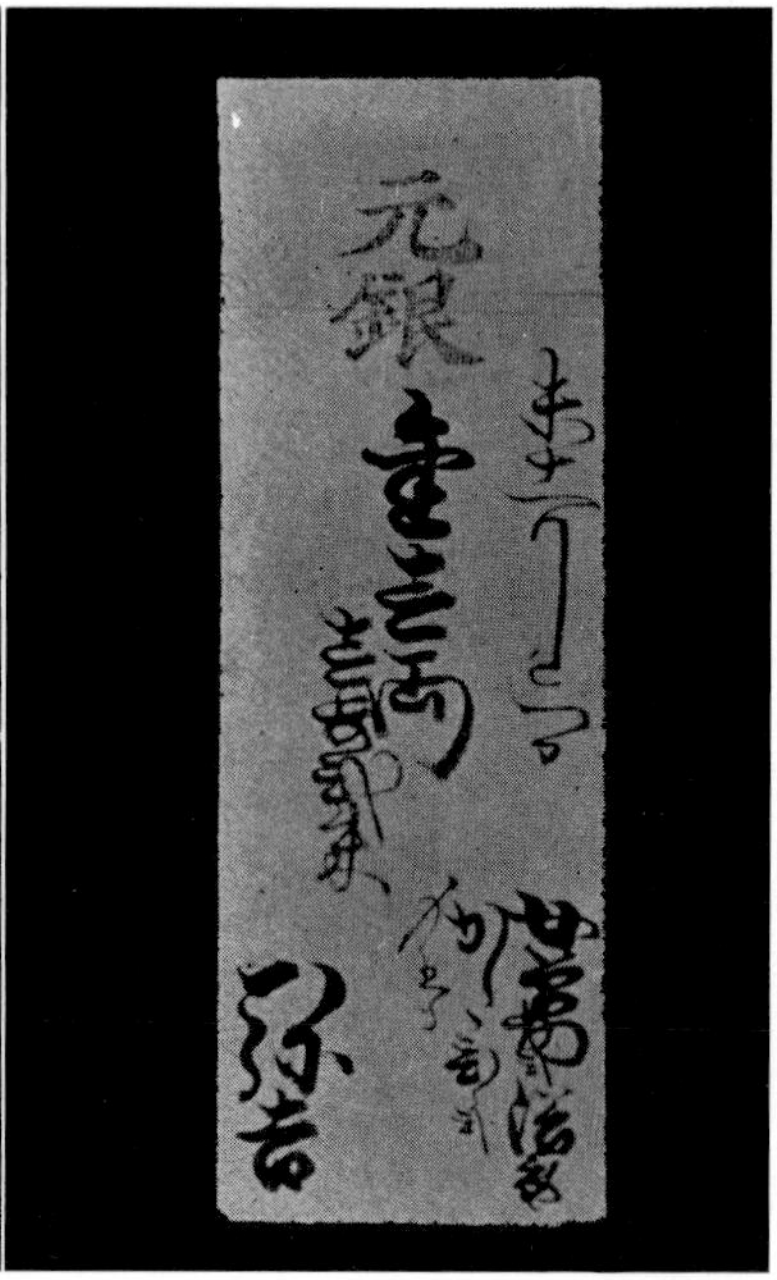

江戸の遊女

明石選書

石井良助

明石書店

復刊の序

わたくしが当初、井上書房の依頼により、雑誌「時の法令」に連載した「古法漫筆――江戸時代」を基として、昭和三四年に「江戸時代漫筆」を刊行したときは、続刊するつもりはなかった。しかしその後、読者よりの要望もあるというので、ふたたび「古法漫筆」を「時の法令」に連載することになり、そしてそれがある程度たまるに従って、続、第三、第四、第五江戸時代漫筆として刊行したのである。第五江戸時代漫筆以後はしばらく、刊行が途切れたのであるが、近く第六を刊行するのを機会に、既刊分を復刊することにしたが、読者諸兄より、五冊も出ると、第三、第四のような数字の表題では内容がわからなくて不便だという声が強いので、内容を示す副題を主題として、「第何漫筆」というこれまでの主題を副題とし、かつ、「江戸時代漫筆」を「第一江戸時代漫筆」、「続江戸時代漫筆」を「第二江戸時代漫筆」と改めることにした。なお、第三江戸時代漫筆の副題は「ばくちその他」であったが、内容に則して「盗み・ばくちその他」に改めた。

復刊の機会に気のついた誤植誤謬は改めたが、内容は、もとのままである。

昭和四六年六月一日

石井良助

第三版刊行にあたり、副題を「江戸の遊女」に改めた。

また、初版当時装丁に使用した切絵図「今戸箕輪浅草え図」は割愛した。

一九八九年一〇月一日

序　文

本書は雑誌「時の法令」の第三五〇号（昭和三五年五月三日号）より第三七五号（昭和三六年一月一三日号）まで二五回にわたって連載した「古法漫筆――続江戸時代―」と題する拙文をまとめたものであり、前著「江戸時代漫筆――江戸の町奉行その他―」〔『江戸の町奉行』明石選書〕の続編である。今回出版するにあたって、若干増訂を加え、かつ附録として「弾左衛門」を収めた。

前著の序文にも記したように、本書は著者の専門とする法制史に関する漫筆集である。わかり易いことを主眼としたので、史料などはあまり入れない方針であったが、項目によっては、これを入れないのでは意をつくせないことがあるので、本書では幾つかこれを載せたが、その場合、読み易いように書下し文に改め、かつ参考のために原文も添えておいた。

附録に載せた「弾左衛門」は朝野新聞明治二五年六月二五日号より七月六日号までに載せた「穢多の一大族制」中より収録したものである。これは明治二五年四月より同二六年五月にかけてやく一年間同新聞に連載された「徳川制度」の一部である。本書もかぶり乞食その他につき本稿により幾つかの資料を得ているが、本文で乞胸、夙、茶筅、非人等の題目を収めたので、これと関連するものとして、収録したのであるが、弾左衛門の実体を記したものとして、きわめて珍しくかつ興味ある資料であると考える。

三八（38）ページ所載非人鑑札の図および二七八ページ所載弾左衛門囲絵図は中央大学法制史研究会が法学新報第六七巻第一〇号に発表された同学所蔵史料の複刻によるものである。

右「徳川制度」は誤まりも間々あるが、貴重な資料と考えるので、近く全部を刊行したい考えである。

なお、本書の装丁に使用したのは、嘉永六年尾張屋刊行の切絵図「今戸箕輪浅草え図」である。

昭和三六年八月六日

石井良助

目次

附　録

江戸の遊女

一　帯刀のこと

江戸時代の人民を分けて、よく士農工商といいます。そして、これが江戸時代の身分を示すものであり、士すなわち武士が一番高く、農すなわち農民（百姓）はこれにつぎ、工すなわち職人がその下に位し、商すなわち商人は最下級だったといわれます。しかし、こういう考え方には疑問の余地がないでもありません。士が最高の地位にいたことは疑いありませんが、そのつぎの農すなわち農民がどれだけ尊重されたかは問題です。年貢を納めるのは農民ですから、その意味では尊重されたのでしょうけれども、有名な慶安二年（一六四九）の御触書に、農民は酒茶煙草を飲んではいかぬ、秋になっても妻子に米の飯をむだに食わしてはいかぬ、大茶をのみ、物まいり遊山する女房を離別すべし、等とあるところをもって見ると、それほど尊重していたようにも思えません。これらはいずれも、年貢を滞りなく納めさせるために設けられた規定ですから、幕府や藩で尊重したのは農民ではなくして、むしろ農業だったと考えられます。

工商の関係も同じで、幕府や藩で商人よりも職人の方をとくに重んじたかどうか疑問であると思います。ただ、武器その他の要具を生産するのですから、たんに物品の所在および時間の変動によって利を得る商よりも工の方が有益であると考えたということは十分ありうることです。しかし、この場合も、商人より職人を重んじるというよりも、むしろ、商業よりも工業の方を重んじたという方が適当かも知れません。それに、士農工商などというのも、おそらく、学者などが言い出したことで、幕府の法令にもこの語は見えてはいますが、庶民の総称として用いたもので、幕府が公けに庶民を農工商に分かつ旨宣言したのではないのだろうと思います。

それはいずれにしても、江戸時代において、士と農工商との間に大きな差違があったことは疑いをいれません。すなわち、前者は政治的な支配階級であり、後者は被支配階級だったのです。そして、その差違は生活の各方面に現われているのでありますが、これを端的に示すものは、武士に認められた無礼打の特権および苗字帯刀の特権でありましょう。

無礼打《ぶれいうち》（切捨御免《きりすてごめん》ともいいます）の規定は御定書《おさだめがき》百箇条の第七一条に左のように見えています。

前々よりの例

一、足軽体《てい》に候とも、軽き町人百姓の身として、法外の雑言《ぞうごん》等不届の仕方、やむことをえず切殺し候もの

吟味の上紛なきにおいては

構《かま》いなし、

〔原文〕

従《より》二前々一之例

一足軽体《てい》ニ候共、軽き町人百姓の身として、法外の雑言等不届之

仕方、不レ得二止事一を切殺候もの

吟味の上、無レ紛《まぎれ》においては

無レ構、

この規定は、寛保二年（一七四二）十二月に伊達大膳大夫の家来の足軽が主人の供をしたが、そのとき供仲間の中に日雇の者がおり、供先で、夜になったからとて、増銭を要求したので、右の足軽が、供先のことだから、屋敷へ帰ってから、増銭を渡す旨申したところ、日雇の中で頭体《てい》の一人が雑言を申し、外の日雇の者を騒がしたので、くだんの足軽がおどしのため、これをみね打にしたところ、手が廻って疵つけ、この者は死亡した。しかし、この者が慮外者であることが紛れないので、右の足軽は構いなしとなったという先例に基づいたものです。もっとも、肩書に「従《より》二前々一之例」とある所をもってみると、無礼打の制はこの以前より存し、ただ条文中に、「足軽体ニ候共」とあるのがこの先例に基づいたものかも知れません。文中「軽き町人百姓」というのは、町人や百姓の中に、重い町人と軽い町人とあるその中の軽い方という意味でなくして、町人百姓というものは、武士に比べては軽い身分であることを前提として、「軽い」という形容詞を加えたものと思います。

大名の領分内の道路で、帯刀人に対して、町人百姓に慮外の行為があったので、帯刀人がこれを打捨てた場合には、その藩では、その町人百姓が慮外者であることが間違いなく、かつまた帯刀人の姓名等を糺して、あやしい身分の者でなければ、この者をそこに留めるに及ばず、死体は領分の者の場合はもちろん他領の者の場合でも、身寄の者に引取らせて、右の始末を幕府にとどくべきものとされていました。すなわち、無礼打をした帯刀人は、取調を受けた上で、上記規則に該当する場合には、構いなしとされたのです。

さて江戸時代の庶民の帯刀の禁止は、豊臣秀吉のいわゆる刀狩《かたながり》令の趣旨をついだものです。秀吉の刀狩令は天正十六年（一五八八）に出されたもので、その理由はこれに関する法令の第一条に、

一、諸国百姓等刀わきざし弓やり鉄砲そのほか武具のたぐひ所持候事、かたく御停止《ごちょうじ》に候、其仔細《しさい》はいらざる道具相たくわへ、年貢所当を難渋《なんじゅう》せしめ、自然一揆《いっき》を企て、給人に対し非儀をなすやから、勿論御成敗あるべし、しかれば、其所の田畑不作せしめ、知行のついえに成候間、その国主給人代官として、右武具ことごとく取りあつめ、進上致すべき事

〔原文〕一諸国百姓等刀わきざし弓やりてつほう〔鉄砲〕其外武具のたぐひ所持候事、堅御停止候、其仔細《しさい》者、不《ざる》レ入《ら》道具相たくわへ、年貢所当を令《せしめ》二難渋一、自然一揆を企、給人に対し非儀をなすやから、勿論可レ有二御成敗一、然者《しかれば》、其所之田畑令二不作一、知行ついえに成候之間、其国主給人代官として、右武具悉取あつめ、可レ致二進上一事

とあるように、土民一揆の防止にあったのですが、別の条文で、集めた刀脇差は新たに建立する

大仏の釘かすがいに用いるから、百姓は今世は申すに及ばず、来世までも助かるのだと述べています。

江戸幕府は、この豊臣氏の政策の跡をついで、庶民の帯刀を禁止したのです。寛永六年（一六二九）に京都で町人が大脇差を帯びることを禁じていますが、このころより、町人は普通の脇差はとにかく、大脇差を帯することは禁止されたのでしょう。ついで寛文八年（一六六八）三月に、町人が帯刀で江戸中を徘徊することを禁止しました。この場合帯刀というのは、刀と脇差、換言すれば大小刀を指すことを意味します。したがって、脇差だけを指すことは禁止されたのではないのです。ただこのときに、御扶持人の町人は大刀を指すことを許されました。幕府から扶持を貰っている町人です。

この規定は、帯刀して江戸中を排徊してはいかぬというのですから、それでは江戸外に出るのはどうかという問題が生じます。そこで、幕府は同じ月に、町人は旅行および火事のときに限り、帯刀することを認めました。

しかし、幕府はやがて町人の帯刀を全面的に禁止する政策をとりました。すなわち、天和三年（一六八三）には、江戸町人は、たとえ御扶持人でも、帯刀は禁止したのでした。

このように、町人が帯刀を許されたのは、一時だけですが、脇差を帯びることは古くより許されていました。これに対して、百姓に至っては、帯刀が禁止されていたのみならず、脇差を指すことすら許されていなかったのです。百姓やその子が侍奉公をしたのち、その住地に引込んだあとでもそのまま帯刀していることを禁止している享保年代の法令がありますし、また幕府の勘定奉行の指令の中で、代官が庄屋に、手限《てぎり》、すなわち上司に無断で、袴脇差の着用を認めるのを禁止しています。これらはいずれも百姓が脇差を指せなかったことを前提としています。ただ重き吉凶の事や旅行のときは許されていました。すなわち、町人は平日でも脇差を帯びることが許され、百姓は重き吉凶の事や旅行の際だけ許されていたのです。

公事方御定書下巻第九四条には、百姓町人を合わせて、

前々よりの例

一、自分と帯刀いたしまかりあり候町人　刀脇差とも取上げ 軽追放

〔原文〕

従前々之例

一自分と帯刀いたし罷在《まかりあり》候町人百姓　刀脇差共取上《とりあげ》 軽追放

と定めて帯刀を禁じています。ある町人が脇差の上にさらに、脇差をさして、帯刀人のように見せた事件がありましたが、幕府は、その罪人をこの規定より軽く処罰して、犯罪地の出雲崎（新潟県）を構い、住所地たる佐州（佐渡）一国払に処しています。

このように、古くから、庶民は町人百姓とも、帯刀することはもとより、大脇差を帯びることを禁止されていましたが、それでは大脇差というのはどの程度のものかということが問題になります。古く幕府は、一尺より以上の脇差は大脇差であると定めています。幕末になると、大脇差は長脇差と呼ばれるようになりました。その大きさも寛政ごろでは、一尺八寸以上でしたが、の

ちには、はばき際《ぎわ》より一尺五寸以上のものを長脇差とし、またたとえ、一尺五寸以下でも、拵えが精巧なものは、身の寸尺にかかわらず、長脇差に準ずることにしました。

このように、帯刀は武士の特権であり、百姓町人には許されなかったのですが、百姓に対しては、家柄により、また特殊の勲功善行の褒賞としてこれを許すことがありました。家柄によるのは、いわゆる郷士が顕著な例です。郷士にもいろいろ種類がありますが、大体よりいえば、それは江戸時代以前の武士が仕官しないで土着したものです。もちろん、たんに郷士であるだけでは帯刀の権はないので、その家柄によって帯刀を許可されることが必要でした。

幕府のほか大名旗本も帯刀を許可できました。そして、幕府で許可するときは、百姓ならば、御料の者であると否とを問わず、これを許可でき、また幕府より帯刀を許された者は、全国どこでも帯刀できましたが、大名旗本はその領内の者だけに帯刀を許可することができ、またその効力は、古くは幕府直轄地たる御料でも認めたことがありますが、のちには、原則として、その者が領内にある場内に限られました。なお、郷士は藩にだけあるものですから、その帯刀は、その領主より許可されたのです。

以上は一般庶民の帯刀について述べたのですが、医師、相撲取のごときは、領主地頭の御抱《おかかえ》の場合には、当然帯刀が許されました。御抱でない医師や相撲取は帯刀できません。ただ医師は、領主地頭より帯刀を許された場合には、領分外でも帯刀人として認められるという特権を持っていました。

二　苗字のこと

帯刀とともに武士の特権を象徴するものは、苗字《みょうじ》を名乗る特権でした。このことについてのもっともよい史料は、天明二年（一七八二）三月御目付より勘定奉行への

百姓にて苗字附来り候儀、御定等にてもこれ有る儀に御座候や、又は御定と申す儀これ無く、前々より附来り候百姓は、苗字相用い候ても、苦しからざる筋に候や、御役所にての御取扱は郷士のほか、すべて苗字これ無く候取扱に成され候儀に候や、承知致したく候、

〔原文〕百姓にて苗字附来候儀、御定等にても有レ之儀に御座候哉、又は御定と申儀無レ之、前々より附来候百姓は、苗字相用候ても不レ苦筋に候哉、御役所にての御取扱は、郷士の外、都《すべ》て苗字無レ之候取扱被レ成候儀に候哉、承知致度候、

との問合せに対する下げ札に

御書面、百姓にて苗字名乗《なの》り候儀、御料所にては前々より格別の由緒《ゆいしょ》もこれ有る類、又は奇特なる儀等これ有り、伺の上、差許し候は格別、苗字名乗り候儀は相成らざる筋に候えども、

もし名乗り候もこれ有り候や、左様之類相知れ候はば、糺《ただし》の上訳《わけ》立ち候は格別、仔細《しさい》これ無く、私に苗字相乗り候はば、名乗らせ申さざる筋に御座候、〔下略〕

〔原文〕

御書面、百姓にて苗字名乗候儀、御料所にては、前々より格別の由緒も有レ之類、又は奇特なる儀等有レ之、伺之上差許候は格別、苗字名乗候儀は不二相成一筋に候えども、若名乗候も有レ之候哉、左様之類相知候はゞ、糺の上訳立候は格別、仔細無レ之、私に苗字相名乗候はゞ、為レ名乗不レ申筋に御座候、〔略〕

とあるものです。これによって、幕府領（御料所）においては、前々格別の由緒のある類または奇特な儀があって、代官より伺の上差許した場合のほかは、百姓に苗字は名乗らせない建前だったことがわかります。ただ最近、墓碑や過去帳に苗字の記載のあるものがあり、また同族の会合などの際に苗字を名乗った例等があるというので、百姓が苗字を名乗ることが禁止されていたことに疑問を持つ方もいますが、その禁止されていたことは疑いをいれません。ただ実際問題として、右の禁令あるのにもかかわらず、実際上、私に名字を用いる者がいたことは否定できないでしょう。それは江戸時代で、幕府法上、博奕は禁止されていましたが、実際は、相当広く行なわれており、博奕打と称する博奕を打つことを商売にする者のいたのと同様でありましょう。

　現に西沢一鳳の「皇都午睡」三編上には

苗字を唱ふる町人も多くあれども、公儀へは通らず、よくよく由緒ある家ならでは、苗字を呼《よぶ》ことなし、夫故家名やら苗字やら、通名やらわからぬ面白き呼名まゝあり、上方《かみがた》の料理屋の通名の如し、必竟《ひつきよう》は上へ通らぬ事故、出たらめの付次第なるべし、

とあります。すなわち、町人の間でも禁令に背いて、勝手に苗字をつけることは事実上あったのですが、それはひそかに称するだけで、「公儀へは通ら」ないものだったのです。ですから、公簿である人別帳に、苗字を許されていない普通の庶民の苗字を書入れるようなことはなく、またできなかったのです。

なお、右に挙げた禁令は幕府のそれでありますが、藩でもおそらく、これを禁止していたと思います。ただ禁止の程度は藩によって違っていたかも知れません。ですから、ある土地で百姓が苗字を名乗っていたとしても、その地が藩である場合には、それが苗字の禁令とどういう関係にあるかは、藩の法制を調べなければ、詳しいことはわからないわけです。

このように、庶民は一般的には苗字を名乗ることは許されませんが、家柄により苗字を名乗ることを認められ、また特別の功労により苗字を名乗ることが許されました。ところで、帯刀は武士の政治的特権を象徴したのに対し、苗字は社会的栄誉を象徴したものに過ぎませんから、この特権は帯刀の場合より容易に与えられました。江戸の町年寄はもちろん、町名主、村名主の中にも、帯刀は許されなくても、苗字を許されていたものは少なくありません。また前回に記しましたように、医師は御抱の医師でないと帯刀は許されませんでしたが、苗字の方は町医者でも許されていましたし、また孝行者に苗字帯刀を許すような場合に、帯刀は一代限りであっても、苗字

は子孫まで名乗らせることになっていました。

苗字帯刀を許された百姓は神事、祭礼、村寄合等では名主組頭の上に着座できました。しかし、苗字帯刀を許されたということはたんに格式を与えられただけで、武士の身分を取得したわけではありませんから、その者は年貢はもちろん役儀の外の事項については、村役人すなわち名主組頭の差図を受くべきものとされていました。

以上のように、江戸時代に庶民は苗字を有しませんでしたが、これに類似したものがありました。それは屋号です。商人には屋号があり、そして商人を呼ぶ場合には屋号をもってしました。もっとも、江戸と上方ではやや仕来りが違っていて、上方では、人別帳等には、「何町何兵衛支配借家、何屋何兵衛」などと屋号を記す（すべての場合にそうだとはいえませんが）のですが、江戸ではたんに、「何町何兵衛店何兵衛」と記すにとどまりました。上方ことに大坂では町人の身分が江戸におけるよりも重んぜられたのによるのでありましょう。

なお、村方でも、かつて何か商売をした事のある家については、その商売をやめたのちでもなおその屋号で呼ぶことは今でも普通であり、昔もそうだと思われますが、これはもとより苗字ではありません。また屋号のない町人、村民等については、苗字はなくても襲名の慣習があり、ある程度において、苗字の機能を果たしました。

三　乞胸のこと

―乞食・その一―

江戸時代には、士農工商のほかにその下に位する人民が居りました。士農工商に属するものを良民と呼べば、これらは賤民と総称できましょうか。両者の身分は大体はっきり区別されていましたが、両者の中間に入る特別の身分に属するものとして、乞胸《ごうむね》がありました。

普通の賤民ですと、身分と職業とは一致しており、しかも身分は世襲されたのでした。換言すれば、世襲的身分と職業とが一体をなしており、いずれも賤であると考えられていたのですが、乞胸の場合に限って、その「身分」は世襲的でなく、しかもこれと「家業」とははっきり区別されて、乞胸は「身分」上は、町方に属し（すなわち町人であり）、ただ「家業」だけについて乞胸頭《がしら》仁太夫および仁太夫を通じて、非人頭車善七の支配を受けたのです。そこで、乞胸は家業さえやめれば、直ちに仁太夫との関係はなくなって、ただの町人となるのでした。乞胸頭の仁太夫についても同じで、もしかれが家業をやめれば、車善七との関係は全然なくなったのです。

乞胸の語源については、仁太夫の所に

家々門《かど》に立ち、施しを乞《こ》い候義、先方の胸中の志を乞い候と申す意にて、乞胸と唱え候趣き申し伝え候、

〔原文〕家々門に立、施を乞候義、先方の胸中の志を乞候と申意にて、乞胸と唱候趣き申伝候、

という言伝えもあったそうですが、乞胸は合棟の意で、合棟の長屋に住んでいた所から出たという説もあります。浅草堂前《まえ》（菊屋敷の裏）にある仁太夫所有の乞胸の住居の構造は、屋根の分水界を境として、両面に入口を設けて、九尺一間畳三枚をもって一戸の広さとしました。尋常の長屋の九尺二間の棟を二分して、住んでいたので合棟と呼び、それがのちに乞胸に変わったというのですが、この方が本当のように思われます。

上記のように、乞胸は身分的には町方の支配に属しますから、人別書も町方へ差出します。江戸居住の賤民でも猿飼等はその人別書を穢多頭弾左衛門に差出すのですが、乞胸の場合にはそうではなくて、普通の町方人別に加わっていたのです。そういうわけですから、乞胸の「身分」についての訴訟があると、普通の町人の場合と同じように、町役人が差添って町奉行所そのほかの役所へ出頭させます。しかし、その家業は道路その他で物貰いすることですから、その範囲で、非人頭の善七の支配を受けます。そこで、「家業」について町奉行より呼出があるときは、善七方へその沙汰があり、善七が差添って出頭させます。身分的には町方に属するのですから、婚姻の際は一般の人と縁談を結びます。

乞胸の職業は物貰いだと申しましたが、ただ往来に坐して、物乞いをするのではなくして、一定の芸能を行ない、その報酬として物を貰うのですから、普通の乞食とは違います。その家業として、寛政十一年（一七九九）町奉行よりの質問に対して、仁太夫が町奉行所に書上げたものは左の通りです。

一綾取《あやとり》、一猿若、一江戸万歳《まんざい》、一辻放下《つじほうか》、一操《あやつ》り、一浄瑠璃、一物真似、一仕形能、一物読、一講釈、一辻勧進

この後、仁太夫の申立てた書類の中に、仁太夫がこれらを説明したものがありますから、それによって、これらの家業を解説しましょう。

綾取《あやとり》は竹に綱をつけて、これを色々に投げて受けとめる業です。

猿若は顔を染めて狂言をするものであって、三芝居（森田、中村、市村三座）の役者の仕方（まね）をするものですが、三芝居の役者はもちろん乞胸ではありません。当時、両国橋ぎわの広小路にいて芝居役者同様のことをしていたのがここにいう猿若ですが、これ以外の場所には猿若はありません。

江戸万歳というのは、三河万歳のまねをして、年中物貰いをしている者です。

辻放下《ほうか》は石などを投げて、手玉を取り、曲受けをし、そのほか手妻《てづま》（手品）等をします。当時は車善七の手下《てか》の非人が浅草寺境内で興行していました。

操《あやつ》りは説明してありませんが、とくに説明の必要がないと考えたのでしょう。

浄瑠璃は堺町、葺屋《ふきや》町等のほか、社地境内等で語りました。

物真似《まね》は芝居役者の声色《こわいろ》、鳥獣の鳴き声などをまねするもので、当時は車善七の手下の非人が業としていました。

仕形能は、社地等で能のまねをするもので、当時は休んでいましたが、時々行なうこともありました。

物読（語）は古戦物語等を素読するもので、当時は社地などではしないで、家々の門に立って本を読みました。

講釈は古戦物語等をよんで、その意を説くもので、当時講釈師、記録よみなどと呼ぶものです。物語では、本そのままを素読するのに対して、これを解釈して、わかりやすく語るものでしょう。

辻勧進というのは、途中で往来の人について、物貰いをすることであって、乞食と同じです。門付《かどづけ》というものもありますが、これは三味線をひいて、戸口に立って、銭を乞うものです。

以上が仁太夫の解説ですが、この解説には仁太夫の書付に見えない、からくり、説経についての解説が見えています。

からくりというのは、覗《のぞき》繰箱を持ち歩いて、代を取って見せるもので、当時行なわれていました。説経は浄瑠璃によく似ていて、古物語に節をつけてうたうものですが、当時は行なわれていません。

以上の解説の中で、当時というのは、仁太夫が二度目に申立てたときのことです。

この説明によると、辻放下や物真似は古く乞胸がしていましたが、のちに非人の家業に移ったように思われます。辻勧進は貞享《じょうきょう》年間に大久保安芸守が寺社奉行であったときに、乞胸と願人との間で訴訟があり、その際、勧進という言葉が仏道にまぎらわしいというので、乞胸がこの言葉を用いるのを禁ぜられているのですが、寛政の書上の際には、古例によって書上げたのでした。

乞胸頭仁太夫はもと下谷山崎町（のちの万年町）に住んでいましたが、天保の改革に際し、浅草の龍光寺門前（私娼の追放されたあとです。もとの三十三間堂の前にあたるので堂前ともいいます）に移らされました。

なお、願人というのは、願人坊主とも願人坊とも呼ばれたもので、市中を徘徊して、人の門口に立って、軽口をいい、謎を唱え、または他人に代わって、祈願の修業等をして、米銭をもらった乞食坊主のことです。

以上のほかにも、寺社境内や明地の葭簀《よしず》張りや水茶屋の中で、見世物をして木戸銭を取る者もありました。その由来書によると、仁太夫の先祖が寺社境内や明地等で草芝居その他の見世物をして渡世していたところが、段々と大勢の者が同じようなことを始めたので、仁太夫の祖先がその世話をしていたところ、非人頭善七よりこれらの家業はその手下の者の家業だから止めてくれという横槍が入ったので、それでは、この種の家業を続けている間は、家業につき、善七の支配を受けることにしようということで話合いがつき、これ以後家業につき善七の支配に入ったというのですが、この話ははたして信用できるか否か疑問で、むしろ物貰いをしたので、その関係で、車善七の支配に入ったと見た方がよいのではないかと思います。

　後世になっても、乞胸の家業が世の人気をあつめるように、仁太夫はいろいろ工夫をこらしています。たとえば、天明年間に佐野善左衛門が殿中で田沼意知《おきとも》を斬ったときに、仁太夫は七曜（田沼の紋）の印のある酒菰《ごも》と丸に二引《びき》（佐野の紋）の印のある酒菰とを二人に着せて、佐野が田沼を追いかけるまねをさせ、またヒョットコの面をかぶった者が老婆の面をかぶった者を背負って、親孝行と称して貰い歩かせたごときこれですが、そのほか歳末に「サッサ節季候《せきぞろ》、毎年毎とし旦那のお蔵へ金銀お宝飛び込め舞ひ込め」と、人の門戸につきうたった節季候とか、毎年末各家で処分にこまる諸神諸仏の古札を集め（これを納め札といい、各家よりは集札人に四文ずつ与える）る古札納めとか、「石見銀山鼠取、悪戯者《いたずらもの》はいないか」と売り歩いた鼠取りや阿房陀羅経《あほだらきょう》読等も乞胸の家業であり、また火事があると詳細にこの出来事を記載した明細図を作って瓦板に起こして、翌日江戸各地に行商せしめた火事番附とか、四文の料金で富の当り籤を報道するお話しい、四文とか、同じく瓦板の神田明神や麹町山王神社の祭礼の祭り番附、改元の報告等は仁太夫の企画したところでした。

　さて、こういう家業をするのが乞胸ですが、他面、これらの家業は乞胸の特権に属したのであり、仁太夫の輩下となった者に限り、この家業を行なうことができたのでした。すなわち、家業に関する限り、乞胸は仲間《なかま》を組織し、仲間の定法として、仲間の者が、鑑札なくして乞胸同様の家業をする者を見出したときは、たしかな者を請人にさせて、これより仲間作法を守る旨の一札を取り、仁太夫より鑑札を渡して、家業をさせることになっていたのです。このように、乞胸は前記家業のために仲間を組織して、鑑札を受けて、仲間定法を持っていたのであって、その範囲では車善七の支配を受けましたが、それ以外では町役人の支配を受けたことは、普通の仲間の連中が鑑札を受け、その業務に関する限り、仲間の定法に支配されましたが、それ以外の身分に関することでは、町役人の支配を受けたのと同じだったのです。

鑑札料は、一ヵ月に四十八文でしたが、長く乞胸仲間にあって老衰して、家業に出られない者にはこれを免除して、ただ辻勧進のときだけ、徴することとし、手足の不自由な者には自発的に払えば受取るが、強制はしないことになっていました。辻勧進というのは、無芸の者や女子供が人の門戸で物貰いをすることです。

上記のように、乞胸はいつでも、家業をやめて、鑑札を返せば、普通の町人と変わらなくなるという珍らしい賤民でありました。仁太夫は、以前下谷山崎町に住み、乞胸も多くその地に住んでいましたが、永年乞胸家業をしており、しかもその多くが山崎町に住んでいると、次第に、家業と身分が混同されてくるのを免がれないでしょう。それで、天保の改革に際して、乞胸はその職業が非人に類しているという理由で、幕府より一般市中居住を禁ぜられて、前記の浅草龍光寺門前へ場所替えを命じられました。これ以後ここに住む乞胸は非人的色彩が強くなったと思われますが、これ以後も、山崎町居住以外の市中居住の者で家業の関係から、乞胸鑑札を受けている者は依然市中居住を許され、ただ鑑札の数を五百枚に制限されました。

四　非人のこと

——乞食・その二——

前に申述べた乞胸は、いろいろな芸能をして銭を貰うのですから、現在の観念では、乞食の中には入りませんが、江戸時代では乞食の一種と考えられ、「乞胸乞食」と呼ばれました。

これに対して、今日の乞食にあたるものは、次項に述べるかぶり乞食ですが、乞胸乞食とかぶり乞食の中間に位するものに「非人乞食」がありました。幕末江戸にはおよそ三千人の非人がおり、すべて、非人頭の浅草の車善七の支配に服していました。車善七のほかにも、品川の溜《ため》を支配し、品川御仕置場の雑事を執る品川の松右衛門、南番所の仮牢の囚人を扱う中橋の次郎兵衛、北番所の仮牢の囚人を扱う四日市の新四郎、伝馬町の牢獄内の雑事に服する谷の者長兵衛、千住御仕置場の雑務に従事する千住の市兵衛、引廻しや、晒しの棒突きを差出し、浅草女溜を支配する深川の善三郎、斬罪死罪等の死骸取片付けに従事する浅茅ヶ原の惣左衛門、他の非人不足のときに応援に出動する非人を支配する代々木の久兵衛等の支配頭があり、いずれもこれらの公務を分担していました。善七も浅草の溜《ため》を支配していました点では、他の支配頭と同じでしたが、非人の身分に関することでは、かれが全部の非人を支配していたのです。

溜《ため》というのは、病気になった囚人等を収容する所、南（北）番所の仮牢とは南（北）町奉行所にある留置場です。

江戸時代には、幕末に千二十三戸の非人小屋頭がいましたが、善七は小屋頭より毎月白米六升、銭六百文を徴収するほか、幕府が非人を奉行所、牢屋等で使役するときは、一人につき一日百三十文の手当を受け、また火罪、磔《はりつけ》、獄門等の場合に、その設営を引請けて、その代金を収入とし（収入の三分の二は利益となったといいます）、乞胸頭の仁太夫より毎月三十貫文の冥加金《みようが》を受けましたから、これによって多額の収入を得ていましたが、そのほかに、日勧進《ひかんじん》と称して、毎日非人を市内に派遣して、毎商店より一日一文の銭を乞い請けました。一日一文でも年では三百六十文になりますから、数万戸の商店よりあがる日勧進の銭は莫大な金額にのぼったに違いありません。

この日勧進は間違いなく乞食稼業の一種でしたが、その収入は善七のものになってしまいましたから、勧進に行く非人そのものの収入ではありません。

それでは非人はどういう生活をしていたかといいますと、自分の家（非人の家は一箇所にまとまっているわけではなく、方々に散在しています。その構造は九尺二間すなわち奥行二間、間口九尺ということになっていました）に住むか、食料を払って、小屋頭の家に同居しています。その仕事としては、奉行所での処刑の手伝いをしたり、溜の番人となったり、日勧進の銭集めなどがありましたが、これらの仕事に対する収入は善七のものとなりましたから、非人の自己の収入となる主なものは物貰いと紙屑拾いの二つでした。

物貰いといっても、非人の物貰いは、つぎに述べるかぶり乞食のように、常に戸前に立って物を乞うのとは違って、慶弔のことあるときに、市中の人家より銭物を貰い集めることです。江戸を数十区に分け、支配頭は五町以内、小屋頭は三町以内、平の非人は一町以内を物貰いの範囲と定められ、これを役徳勧進場と呼びました。貰い高はおおむね百文一升だったそうです。

慶弔というのは、出産、聟入、嫁入、死亡の四つですが、歓進場によって収入に多少はあり、大丸、越後屋のような大商人のある所を勧進場として持った者の収入はことに多かったといいます。勧進のときは、三人連れで、木綿の羽織を着て、その家に到り、慶事ならば「お目出とう」、葬式には「お供に参りました」といいましたが、菓子、飯等を貰うために集まった乞胸やかぶり乞食等を追払うのに便利なので、葬儀のときに非人をつれていく家が多かったといいます。

紙屑拾いをするには、車善七または松右衛門から左〔次頁〕のような鑑札を得ることが必要です。

長さ二寸、幅一寸三分、厚さ四分、㊧は焼印。鑑札があっても営業の場所は定められていて、他人の持ち場に入ることはできません。

拾った紙屑は小屋頭が順次に月番で勤める「控《ひ》かへ檀那《だんな》」のところにもっていくと、檀那は勝手にこれをはかって、月末に紙屑問屋（これは普通の町人）に入札させて、その相場で代金を払うのですが、貰目の記入も、相場のたて方も檀那の手加減できまったのでした。小屋頭はこの紙

表

何町小屋頭 誰内 誰 何歳 生国……………

裏

年号月日 (車) 善七

屑拾いを「焼《やけ》ッ釘」と呼んだそうですが、その意味は「敲《たた》かねば使えぬ」ということだったそうです。当時、紙屑拾いの営業は日の出より日没までとなっていましたが、除夜と節分では、夜間でも営業を許されました。

非人の妻または娘の稼業に門附《かどづけ》の女大夫があります。前に申したように、門附の諸芸人は乞胸頭仁太夫の支配を受けたのですが、この女大夫だけはその支配外で勝手に営業できたのです。丸形の菅笠《すげがさ》をかぶって、三味線に合わせて歌をうたって物乞いしたのですが、正月の七日間は鳥追《とりおい》と称して、丸形の菅笠のかわりに、編《あみ》笠をかぶり、緋《ひ》鹿子《かのこ》と浅黄《あさぎ》鹿子の太紐を笠にぬいつけて、これで頬よりあごにかけて顔面の一半をおおった姿になって、門附をしました。なかなか美人もいましたが、ことに勧番武士に喜ばれて、大名屋敷の長屋等に立って、窓から物を貰い請けたので、窓芸者とも呼ばれました。

非人には抱《かかえ》非人と野《の》非人との別があります。前者は非人小屋頭の支配に服して抱人別すなわち抱非人としての戸籍に登録されたものであり、後者は人別に入っていない浮浪人としての非人です。ここにいう非人は抱非人です。非人小屋頭の上に非人頭があり、その中でも浅草の車善七、品川の松右衛門が有名でしたが、車善七が特殊の地位を有したことは前に述べたとおりです。なお、車善七は穢多頭弾左衛門の支配に服していました。

抱非人は乞食をなすことを認められた代償として、囚人護送とか行刑のような特殊の公役を課せられていました。

非人はその身分を世襲しましたが、生まれながらの非人のほかに、平民中より非人手下《てか》という刑罰によって非人にされた者もあり、また平民より落ちぶれて非人となったものがいますが、平民から落ちぶれて非人になった者は、非人となってから、十年以内は親類縁者からの申請によって素人《しろうと》になることができ、これを「足を洗ふ」と称しました。

非人の身分について、おそらくは幕末ごろ幕府よりの尋ねにより穢多頭弾左衛門が書上げたものがあります。これには、非人頭をはじめそうじて非人小屋に天井・長押《なげし》・唐紙《からかみ》・障子を用いないこと、非人が物貰いに出るときは、強くねだるようなことはせず、町家の裏屋へ行くときは、裏屋に断わること、芝居小屋で細工事などしないこと、出火の節も、平素掃除のため出入している家か居小屋の地主の宅の出火のときは防ぎに出るが、さもなければ、とくべつに頼まれた場合のほか防火しないこと、非人は男女とも衣類は布木綿を着用して、絹布類を一切用いないこと（もっとも小頭または横目になった小屋主は羽織は着用できる。そうでない小屋主や平非人も羽織を着用はできるが、その上から帯をしめなければならない）、平非人は斬髪しなければならないが、羽織を着用できる者は斬髪しないこと、非人小屋頭や小屋主は古木拾いや紙屑拾いや雪駄直しはしない、浄瑠璃や三味線弾きに出る者もあるが稀であること、夜中非人は勝手次第に他所に居てはならないこと、非人には稼ぎの種類によって、身分に上下はなく、どのような稼ぎをしても、斬髪の者はみな平非人であること、等を記しています。

右の書上にも、夜分は勝手次第他所にいてはならないとあるように、非人は厳重にその住所地に緊縛されていたのでした。それでもし、欠落《かけおち》すなわち失踪した場合には、弾左衛門によって処罰されました。当初、江戸の抱非人がはじめて失踪したときは急度《きっと》叱り、二度目は入墨《いれずみ》、三度目はさらに入墨、四度目に死刑というきまりでしたが、寛政二年（一七九〇）南町奉行池田筑後守《ちくごのかみ》

の命令により、はじめての欠落は入墨、二度目は輪入墨、三度目死罪ということになりました。

輪入墨というのは、手首の所に、輪のように入墨するのです。

右は抱非人がはじめて欠落して、立帰ったときに弾左衛門の所で加える入墨で、場所は左の腕の肩より三寸ほど下がったところ、長さ二寸、幅三分です。

これは二度目の欠落から帰った者に加える入墨で、左の手首へ輪の形にします（輪入墨）。
欠落の入墨は左の腕に加えるのが特徴で、その他の場合、すなわち奉行所から相当の仕置をなすべき旨命ぜられた場合、または弾左衛門が手限《てぎり》で申付ける場合には、初めての欠落の場合と同じ形の入墨を右の手首に加えます。

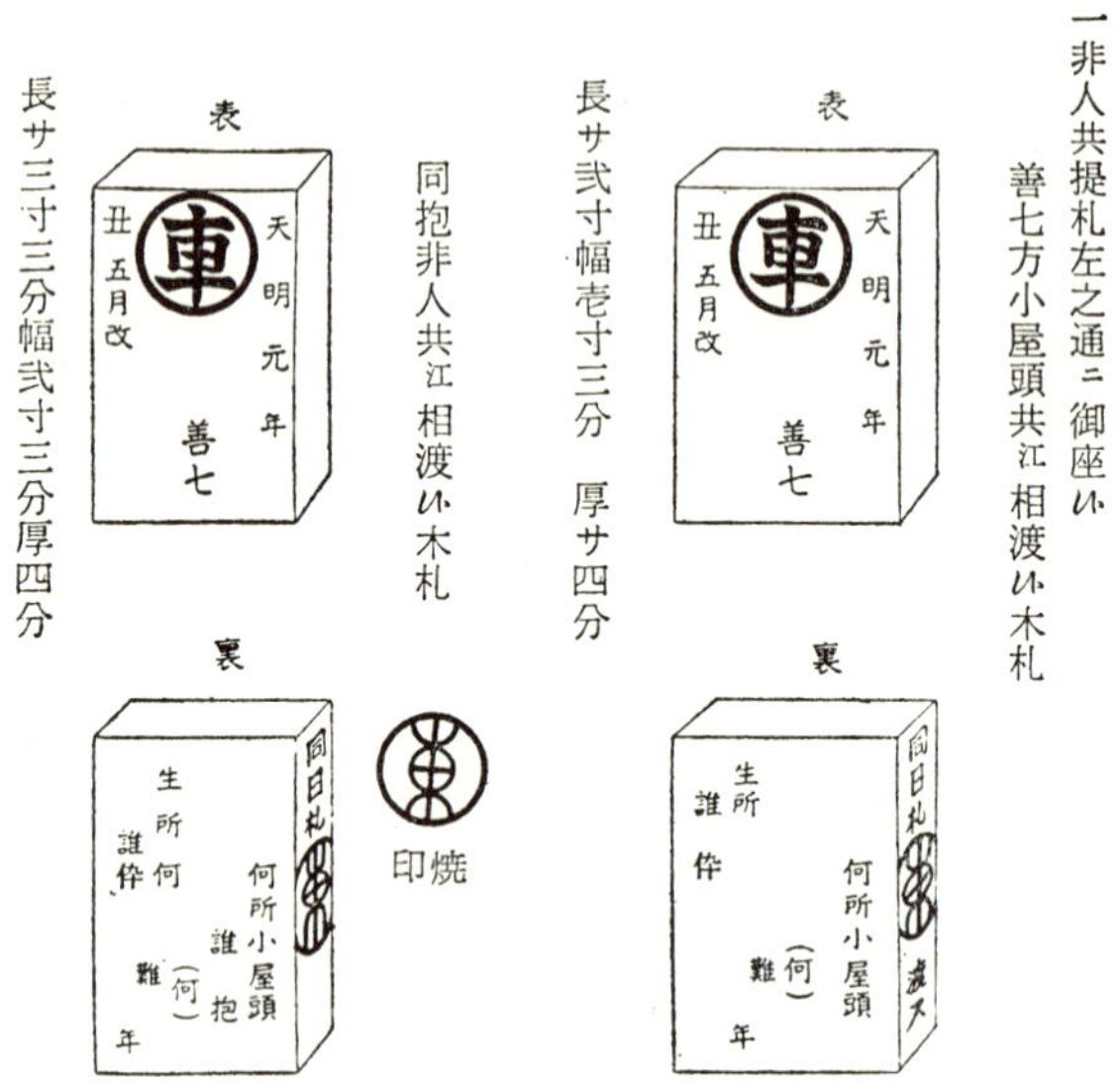

非人の鑑札　右側は小屋頭の鑑札。左側は平非人の鑑札
（法学新報第六七巻第一〇号七二ページ所載）

落ちぶれて抱非人となった者が、足を洗う場合には、欠落による入墨は消す定めでしたが、悪事による入墨は消しませんでした。

なお、非人の欠落につき、累犯の度数により入墨、輪入墨、死刑という段階が作られたのは、幕府の刑法において、盗犯についてだけ、とくに、初犯敲、再犯入墨、三犯死罪という累犯体系が作られていたのに相応するものです。

前に、武士は足軽であっても、町人百姓がこれに対して法外の無礼をした場合、これを殺しても、その事実が紛れなければ、無罪とされたことを申しましたが、同じことは、町人百姓と穢多非人の間にもあったのであって、法外の無礼をした穢多非人を町人百姓が殺した場合、その事実が紛れなければ、無罪となりました。この場合、町人百姓は、穢多非人に対して支配階級であったとはいえないかも知れませんが、武士とともに良民を構成していたので、良民としての社会的地位を防衛するために、この制度が認められたものでしょう。なお、この場合でも、武士の無礼打の場合でも、武士は奉行所で調べられるのであり、奉行所において、法外の無礼があったことが紛れないと認定した場合だけ無罪となるのであって、この証明がなされない場合には有罪となったのであります。もっともその場合でも、普通の場合に比べて、その刑は軽かったものと思われます。

五　かぶり乞食のこと

――乞食・その三――

非人は乞食商売もしましたが、そのほか、公役も勤め、また紙屑拾いのような職業もあったのですから、たんなる乞食ではありません。今日の意味の本当の乞食に相当するものは、かぶり乞食です。「かぶり」とは、菰被《こもかぶ》りの略です。非人は前記のように、非人の人別に入るのであって、江戸の非人は非人頭車善七の支配下にあり、一つの身分関係を作っていたのですが、かぶり乞食に至っては、良民が久離勘当されたり、帳外されたりして、落はくして、乞食稼業を営むようになったものです。「守貞漫稿」（「類聚江戸風俗志」）には、「非人乞食」と「乞食無宿」とを対照させ、後者を「やどなし」と呼んでいますが、ここに「やどなし」というのは、宿泊する所がないという意味ではなくして、戸籍に載っていない者のことです。すなわち、前項に述べた野非人です。同書にはまた

非人部下に非る戸籍外の乞丐《きつかい》、是をやどなしと云、無宿也、又是をこじきと云歟《いうか》、

と書いてあります。しかし、無宿がすべて乞食であったわけではないのであって、その中のある

ものが物貰いをしていたのですから、無宿乞食とでもいった方が正確でしょう。

かぶり乞食は家々の軒《のき》に立って、一文を乞い歩く乞食ですが、これにも親分がありました。江戸には、京橋もよりに大松、日本橋もよりに赤銅《しゃく》の辰、神田もよりに呑口《のみぐち》の庄ら、十六人の親分がいました。これらの親分はたとえば、大松は京橋近辺、赤銅の辰は日本橋近辺、呑日の庄は神田近辺というように、貰い場がきまっていました。この親分の小屋の板葺の屋根の上には、菰がおおってあって、それとわかったのですが、普通のかぶり乞食の住居に至っては、丸竹を四方にたてて柱とし、その上に菰をおおっただけでした。俗に蒲鉾《かまぼこ》小屋というのはその形が蒲鉾に似ていたからですが、江戸府内の小屋は角形だったそうです。

かぶりの親方は、毎月朔日《ついたち》、十五日、五節句、盆、松の内等に、親方みずから、その配下の乞食数十人をひきつれて、貰い場の中の大商人より一人につき一文の銭を貰い歩き、これを「同連《どうづ》れの貰ひ」といいましたが、そのほか寺社の境内等への出稼ぎのかぶりから、その稼ぎ地の地代（出稼免許料）を徴収し、かつ日々の稼ぎ高より上銭《あげせん》（一人一文ずつ）を徴収しました。右の地代は稼ぎ地の使用料ですが、もし、他地に転じるときは、その権利は跡引請人に売渡せました。月に一回親方の会議があり、この会議で、この稼ぎ地の授受も相談されました。

かぶり乞食は非人と異なって、幕府の公認した身分ではありませんから、一年に二度ぐらい、町奉行の手によって狩込《かりこみ》が行なわれました。捕えられたかぶりは浅草の溜に送られ、ついで、非人小屋頭に配当され、小屋頭はこれを引取って寄食させる代りに、紙屑拾いの業に従事せしめましたが、多くはいつしか脱走して、もとのかぶりになったようです。

非人には非人仕置があったことを前著「江戸時代漫筆」〔『江戸の町奉行』明石選書〕において申述べました。乞食の間では、このように幕府によって公認された仕置はありませんでしたが、仲間だけの仕置があったといわれます。前記十六人の親分の間で行なわれた刑罰ですが、これに江戸追放と棒縛りがあったそうです。江戸追放になるのは、

一、御支配様へ対し不埒
一、仲間の女房および娘を強姪せし者
一、貰ひ場所の旦那方へ対し強情《ごうじょう》が間敷《まじき》儀を申、御支配の手数に掛り候者

です。第一条の御支配様というのは、穢多非人のことだそうです。追放はその者所属の親方が申渡した上、月番の親方へその者を送り、かつその旨を通知すると、月番の親方はその者を請取って、これを江戸外へ放逐します。このあとで月番の親方は本人の人相書を作製して、各親方に通知して、立戻りを予防しました。

棒縛りの刑になるのは

一、親方へ対する不埒
一、密通〔男女とも同刑〕
一、火事場を稼ぎたるもの露顕

の三つですが、第三条の火事場を稼ぐとは、火事場で掏摸《すり》を行なうことだそうです。棒縛りの処

刑は、月番小屋で行ないますが、その仕方は棒にしばりつけた上、これを打擲し、夏ならば、蚊《か》責《ぜめ》と称して、三日間暗い場所に置き、冬ならば三日間川で水をあびせ、春ならば雪中（雪がなければ叩くだけ）に二日間さらし、秋ならば、彼岸の貰いおよび稼ぎを禁じて、親分より二度の握り飯を与えたにとどめたのだそうです。

六　猿飼のこと

第三項において、乞胸について述べました。乞胸は一定の芸能を行ない、これに対する報酬を得て生活する賤民でしたが、つぎに同様なものとして、猿飼について申述べましょう。乞胸以外で芸を見せて金を貰う商売としては、猿飼が代表的と考えられるので、本項の表題を猿飼としたのです。

猿飼はまた猿舞とも、猿廻しとも、猿曳《ひ》きともいいます。前述の綾取とか猿若とか江戸万歳などというのは、乞胸という身分の者が行なう芸だったのですが、猿飼というのはそれ自体が一つの身分を構成していたのです。

猿飼の職業は、江戸についていえば、町方を猿を引き歩き、これを舞わせて銭をもらうのが商売ですが、頭《かしら》だった者は武家の屋敷へ出かけていって、馬の祈禱を行なったり、猿を舞わせて銭を貰います。大坂では婚姻および宅地買得などの吉事に際して、猿廻しに銭を与える習慣がありましたが、江戸にはそういう習慣はありませんでした。また京坂では猿飼は稀でしたが、江戸ではその数がはなはだ多く、日に十数人の猿廻しが来ることがあったといいます。

猿廻しの頭だった者が武家の屋敷へ行くというのは、天正年間、徳川家康の関東入国の際に、その乗馬の足が痛んだので、祈念の儀を尋ねられたとき、穢多頭の弾左衛門の先祖が猿飼の長太夫を召連れて罷出て祈念したところが、馬が全快したので、御褒美を頂戴したという故事によって、毎年正月十一日に弾左衛門は西丸下厩《うまや》で鳥目壱貫五百文を受取って、猿飼頭の長太夫に渡す慣例となっており、こういう関係があるので、猿飼頭の長太夫以下頭立った者は西丸下の厩や武士の諸屋敷へ行って、馬の祈念をし、また猿を舞わせて、鳥目を貰ったのでした。川柳に

御祈禱に三味線の入るおん厩
お厩の祈禱三味線で踊らせる
猿廻しいつち仕舞《しまい》〔終り〕に馬をほめ

とあるのはいずれも、猿廻しが武家の屋敷で馬の祈禱をしたり、猿の芸をさせたことを意味します。

猿飼の法律上の身分については、猿飼は前述のように猿を舞わせて銭を貰うのですから、この点で、商売が禁止されていて物貰いで生活する非人と類似する所がありますが、猿飼の頭立った連中は脇差をさし、袴も着用するし、手下の猿飼も斬髪することはないので、これらの点で非人と違っていました。弾左衛門の所でも穢多《えた》と非人の中間に位するものと考えており、大別帳は弾左衛門に差し出し、婚姻は猿飼仲間同志で結びました。

江戸の猿飼は江戸で猿芸の独占権を持っていたのであって、江戸の寺社境内で猿の芝居や猿の

見世物等を素人がする場合には、猿飼頭の長太夫に掛合い、長太夫より弾左衛門へ届けた上で、長太夫方へ相応の金を払って実行させる例でしたし、遠国の猿飼が江戸へ来て猿芝居や猿の見世物をするときは、長太夫方に止宿し、万事同人の指図を受け、かわりに相当の金額を払い、猿見世または芝居がすんだあとは、芸猿を長太夫方に預ける例でした。

上に述べた乞胸、鳥追、猿飼、願人のほかにも、浪人の用いる編笠をかぶり、手に鈴を振って中臣祓《なかとみはらい》や六根清浄祓《しょうじょうはらい》を唱える神道者（京坂に多い）や越後より出る獅子舞（越後獅子、角兵衛獅子）等各種の芸で物貰いをする賤民がいましたが、その法律的な性質ははっきりしませんから、省略しておきます。

七　茶筅と夙のこと

以上で、江戸時代で賤民と呼ばれたものの中、非人、乞胸および猿飼について申述べましたが、この三者の順位を考えてみますと、乞胸は、家業についてだけ非人頭の支配を受ける者ですから、これを除きますと、前に申しましたように、猿飼は穢多と非人の中間に入るものですから、賤の強弱でならべると、この三つは穢多、猿飼、非人という順になります。それでは非人のつぎにどういうものがあったかというと、茶筅《ちゃせん》と夙《しゅく》がこれにつぐものといえましょう。

茶筅というのは、中国地方に多いもので、言伝えによりますと、茶筅は、平安時代に空也上人がこの地方を行脚《あんぎゃ》したときに、上人の湿病が茶筅で立てた茶でなおったという理由でその従者がこれを拡めたので、それ以来茶筅の製造販売を職業とする（茶筅を売り、米麦を貰って生活し、村番をする）ようになったともいい、また、古くより難病を煩っていた者が、空也上人に帰依して、茶をたてて仏に供えたところ、この茶で病がなおったので、それより茶筅をこしらえるようになったともいいます。

茶筅の身分は、地方地方によって相違があったようですが、大体よりいうと、茶筅は穢多非人の一種ではなかったのですが、百姓よりは低く扱われ、縁組仏事には百姓と附合わず、人別帳は百姓と一帳ですが、水呑百姓の末に認め、五人組は茶筅だけで組合せ、村役人方へ呼寄せるときは、百姓の末の別座にすえ、百姓の器物は用いさせるが、別段に扱っています。すなわち、茶筅は穢多非人以上の身分を持ち、むしろ水呑百姓の次に位するものだったといえますが、場所によっては、穢多頭の支配に服している者もありました。穢多頭の支配に服している茶筅について、備中《びっちゅう》（岡山県）空也堂の役人は、元来茶筅はえた非人とは別物だったのであるが、安永七年（一七七八）の幕府御触書において「穢多非人茶筅」と連称したので、その以後、茶筅の中で、穢多頭の支配に入ったものがある旨述べています。

以上を総括して見ますと、茶筅は普通の百姓以下の賤民であることは確かですが、その賤の程度は地方によって異なっており、穢多頭の支配に入っているものもあるが、そうでない者も多く、そういうのは、人別帳の末尾に記されたにしても、百姓と一帳に記されていましたし、村役人に呼び出されれば、末の別座にしても、百姓等と同席できたのですから、賤民としては上位のものであって、百姓の下級の者に連らなっていたといえます。

以上を総合して見ると、茶筅は非人の下に位するものといってよいと思います。すなわち、穢多、猿飼、非人、茶筅という順序になります。

夙は諸国におりましたが、ことに大和（奈良県）地方のものが有名です。夙の職業は大体普通の百姓並です。農業を主職として、酒造業等を営む者もあり、身分の点では、原則として、代官役所または京都町奉行所で素人（平民）と異なる取扱いをすることはなかったのですが、社会的には、素人の方より「下り者」として扱っており、夙が素人と婚姻することはありませんでした。中国の夙の中には、穢多頭の支配に服した者もいましたが、大和の夙だけについて考えると、その身分が茶筅よりよかったことは確かで、平民との区別はあまり顕著ではなかったのです。すなわち、夙は茶筅のつぎに位するといえます。

そこで、以上述べたところを総合して見ると、江戸時代の賤民の順位は、穢多、猿飼、非人、茶筅、夙の順ということができましょう。このほかにも、各種の賤民がありましたが、それらの法律的性質は明らかでありません。もし、わかるとすれば、その性質に応じて、このどれか、またはその中間に位させることができるでしょう。

ただ、問題は乞胸です。夙と乞胸について、両者の高下を論ずることはなかなか困難です。夙は生まれながらに取得する身分であるに対し、乞胸の方は家業により得られ、家業を放棄すれば直ちに、賤の身分を脱することができたのだからです。一方は生来の身分、他方は家業によって取得され、かついつでも棄てられる身分ですから、両者を比較すること自体が無理といえましょう。すなわち、乞胸は他の賤民とはその性質を異にするものであり、良民と賤民との間に位する特別の身分といえましょう。

しかりとするならば、江戸時代の人民には、良民、乞胸、賤民の三段階があり、そして、賤民の間ではまず夙があり、ついで茶筅、非人、猿飼という順で賤の度が増し、穢多に至ってその極に達したものといえるでしょう。

八　虚無僧のこと

虚無僧《こむ》といえば、すぐに深編笠で尺八を吹く人をおもい浮かべるでしょうが、虚無僧は宛字《あて》で、元来は薦《こも》（菰）僧すなわち、薦を背負って、諸国を修業し、宿がないときは、薦をしいて野原に臥した僧という意味ですが、のちに薦僧ではあまり露骨であるというのでしょうか、何か幽玄の感じのする虚無僧という文字を使うようになったものと思われます。

古く、ぼろぼろとかぼろんじとかいうものがあり、これが虚無僧の前身であるといわれています。徒然草《つれづれ》に、しら梵字《ぼんじ》というぼろぼろが師匠の仇であるといういろをし坊という名のぼろぼろと斬合って刺違えて死んだという話がありますが、この仇討の話を載せたあとで、兼好は

ぼろぼろといふものは、昔はなかりけるにや、近き世に、ぼろんじ、梵字、漢字《かんじ》などいひけるもの、其はじめなりけるとかや、世をすてたるに似て、我執《がしゅう》ふかく、仏道をねがふに似て、闘諍を事とす、放逸無慚《むざん》の有さまなれども、死をかろくして、すこしもなずまざるかたの、いさぎよく覚えて、人のかたりしままに、書付はんべるなり、

と書いています。何々坊と呼び、また「仏道をねがふに似て」とある所をもって見ると、僧体を

していたようです。死を軽んじた点では、いさぎよいといえましょうが、我執ふかく、闘争を事としていたというのですから、無頼漢に近いものだったようであります。

このぼろぼろと普化《ふけ》宗とが結合したところに、のちの薦僧が現われたものと思われます。普化宗は、禅宗の一派で、鎌倉時代に、覚心（法燈国師）が中国より伝えた所といわれますが、室町時代の応仁のころに、朗庵という者があり、有名な一休と親しく、風穴道者と号し、常に尺八を吹いて楽しんだそうですが、このころから、ぼろぼろが普化宗の僧として、尺八を吹いて諸国を巡る形態ができてきたのではないかと思います。そして、これを薦僧と呼んだものでしょう。

江戸時代でも、初期には薦僧は乞食体のものだったらしく、林道春の「野槌」という本にも、薦僧のことを

僧とも見えず、俗とも見えず、山伏とも見えず、刀をさし、尺八を吹き、背には筵《むしろ》を負ひ、人の門に立ちて物を貰ふ。これまたぼろぼろの類にして、丐人の徒なり、

といっているそうですから、実際に薦を背負って歩いていたのです。慶安年間（一六四八〜五二）の絵を見ますと、京都の薦僧は文字どおり薦を負うています。享保年間（一七一六〜三六）の図になると、もはや薦を負うていません。この四、五十年間に、薦僧より虚無僧へと変わったのではないかと思われます。

江戸時代の普化宗の総本寺は下総小金《こがね》の一月寺と、武蔵青梅の鈴法《れいほう》寺の二つであって、各寺にはいずれも末寺があり、虚無僧はこのいずれかの寺に属したのでした。普化宗の寺の住持は剃髪《てい》

の場合には住職、有髪のときには看主《かんす》と呼びました。

江戸時代において、普化宗は勇士浪人の一時の隠れ家と考えられ、一月、鈴法の両寺もこれを主張しましたが、その根拠となったのは、慶長十九年（一六一四）に幕府より与えられたという御掟書の第一条に

一、虚無僧の儀は、勇士浪人一時の隠れ家、守護を入れざるの宗門、よって天下之家臣諸士の席を定むべきの条、その意を得べき事

〔原文〕　一虚無僧之儀は、勇士浪人一時之隠家、不《ざる》レ入《レ》二守護《を》一之宗門、仍《よって》天下之家臣諸士之席《を》可《き》レ定《む》之条可《き》レ得二其意《を》一事

とあることでありますが、この投書は間違いなく偽作であって、幕府でも、弘化四年（一八四七）に、寺社奉行内藤紀伊守掛りで普化宗の規則そのほか宗法等の取調改革の節に、一月寺総代および鈴法寺総代を呼出して、その偽書であることを申渡しましたが、その際、宝永三年（一七〇六）の掟書も、慶長の投書の節略にすぎずとて、やはり偽書とされました。

同じ時に、延宝五年（一六七七）に幕府より掟書を渡したときに口上で申渡したという書物も、全くの取拵えであるとされました。口上での申渡というのは、武門不幸の武士が普化宗の門弟になると、修業ののち、帰俗させるそうであるが、その中には、往古よりの由緒ある武士もあるのであろうから、帰俗させて、家名血脈の断絶のないようにすれば、永く天下の武門の助けとなり、その子孫の中には御用に立つ者もあれば、実に御奉公になることであるから、いよいよ宗法に念

を入れて正しくすべき旨仰渡されたというのですが、この申渡が全くの拵え事であるとされたのです。

さて、虚無僧になるには、武士たることを要します。僧や町人、百姓らは虚無僧になることはできません。宝暦九年（一七五九）以前でも、鈴法寺は、町人百姓に本則（すなわち虚無僧たるの証書）を与えることはありませんでしたが、一月寺ではこれを与えましたので、幕府は同年、一月寺に対して、町人百姓に本則を与えることを禁じました。

諸士以上の者が入宗を希望してきますと、その趣意書を書出させて、その希望が武士道上非義でなく、全くよんどころない始末とわかると、証人を取って証文を差出させます。入宗証文と呼ばれるものですが、文言はつぎのとおりです。

入宗証文の事

一、わたくし儀何の何の守《かみ》元家来何の誰と申すものに御座候、しかるところ別紙趣意書のとおり去る何年何月幾日浪人仕り、何方住居誰方にまかりあり候ところ、かねがね御宗門懇望に存じ奉り候につき、今般御寺号へ入宗仕りたく罷り出で、御門弟に御取立下され候よう、再応相願い候ところ、御聞済《ききずみ》なし下だされ、かたじけなき仕合《しあわせ》に存じ奉り候、しかる上は、御宗規矩僧道堅く相守り、非礼卑劣の儀仕らず、万端如法《にょほう》に御宗掟筋仰せ付けられ候とおり、相背き申すまじき候事、

ただし、両刀等所持の品々別紙のとおり相納め候ところ相違御座なく候、

一、公儀御法度《ごはっと》は申すに及ばず、君父へ敵対の筋武士道非義の働等毛頭仕らざる者に御座候、
宗旨の儀は何方何宗の何寺旦那《だんな》に紛《まぎれ》御座なく候、
一、万一病死仕り候か、または異変の儀御座候はば、御宗法のとおり御取計い下さるべく候、
その節俗縁より一言申上候筋御座なく候、後日のための証よってくだんのごとし、

〔原文〕

入宗証文の事

一私儀何ノ何ノ守元家来何ノ誰ト申モノニ御座候、然ル処、別紙趣意書ノ通、去ル何年何月幾日浪人仕、何方住居誰方ニ罷在候処、兼々御宗門懇望ニ奉レ存候ニ付、今般御寺号へ入宗仕度罷出、御門弟ニ御取立被レ下候様、再応相願候処、御聞済被二成下一、忝《かたじけなき》仕合《しあわせに》奉レ存候、然ル上ハ御宗規矩僧道堅相守、非礼卑劣ノ儀不レ仕万端如法《にょほう》ニ御宗掟筋被二仰付一候通、相背申間敷候事

　但両刀等所持ノ品々別紙ノ通相納候処、相違無二御座一候、

一公儀御法度ハ不レ及レ申、君父へ敵対ノ筋武士道非義ノ働等毛頭不レ仕者ニ御座候、宗旨ノ儀ハ何方何宗ノ何寺旦那ニ紛無二御座一候、

一万一病死仕候歟、又ハ異変ノ儀御座候ハゞ、御宗法ノ通御取計可レ被レ下候、其節俗縁ヨリ一言申上候筋無二御座一候、為二後日一証仍如レ件、

宛名はたとえば、「一月寺御役僧御中」です。

入宗証文を差出すと、右の証文にあるように、両刀ならびに所持品を寺に納めさせ、その目録を出させて、門弟の契約をし、祖師の前で、本則を与え、宗具を渡し、掟書を読み聞かせて請判《うけはん》させ、尺八の伝授をします。それがすむと、番僧が差添って、在方の寺院へ差遣し、短髪の内は寺の近辺のみを托鉢《たくはつ》修行させますが、場合によっては、短髪の内でも一月寺または鈴法寺の番所に置いて、近辺の托鉢修行をさせたこともあります。短髪というのは、頭髪がまだ総髪型にならない内のことでしょう。虚無僧は有髪でも剃髪でもよかったのですが、「ちょんまげ」姿ではこまるわけで、剃髪か有髪かにしなければならないのです。還俗のことを考えると、有髪の方が都合がいいので、髪をのばすのが普通だったと思いますが、そののばしている間を短髪といったのでしょう。有髪の場合でも、肉食妻帯は禁ぜられました。

右は真の虚無僧ですが、弟子にならなくて、吹笛（尺八をふくこと）ばかり望む武士には、本則を附与してこれを宗縁といい、宗縁の者が吹笛修業を望むときは、その日限りに、印鑑ならびに天蓋《てんがい》（深編笠《あみがさ》）を渡し、これを助吹と呼びます。

虚無僧が修業に出るときは、袈裟は紺黒、衣類は絹紬《つむぎ》木綿、帯もこれに準じ、尺八の袋は縫模様等のない目立たないものを用うべきものとされ、天蓋《てんがい》をかぶり、尺八を手にします。御府内（江戸）は下駄ばきですが、役僧は草履ばきの定めです。在々の寺院では草鞋《わらじ》で修業しますが、城下や駅場近辺等では、事により下駄裏附で修業することもありました。

天蓋は往来ではとらない定めなので、たとえ虚無僧に不正の事があって取調べるときでも、天蓋を取らせずに、随従している虚無僧を寺に召連れて、そこで糺すのがよいとされていました。虚無僧は江戸市内のほかは、二人連れだって修行に出ることになっていたのです。役所へ行った場合でも寺社奉行所のほかは天蓋はとらなかったのです。

普化宗の末寺を風呂屋とか風呂寺とかいいました。これは二代目の祖が寺中に風呂をたてて、諸人に施しましたが、その中、志ある者が薪木料を志として置いたのを申請けましたので、それが言伝えられて、風呂寺という称呼ができたといわれます。また、奥州常州下野《しもつけ》辺では、虚無僧は托鉢修業の節茶筌《せん》を持参して、好みの者に与え、志を請けることもありました。虚無僧は商売は禁じられていましたが、これだけは認められていたのです。

上記したような手続を経たものが本当の虚無僧ですが、偽せ虚無僧があったので、幕府は宝暦九年（一七五九）に、このころ虚無僧の姿をにせた者があるから、本則を差出す節の始末を一月寺、鈴法寺に尋ねたところ、両寺の取扱いが区々である、去年両寺から、門弟どもが使う編笠を近年浪人体の者や俗人がかぶって、まぎらわしい者が所々で修業しているようであるから、にせ者は直ちに召捕えているが、幕府や藩の尋ね者の詮議の妨げにもなるので、右の笠は俗人へは売らないで、両寺の印鑑を持つものだけに売るようにしたい旨願出たので、これを許可したが、いまだにこのようなにせ者が出るのでは、右の願の趣意にも符合しないから、以後両寺は区々にせず、古来よりの寺法どおりにするようにと命じています。

安永三年（一七七四）には、幕府は虚無僧の乱暴をいましめていますが、それによると、近年村々へ虚無僧修業体の者が来て、百姓にねだりがましき儀を申しかけ、あるいは、旅宿を申付けるように、村役人に申すので、宿をとってやると、麁末《そまつ》な家だから止宿できないといってあばれて、その場にいる者を尺八で打擲し、おどし付ける由であるが、虚無僧の修業するのは、志次第に施物を受け、夜になれば相対で一宿する筋の者であるから、そういうことがあってはならぬ、といっています。その後某年十二月に、右の安永三年の法令が出たが、近年宗風がみだりになり、不法狼藉の者が多いから、両役寺番所で形を忍ばせる（虚無僧の姿になること）子細を糺した者のほかは、普化宗寺院で入宗させて僧侶大別に入れてはならぬと定め、さらに、元来、普化宗は、普化禅宗と唱えて、臨済宗の支流だから、もっぱら禅気を守り、武門の隠れ家とか身元顕われ難しなどと申唱える筋ではなく、今後真実の虚無僧のみに限って、宗縁助吹の名目は一切やめ、修行者も諸宗僧侶同様、志次第の施物を受取り、相対をもって、穏便に止宿すべく、御用向などと申唱え、あるいはねだりがましき儀等を致してはならぬと命じています。

上記のように、虚無僧は市中駅宿村々を巡って、托鉢吹笛修行して、志次第の施物を受けていたのですが、幕末には、村方では、かれ等は一年の志施の穀料をまとめて受取ることが行なわれ、この穀物を修行料、托鉢料または取締料と呼びました。なぜそういうことになったかというと、農繁期に虚無僧が来ては、村々でも迷惑だというので、双方で相談の上、志施の穀物を代銭で、一か年何程と見積もって、年々一度ずつ請取りにいくことになったのです。取りにいくには、門弟または用達役（俗人であるその寺の家来）の者等を村々に差出して、請取るのですが、そのためには、あらかじめ、村々へ印鑑を渡しておき、その印形で請取書を出したのです。こういうことになれば、金集めの上からは大変便利ですが、尺八を吹きつつ托鉢修行するという元来の趣旨は失われたものといえましょう。

虚無僧は普化禅宗の僧の扱いを受けましたが、虚無僧宗門では他宗と違って、法中でも、公儀奉行所に届けなくても、御仕置を申付けられる場合五ヶ条がありました。それはつぎのとおりです。

一、竹くわら〔掛絡〕袈裟天蓋はぎ、追払候事
一、右之中指壱本切、追払候事
一、鼻そぎ、追払候事
一、額《ひたい》焼かね当《あて》、追払候事
一、右之耳そぎ、追払候事

いずれも追放刑で、それに他の刑罰が加わっているのです。その中、第一の竹くわら袈裟天蓋を剝いでの追放は、他宗の脱衣追放にあたるものですが、他の刑は、他の宗派に見えないもので、普化宗に特有のものでしょう。右に挙げた刑以上の罪の場合には、奉行所の吟味を受けたのです。虚無僧宗門の刑に、棺に入れ、土中に穴を掘って埋める刑もあったといいますが、もしあったに

しても、それは古い頃の話と思います。
なお、虚無僧はいつでも、還俗できました。

九　髪結のこと

現在、髪結《かみゆい》といえば、女の髪結のことだけです（男には結うべき髪がありません）が、江戸時代において、髪結といえば、当然男髪結のことで、女性の場合には、とくに女髪結といいました。芸者といえば、元来男の芸者のことで、女の芸者の場合には、女芸者と呼んだのと同様です。

髪結のことを俗に一銭職と呼びました。家康が三河国碧海《あおみ》郡原之郷に行ったとき、北小路藤七郎という者がその髪を揚げたので、当座の褒美として、銭一銭と笄《こうがい》一対を与え、その後、髪結職を一銭職と呼ぶようになったという言伝えがありますが、これはこじつけで、月代《さかやき》を剃り、髪を結ぶ賃が古く銭一文だったので、これを一銭剃といったことから出たものと思われます。明治初年、弁護料が按摩と同じく三百文だったというので、下級の代言人のことを三百代言と呼んだのと同じ類でしょう。

江戸時代のはじめ、髪結は多くの場合、橋台（橋詰ともいい、橋の両端です）または河岸地や床《とこ》店《みせ》（床店というのは、取畳みのできる店です）をしつらえて営業していました。髪結床《どこ》という言葉はこれより起こったものと思われます。寛永十七年（一六四〇）に幕府は髪結の親方を集めて、惣仲間を作ることを命じ、このとき四十八組が出来たといいますが、これによって、髪結床の特権が認められたのであって、左のような焼印をおした手札が渡されました。

寛永一七年
庚辰
仁左（御判）
六月朔日

髪結札
備前（御判）
駿河町清兵衛

仁左は朝倉仁左衛門、備前は神屋備前守でいずれも町奉行です。この特権の認められた結果として、町々の御入用橋（幕府の費用で普請する橋）はその左右六町の髪結に橋番が命ぜられました。

ところが、明暦三年（一六五七）の大火で、江戸の大部分が焼失したので、橋番の制も中絶し、髪結の稼ぎ場も他町の者に乱入されたりして混乱しました。翌万治元年（一六五八）正月に、幕府は髪結の師匠は年に二両、弟子は一両ずつ幕府に差出させることにしました。この制度がいつまで続いたかはわかりませんが、のちに奉行所の火事の火消に出る義務を負担するようになってからは免除されたものと思います。さらに翌二年町奉行所は江戸の髪結の親方を召出して、永代髪結親方の場所を定め、かつ奉行所の名判を載せた鑑札を与えました。さきの鑑札を寛永札と呼ぶに対して、これを万治札と呼びます。寛永札は紙札だったようですが、万治札は明らかに木札でした。

享保六年（一七二一）に本八町堀四丁目清七店《たな》の三右衛門より、公儀橋（御入用橋に同じ）の橋火消を請負うから、これまで橋台にあった髪結床并に床番の者から地代を請取り、かつ橋台の明き地に新規に髪結床をおきたい旨願出ました。そこで、それまで橋台にあって商売していた髪結が異議を申立てて、自分の方で、火消道具を拵えて火事の時分風並の悪い橋々へは所々の髪結が集まって防火するから、三右衛門の願出を許可されないよう、もし防ぎ方が疎略で橋が焼失したらば、三右衛門に渡されても異議ない旨を願出て、翌年許可されました。

ついで、享保九年（一七二四）に橋台以外の所にある髪結は両町奉行所出火の際にかけつけることを願出て許可されましたが、同十九年に公儀橋の普請は白木屋勘七ほか一人の定請負となったので、髪結の橋火消の制は廃止され、翌年より髪結はすべて火事のとき町奉行所にかけつけて、消火に尽力すべきことになりました。この際も、鑑札が与えられ、これを享保札といいます。これには表面上部に「両御番所欠付《かけつけ》」と書いてあり、髪結の義務を書いたものですから、寛永札、万治札とは性質が違いますが、この札を持っていることは髪結営業が公認されていたことを示すわけですから、結局、同じことを株と役と別の面から見たものといえましょう。その後、町年寄の出火のときにも六十名、牢屋敷の出火のときに、三十名がかけつくべきものとされました。

ところが寛政ごろになると、無札無役で髪結営業をする者がふえたので、同三年（一七九一）幕府髪結惣仲間行事より、その差留めを願出ました。これによると、近年無札で忍《しのび》髪結をする者が所々にあるので、自分達の営業の妨げになり難儀至極である、忍髪結が流布したので、自分達の召抱える弟子の手間取たちも自然と不奉公をして、無理に暇を取り、あるいは取逃欠落《かけおち》（失踪）して、忍髪結をするので、自分達の稼業の日々の稼ぎが薄くなり、これに反して忍髪結はますます増長して、ために自分たちの召抱の弟子や手間取は日々に払底となり、召抱の者が病気になると、代り人にもさしつかえる有様である、忍髪結が見付かると、家主へ預けるが、たって詫びて、以後忍髪結はきっと止めるという者は、証文を取ってすませる、過言などをいうものがあればやむをえず、町奉行所へ訴える、この場合、家業を差留める旨の処分があるが、御威光で一たんやめても、外の者が入替わるので、一向忍髪結はやまない、といっています。

右の陳情があったので、同五年七月に、町奉行所より、この後仲間に入らないで、髪結渡世をしてはならぬ旨の町触が出されました。町奉行所では、同月十九日に四十八組髪結行事願人らを呼寄せて、右触書は出したが、その方どもが等閑《なおざり》のために、このように増長したのである、忍髪結の中には、今にわかに家業をかえるのが難かしく、また差留められては難儀する者もあるであろうから、忍髪結をやめない者があっても、組合へ入れるか、四ヵ月の中に、職業を変えるように説得すべきであり、五ヵ月立っても、やめないときにはじめて召連れて訴うべきである、来春になったら（すなわち五月過ぎたらば）説得に及ばず、忍髪結を見付け次第申出づべきである、と定めています。

天保十二年（一八四二）十二月に幕府は物価引下げを目的として株仲間の解散を命じましたが、髪結および湯屋については諸色《しょしき》の値段に関係がないというので、仲間の解散は命じられませんでしたから、依然四十三組（寛政ごろは四十八組でしたから、五組へっています）の仲間がありましたが、幕府の物価引下げの要請に応じて、髪結賃を二十八文より二十文に下げました。ところが、幕府の株仲間廃止の趣旨にそって、新規に髪結床を始めて、髪結賃を十六文しか取らぬ髪結が現われ、組合より故障を申立てたので、町奉行所では十三年二月にこの者を取調べたところ、当人が町奉行所、牢屋敷、町年寄宅の火事の節駈付けて人足を出すという条件を出したので、その営業を認めました。ついで三月には、町奉行所では、組合の先きの故障を不当として、これ以後、髪結、湯屋の商売をする者も、他の商売と同じように、株札を出すことはもちろん、組合仲間などと称することを禁止し、町内そのほか同商売の者が何軒出ても故障を申してはならぬと命じました。このとき返納された札数は千四枚でした。

幕府による株仲間の解散はその目的を達しないのみならず、かえって金融渋滞の弊を招いたので、十年後の嘉永四年（一八五一）に、幕府は諸問屋組合の再興を命じましたが、この際株札は下付せず、かつ加入を欲する者はすべて、これを加入させるべきを命じました。このとき再興された髪結の組合は四十九組で、このとき新たに欠付札が出されました。

髪結の組合には、組合ごとに行事または帳元《ちょうもと》という者があって、組合の事務を取扱い、惣仲間取締のために、年行事を置きました。年行事というのは、その年を担当する行事という意味です。

髪結床は株ですが、この株の売買も質入も書入も行なわれました。

髪結床には出床《で》と内床とがあります。出床というのは、町境、往還の内、または橋台、あるいは河岸そのほか広場等にあって、営業のかたわら見張をしている髪結床であり、内床というのは、町屋敷の中で借家して営業する髪結床です。天保改革以前江戸に前者がおよそ六百六十ヵ所、後者がおよそ四百六十ヵ所あったといいます。内床には髪結床の株を持つ者すなわち株主が自分で営業している者もいますが、中には下職の者がその店を預かって、揚銭《あげせん》を株主に払うものもあります。出床でも内床でも、客が来るのを待っているのですが、このほかに丁《ちょう》場と呼ばれる廻り場の内を髪結の方から髪結道具を入れた箱（江戸で鬢盥《びんだらい》といいます）を下げて客を訪ねる廻り髪結がありました。黙阿弥の梅雨《つゆ》小袖昔八丈に見える髪結新三はこれで、みずから「得意場《ちょうば》を廻りの髪結」といっています。

当時の床《とこ》場というのは、その見世先きが三尺ばかり町並の軒下より張出してあって、別に柱を建て三方に折り廻して、障子を用いましたが、表は間口の広狭によって二本建てあるいは四本建ての腰障子を用いて、その両脇は下半分を羽目板にして、その上を障子にしました。正面の障子にはその床の名を示す絵画を描いてありました。海老《えび》をかいたのが海老床、錨をかいたのが錨床、達磨《だるま》をかいたのが達磨床というようなものです。将棋の駒に金の字や銀の字を書いて金床、銀床というのは、金何、銀何という髪結の人名を表わしたものです。

天保十三年（一八四二）には、町々の髪結床で彩色などで書いた障子ならびに同様の暖簾《のれん》地あるいは広桟留《ひろさんとめ》等で文字を縫い、または暖簾等へ手数をかけ、景趣を飾ったものがあるそうであるが、以後は禁止する旨命じています。

つぎには床見世《みせ》の売渡証文の例を挙げましょう。浅草の観音様の境内にあった床見世の売渡証文です。

売渡し申す床見世証文之事

浅草寺地中正智院御門前

一、床見世壱ヵ所

右は我等所持仕罷《まか》り在り候ところ、この度勝手につき、貴殿へ金弐拾弐両に取りきめ、売渡し申し候ところ実正なり、此床見世につき、諸親類は申すに及ばず、かれこれ申す者一切御座なく候、万一横合《よこあい》より故障がましく申す者これあり候えば、証人の者罷り出で、きっと埒《らち》明け、少しも御苦労相かけ申すまじく候、売渡し申す掛《か》け床証文よってくだんのごとし、

元治元子年　　　　浅草西仲町

四月

家持
売主　安右衛門㊞
同所　花川戸町
家主
証人　平四郎㊞

忠次郎殿

〔原文〕

売渡申床見世証文之事

浅草寺地中正智院御門前
一床見世壱ヶ所

右は我等所持仕罷在候処、此度勝手ニ付、貴殿え金弐拾弐両ニ取極売渡申候処実正也、此床見世ニ付、諸親類は不及申、彼是申者一切無御座候、万一横合より故障ヶ間敷申者有之候えば、証人之者罷出、急度埒明、少シも御苦労相掛申間敷候、売渡申掛床証文仍て如件、

元治元子年　　浅草西仲町
四月
家持
売主　安右衛門㊞
同所　花川戸町

家主
証人　平　四　郎㊞

忠次郎殿

「守貞漫稿」（類聚江戸風俗志）によると、髪結床は大坂のが綺麗で、京都がこれにつぎ、江戸は粗であり、大坂の道頓堀などでは、寒風のときは、髪結する客の足下に炉を作って埋火を入れていたそうですが、技術の方は江戸の方が進んでいたようで、「皇都午睡」には、江戸では首筋耳の穴まで細い剃刀で自在に剃るのであって、毛剃が叮嚀に剃って床主に渡すと、床主は剃刀で清剃して、すくこと四、五へんで、垢もふけもないまですき、それより油をつけて、またすいて結うから、上方のぞんざいなのと雲泥の相違であるといっています。

天保十三年には、そのころ、場末の町での髪結床では、客が込合うときは、下剃と称して、妻に手伝わせることもあるが、女どもにはそれ相応の手業もあるべきに、右様の手助けをさせては、男女の別も無くなり、風俗にもかかわるからとて、幕府はこれを禁止しています。

このように、女は手助けしてもいかぬというのですから、女髪結が禁止されていたのはいうまでもありません。寛政七年（一七九五）の口達《くたつ》に、前々は、女髪結と称して、女の髪を結うを渡世とする者はなく、代銭を出して結わせる女もなかったが、近頃では女髪結が所々にあって、遊女ならびに歌舞伎役者の女房風に結立《ゆい》てるので、衣類までも華美に取飾り、風俗をみだすようになって、宜しくない、このように結わせる女の父母や夫は何と心得ているのか、女共は万事自身で相応の身嗜をすることを貴賤ともに心掛くべきであるから、以後軽い身分の者の娘どもは自身女髪結に結わせないように心掛け、またこれまで女髪結渡世していた者も家業を替えて、仕立物や洗濯そのほか女の手業に渡世を替えるように心掛くべきであるといっています。天保の改革に際しては、髪結を渡世同様にする女は百日過怠牢合、その親夫らは三十日手鎖、髪を結わせる女は三十日手鎖、その親夫らは、過料三貫文と定めましたが、禁遏することは困難だったのであって、嘉永六年（一八五三）には、女髪結の数は千四百人もいたといいます。

一〇　湯屋のこと

前回に髪結について記しましたから、つぎには湯屋について申述べましょう。

湯屋は、古く丹前風呂という称呼があったように、江戸でも古くは湯風呂とか、風呂屋ともいいましたが、のちには、京坂では風呂屋と称し、江戸では湯屋と呼び、洗湯、銭湯とも称しました。もっとも、江戸でも、湯風呂屋という称呼は寛政ごろでも用いられています。丹前風呂というのは、承応、明暦のころ、すなわち、十七世紀の半ばごろ、神田四軒町、雉子町のそばに堀丹後守の屋敷があって、その側らの湯風呂で髪洗女二、三十人を抱えて、垢をかき、髪をすすいだので、元吉原へ通った若人たちがここに来て、湯に入り酒を飲んで遊びました。丹後守の屋敷の前にあるというので、これを丹前風呂と呼んだのです。

江戸では湯屋をなまって、「ゆうや」といいました。湯屋は仲間を組織していましたから、その権利は湯株です。もっとも、正式に株仲間として認められたのは、文化七年（一八一〇）ですが、それ以前でも、湯屋の申合せの仲間はありましたし、新規湯屋の願出は町町の既存の湯屋で差障りのある旨申立てれば、許可されなかったのですから、事実上、人数は限定されており、営業権は株式だったといえますし、幕府でも株と呼んだことがありますが、この時に正式に株仲間として認められたのでした。湯株の持主すなわち株主が自分の株で営業する者もありましたが、他の株主より株を借りて、営業する者もあり、これを仕手方と呼びました。幕末の湯銭は一日八文で、湯屋の一日の収入は多きは十貫文、少なきは二、三貫文でした。

湯株は通常の湯風呂だけの株であって、薬湯とか蒸風呂は株以外です。そこで、寛政ころに、忍冬湯《すいかずら》と名付けて、普通の湯屋より値段を安くし、かつ夜分までも営業するものが現われましたが、町奉行所では、これは湯風呂の邪魔になるというので、禁止しました。なお、防火のために、古くより湯屋は、暮六ッ（暮六つは日没時）限りに、火を止めるべきことになっていました。

天保の株仲間解散の際に、湯屋は髪結とともに、諸色値段に関係がないという理由で、組合仲間の停止令の適用はなかったのですが、同商売の中で、賃銭を下げる者がある旨、組合の者から故障を申立てる者がいるというので、天保十三年（一八四二）三月に、株札はもちろん、組合仲間等と唱えることも停止され、町内同商売の者が何軒できても文句をいってはならぬ旨命令されました。このとき五百七十の株があったといいます。嘉永四年に問屋組合の再興が認められたことは一般の場合と同様です。

つぎに湯株売渡証文および預り証文の実例を挙げましょう。

湯株売渡し証文の事

一、日本橋呉服町新道にてわれら所持の湯株男女二風呂、間口六間四尺五寸、奥行十一間の建家、外に二間に二間半の土蔵一ヵ所、この度貴殿方え代金千両に永代売渡し申すところ実正なり、すなわち、仲間ならびに親類立合い、右代金残らずたしかに請取り申し候、しかる上は、右湯株につき、諸親類は申すに及ばず、何方よりも構《かま》い出入これなく候、万一違乱の者これあり候はば、加判の者何方までもまかり出で、きっと埒《らち》明け、貴殿え少しも御苦労相かけ申すまじく候、後日のため湯株売渡し証文よってくだんのごとし、

文政五午年四月廿五日

日本橋呉服町新道八郎右衛門店
売主　源四郎　印

本材木町壱丁目儀兵衛店
証人　親類八兵衛

日本橋式部小路
〔事〕
行司　吉右衛門

同大工町
組合　伊右衛門
家主　八郎右衛門

久兵衛殿

〔原文〕

湯株売渡証文之事

一日本橋呉服町新道にて我等所持之湯株男女弐風呂、間口六間四尺五寸奥行拾壱間之建家外ニ弐間ニ弐間半之土蔵壱ヶ所、此度貴殿方え代金千両ニ永代売渡申所、実正也、則仲間幷親類立合、右代金不レ残慥請取申候、然ル上は、右湯株に付、諸親類は不レ及レ二申すに一、何方よりも構出入無レ之候、万一違乱者有之候ハヾ、加判之者何方迄も罷出、急度埒明、貴殿え少も御苦労相懸け申間敷候、為二後日一湯株売渡証文仍て如レ件、

日本橋呉服町新道八郎右衛門店

文政五午年四月廿五日　売主　源四郎印

本材木町壱丁目儀兵衛店

証人　親類八兵衛

日本橋式部小路

〔事〕
行司　吉右衛門

同大工町

組合　伊右衛門

家主　八郎右衛門

久兵衛殿

久兵衛は源四郎より、日本橋呉服町新道にある源四郎所持の湯株男女弐風呂の建物および土蔵壱ヶ所を千両で買ったのですが、実際は、源四郎は右の株式および建物を抵当に入れたのであって、そのことはかれが同日久兵衛に対して、左の湯株預り揚金証文を差出していることによってわかります。

湯株預り揚げ金証文の事

貴殿所持の男女湯両株揚げ金にてわれら方え御預けなされ、たしかに預り申し候、しかる上は、薪油奉公人給金造作そのほか諸雑用すべてわれら方え引請け、貴殿方え少しも構いこれなく、一ヵ月金六両一分ずつ相違なく差出し申すべく候、万一一ヵ月にても相滞り候はば、われら方は取放し、外え御預けなされ候とも、その節少しも申分御座なく候、後日のため湯株揚げ金請負証文よってくだんのごとし、

日本橋呉服町新道
八郎右衛門店
預り主　源四郎　印

文政五午年四月二十五日

本材木町儀兵衛店
親類
請人　八兵衛　印

浅草鳥越町

同　幸　七　印

久兵衛殿

〔原文〕

湯株預り揚金証文之事

貴殿所持之男女湯両株揚金ニて我等方え御預被レ成、慥ニ預り申候、然上は、薪油奉公人給金造作其外諸雑用都て我等方え引請、貴殿方え少も構無レ之、壱ヶ月金六両壱分宛、無二相違一差出可レ申候、万一壱ヶ月ニても相滞候ハゞ、我等方ハ取放し、外え御預被レ成候共、其節少も申分無二御座一候、為二後日一湯株揚金請負証文仍て如レ件、

日本橋呉服町新道

八郎右衛門店

文政五午年四月廿五日　預主　源四郎印

本材木町儀兵衛店

親類請人　八兵衛　印

浅草鳥越町

同　幸　七　印

すなわち、源四郎は久兵衛の湯株の仕手方となり、湯銭の収入から、諸費用を差引いて、毎月金六両壱分宛を久兵衛に払うことを請負ったのです。揚銭というのは、仕手方より株主に納める湯銭のことです。

久兵衛殿

銭湯は各町に二軒ずつあり、上方のように、大和湯、扇湯、桜湯のように呼ばず、町名を上につけて、檜物丁の湯のように呼びます。男女両風呂のある湯屋では、入口を入ると、土間で、その先は男女別に左右に分かれて、衣類を脱ぐ板の間があり、その先に流し板があります。流し板から破風作りの石榴口《ざくろ》をくぐった所に、風呂桶がありますが、風呂は中が狭く底が深くて腰掛けがなく、前の戸が低く下がっていて、中は昼でも顔は見えぬくらいに暗く、湯は熱いので、身体をしめすだけです。上り湯は男湯と女湯の中間の流し板の所にあります。男湯の板の間から、二階に梯子が通じています。二階は高欄付きで、往来を見下ろせます。客が来ると、番頭が煎花《いればな》を拵えてもってきますが、菓子の用意もありました。文化三年（一八〇六）に、二階で煎茶を飲ませるのは、茶代をとらなくても、宜しくないとて、町奉行所から禁止されていますが、実際にはこの後も行なわれたのでしょう。碁、将棋も置いてあり、近所の人達の溜りとなっていた様は、式亭三馬の浮世風呂（文化六年刊）に生き生きと描写されています。

湯屋ははじめ男女混浴でしたが、寛政三年（一七九一）すなわち、松平定信の執政時代に、幕府は、江戸における混浴を禁止しました。

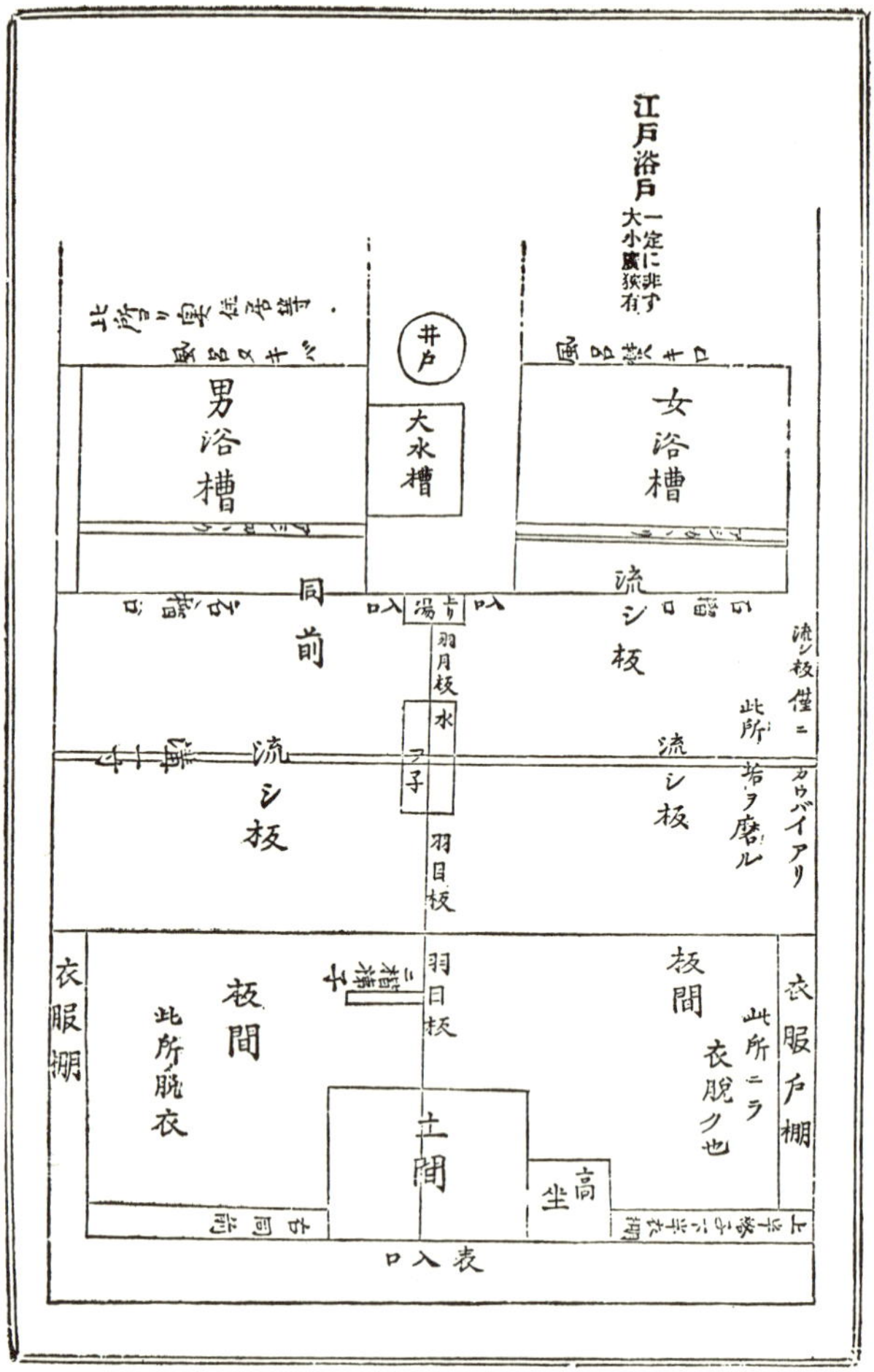

風呂の構造図

類聚近世風俗志下巻沐浴二〇七ページ

町中に男女入込湯の場所があるが、大方場末の町々に多い、男女湯を分けて焚いては収入が少なく渡世にならぬので、入込《いれこみ》にしてきたということであり、よんどころない子細があるとは思うが、場所柄相応の所は、入込に焚くことは仕来《しきたり》とはいえ、いかがと考える、もっとも、これまで刻限で分け、または日を分けて、男湯女湯と焚くのもあるが、刻限で分けるのはかえって紛らわしいから、以後は場所柄はもちろん、場末であっても、入込湯は堅く禁止する、それでこれまで入込湯を焚いてきた所は、もよりもよりで申合せて、さしつかえないように、たとえば、一六の日または二七、三八、四九、五十の日と次第を立てて、女湯を立てるようにせよ、というのがその要旨です。しかし、実際には入込湯はなかなかなくならなかったらしく、享和元年（一八〇一）に下谷の湯屋二軒が入込湯の故をもって処罰されています。

　江戸時代の湯屋の看板は、矢をつがえた弓を棒にぶらさげたものを入口にかけましたが、のちには紺地に「男女湯」またはたんに「ゆ」とのみ記した木綿の旗をぶらさげました。矢をつがえた弓をぶら下げたのは、「射《い》入る」すなわち「湯に入る」という意味の由です。

　京坂では、前記のように、湯屋を風呂屋と呼びましたが、自家用の風呂を持つ家が多いので、風呂屋の数は江戸よりもずっと少なかったといいます。大坂の風呂屋は普通、井戸水を使い、川に近い所の風呂屋は川水を使いましたが、川水は柔かく、井戸水は塩気があって、剛《かた》く、川水の方が喜ばれたので、天保ごろより川岸に遠い湯屋は桶を地面に伏せて、川水を引きました。江戸では上水の水を使うのが普通だったようです。なお、京坂で、男女混浴の禁止されたのは、天保の改革の時です。

江戸では湯屋は焚物に松薪を用いましたが、そのほか古材朽木そのほか何でも焚物になるものは用います。それゆえ市民も古材木や朽材があるときは、これを湯屋に与え、また湯屋の下男は暇のときは芥溜場や川岸等を巡って、竹木の類をひろって使いましたが、京坂の風呂屋では、新薪のみを用いました。それは、江戸では朝湯があり、かつまた熱湯が好まれるため、多くの焚物を要するので、こういう物も使わざるをえなかったのに対し、京坂では朝湯もなく、ぬる湯が好まれたので、新薪だけで足りたので、こういうことになったのでした。

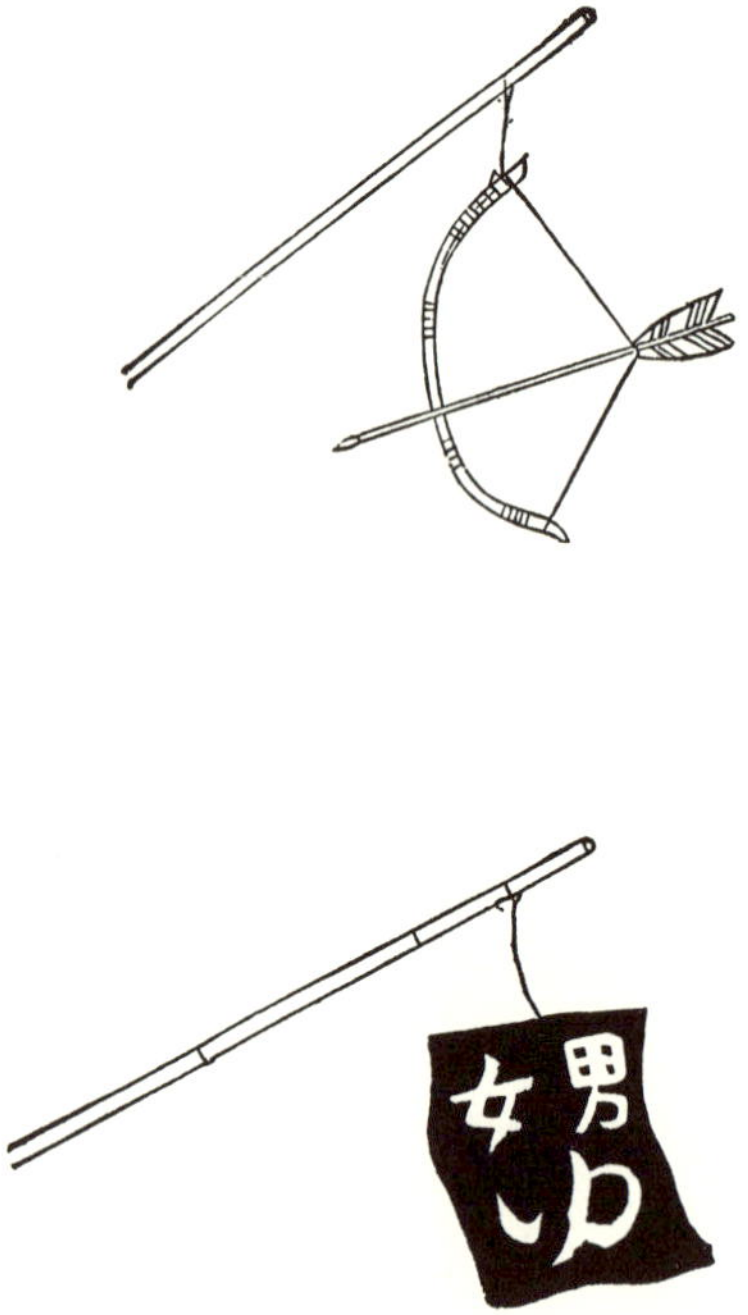

（上図）類聚近世風俗志下巻二〇四ページ所載

一一　札差のこと

前回に湯屋について申述べましたが、湯屋は仲間を組織していました。湯屋の営業権は株式でしたから、その仲間は株仲間です。株仲間には各種のものがあり、ことに江戸の十組《とくみ》問屋、大坂の二十四組問屋等は有名です。札差仲間もその代表的なものといえましょう。そこでつぎに札差について記したいのですが、その前に株式の語源について少し申述べておきたいと思います。

株式というのは、株の権利のことですが、式という文字に権利という意味はありません。漢字の辞典を見ても、そういう意味は記してありません。式に権利という意味が与えられたについては、日本の特有の沿革があるのです。

平安時代の後半期において、庄園が発達しました。庄園にはその所有者があり、これを領主といいますが、領主は公卿なら京都にいますし、その他の神社仏寺も京都や奈良などにありますから、自分で各地に散在する庄園を管理することはできません。それで、職員を現地において、これを管理させます。この職員を庄官とか庄司とか呼びましたが、職務の内容に従って、公文《くもん》、案主《あんすう》、田所《たどころ》、検非違使《けびいし》などと呼ばれました。そして、それらは職務でありましたから、また公文職《しき》のように呼ばれ、そしてこれらの職にある者に対しては、領主よりその報酬として、給田・給名《みょう》などと称する田畑が宛行れました。そして、初めは、もちろん、職が主、給田給名は従だったのですが、のちには、当時の朝廷における官職の収益権化の影響も受けて、給田、給名に次第に重点が移り、したがって、たとえば、公文職に宛行われる給田、給名自体を公文職と呼ぶようになりましたが、鎌倉時代になると、その程度はさらに強くなって、給田給名の方にむしろ重点が移り、公文職といえば、直ちに、これに附属する給田給名を意味するようになりました。職務はむしろ、この給田、給名に附着する負担のごとく考えられるようになったのです。

そこで、古くは、公文職に附属する給田給名を知行するという表現方法が普通だったのですが、後に、そのことを示すのに、公文職を知行すると呼ぶようになりました。これは、公文職に付属する給田給名を公文職の名義で知行するという意味であり、公文職を有することが、右の給田給名の知行を正当ならしめるのですから、この場合、公文職は一種の不動産物権と呼ぶことができます。もっとも、公文職と呼ぶ場合には、やはり、職務という観念からはまだ十分には分離していませんから、この物権は職務的物権(用益権)と呼べますが、平安時代のごく末には、領主職という言葉が現われています。領主は所有者ですから、領主であることは職務ではありません。すなわち、領主職という言葉が現われたことによって、職務ではない物権、職務的物権でない物権、換言すれば、一般的な物権の観念が現われたものといえましょう。

鎌倉時代にはこの意味の職の観念は一般的でしたが、室町時代になると、土地を用益しない物権の数がふえました。たとえば、塩合物（魚の塩物）をある場所で販売する権利を塩合物職と呼んだごときこれです。この種の権利は土地そのものから収益をあげる権利ではありませんから、不動産物権とはいえませんが、一定の場所に固着してこれより収益をあげる権利である点で、不動産物権に準ずべきものと考えられたので、何々職と呼ばれたものでしょう。

ところで、右の意味の職《しき》には、鎌倉時代ごろより識《しき》という宛字も用いられましたが、室町時代ことに戦国時代になって、式の文字も用いられ、たとえば、地主式・作式のごとく書かれました。江戸時代になると、これに株の文字をかぶせて、株式という言葉ができたのです。木の株から新たに芽をふくので、収益を挙げる元本の意味で、株の文字を用い、その権利を株式の文字で現わしたのです。

江戸時代の株式は最初、警察的目的のために、業者の数を制限した、またはその営業に免許が必要であるとしたことに始まると思われます。たとえば、質屋の数を制限し、湯屋の営業に許可を必要としたごときこれですが、一旦株が成立すると、この株は売買譲渡されたのです。のちには、警察的目的以外に、営業を統制するために、株仲間を設けさせたこともあり、また幕府が株仲間の上納する冥加《みょうが》（一種の営業税）を目当てとして株仲間を設けさせたこともあります。

株式を有する者を株主といいましたが、株主には株札が与えられていました。株札には幕府領主より与えられるものも、株仲間の発行するものもあります。

以上でなぜ株式という言葉ができたかはおわかりと思いますから、つぎは札差について申述べましょう。札差は、幕府の旗本御家人中、蔵米取りの者が幕府より受取るべき蔵米を、これに代わって請取り、またこれを売払うことを仕事とする商人ですが、のちには、将来旗本御家人の受取るべき蔵米を担保として、これに金銀を貸すことも行ない、その利子の方がその収入の中心となりました。

幕府の米蔵ははじめ方々にあり、のちには、本所と浅草との二箇所になりましたが、後者の方が主であって、蔵米の給与はすべて、ここで行なわれました。したがって、蔵米の代理請取を任とする札差は浅草の御蔵《おくら》の附近、すなわち、御蔵前（たんに蔵前ともいいます）にありました。幕末には浅草御蔵の地坪は三万九千八拾八坪であり、ここに五十四棟二百七十戸前の米蔵が置かれていました。蔵前は前の国技館のあった所で、隅田川の水をひいて、北より数えて、一番堀より八番堀までの堀があり、その間および西側に米蔵があったのです。

札差に蔵米を渡す蔵役人の勤める御蔵役所も、もちろんここにありました。

札差の語は、のちに述べるように、蔵米受取人がその名前を札に書いて、割竹にはさみ、蔵役所の藁包《わらづと》に挿したに由来するためといわれます。

さて、札差は八代将軍吉宗の享保九年（一七二四）に幕府より株仲間として公認されました。このとき、株を得たのは百九軒でした。

百九軒ながらが留守といふ所

というのは、のちに述べるように、武士たちが札差にあいたいと要求しても、札差はみな居留守を使ってあわないという意味ですが、この百九軒というのは、この最初の株仲間の員数です。この後、株仲間の数は変動があって、寛政ごろには九十六人でした。

旗本御家人の受取るべき蔵米は総額を四分して、春に一分、夏に一分、冬に二分の割で渡されます。これらはいずれも、春借米《かりまい》、夏借米、冬切米《きり》といいます。切米というのは、旗本御家人が俸禄を何石あるいは何俵という名義で受取る場合の蔵米のことです。軽輩の場合には、そのほかに、または単独に扶持米（一人扶持は日に米五合ずつ）が与えられますが、これも切米に準じた割合で交付されます。各々全額渡されるはずのところ、春と夏にその一部分を前渡しするので、この分を春借米、夏借米と呼ぶのです。

右の蔵米の渡し方は、古くは蔵米取の武士の家来が、主人の名前を紙に書き、前記のように札差場にさして、この順番で直接受取っていたのですが、御蔵もよりの商人が遠方の武士に頼まれて差札をし、または遠近に関係なく、切米手形を預かって、前金を用立てた町人等が御蔵へ来て差札をして米金を受取るようになりました。それでこれを札差と呼んだのです。そして、天和ころ（一六八一―一六八四）から差札を玉にかえて、玉落《たまおとし》の名前順で米金を渡すことになり、したがって、差札場を玉場と唱えるようになりました。玉落というのは前述のように、受取人の順序を定めるために行なうものです。玉というのは、札差方で、書替奉行の裏印済《ずみ》の手形（この手形で蔵米が受取れます）三枚分の受取人の名前を八ツ切の半紙に認め、これに札差の名を書きそえて、もんでまるめ、ほぐれないように薄紙で包んだものです。役所ではこの玉を、柄のついた蓋のある曲物《まげもの》の中に入れます。蓋には、玉が一つずつ出るほどの穴があいています。これを玉柄《び》杓《しゃく》といいますが、この柄杓を振って、玉の出た順で、蔵米を渡すのです。この玉は、開いたあとでは、昔どおりに差札と呼びました。

蔵米は米だけでなく米金を合わせ給する制で、その割合および米金の換算率は毎季、城中中の口に掲示されました。三季御張紙《おはりがみ》値段というものです。

蔵米の請取および売却を札差に依頼する者を札差の方より札旦那と呼びますが、幕府法令にも札旦那と称しています。札旦那は札差に対して手数料を支払わなければなりませんが、その割合は請取の分は百俵につき金一分、売却の場合は、売側《うりかわ》と称して同じく二分です。ですから、札旦那はその受取るべき蔵米を売却するのに百俵につき、三分の費用がかかるわけでした。

右の手数料も相当の額になったでしょうが、札差を富裕ならしめたものは、武士の受取るべき蔵米を担保にした貸付金の利息です。享保九年の札差の株仲間公認に際して、幕府はその貸金の利率を一割五分に制限しましたが、札差仲間の要望により、一割五分以上少少の儀は借方と相対次第にするように申渡されました。最高利率はその後、寛政六年（一七九四）に一割二分、天保十三年（一八四二）に一割の定めとなりました。

札差は巨富を積み、その中には十八大通《だいつう》と呼ばれる者さえ出たのですが、武士の方は、多年の借財がかさんで、身動きがとれないようになったので、寛政元年（一七八九）に老中松平定信は有名な棄捐《きえん》令を出して、これを救済しました。この棄捐令は、総札差に対して、旧来の借金はもちろん、六ヵ年以前辰年（天明四年、一七八四）までに貸付けた金子は古借・新借の別なく、棄捐とし、五ヵ年以来でも家督代替で、親の代の古借新借とも証文を書替えた分ならびに自分の貸した分でも六ヵ年以前に金子を貸渡したのは、その後ときどき証文を書替えて、五ヵ年以後の借用の形になっていても、金子用立て以後六年以上になる分は、棄捐であると定めました。棄捐になった債権は完全に消滅したのです。この棄捐令はその目的が武士の救済にある点において、「第一江戸時代漫筆」で述べた相対済令と異なり、またその効力が債権の消滅を来たす点においてもこれと違います。この後天保十三年に札差の株仲間が解散され、嘉永四年に再興されたことは他の株仲間と同様です。

寛政元年以後二十七年を経た文化十三年（一八一六）に武陽隠士の著わした「世事見聞録」には、当時の札差は九十六軒であるが、旗本御家人数万人の身上をわずか九十六人で引請けている、いずれも大造に奢り暮らし、入用（生活費）一ヵ年に千両ずつと見積もっても、九十六軒で九万六千両になる、このように莫大な利潤を得るのであるから、旗本御家人は札差にとって大切の得意旦那であるのに、現今では格別麁《そ》略に取扱って、客を二階の狭い所へ通し、やや久しく待たせて、応待を手代どもに任せて、自分はあうことなく、いかに申入れても、病気または他行などといって面会せず、自分は日夜遊興にふけっている、自分で勤めるのは、仲間の行司（行事）にあたったとき、御蔵の中に朝六ツ時（六時）に出かけて、八ツ（午後二時）過ぎに帰るだけである。これも昔は手代を出し、寛政度の改革のときに、自身で出頭すべき旨命ぜられたのであるが、五百石の武士の一年の暮し方である百両を一ヵ月の弁当料につかっているのみならず、実際は手代を連れて行って、用向を取扱わせ、自分は今日は何方の料理、明日は何方の料理など、江戸中の名ある珍味を取寄せて、遊里等での全盛を誇り、退屈の紛れには賭ケ碁、賭ケ将棋や甚しきは博奕をしているし、旗本御家人の取扱向は手代に任せて、しかも応対方と唱えて、強情な人物を選んでおり、無礼至極である、と憤慨しています。

蔵宿の手代其手はくはぬなり

度々御愁傷さまと蔵宿あざ笑ひ

得こそは貸さじお帰りと札差め

等という川柳は応対方の手代の態度をよく描写しています。

このように、寛政の改革後も、文化文政の大御所時代に、札差はふたたび大いに栄え、反対に武士はふたたび苦しみました。それで、天保の改革に際して、老中水野越前守は、天保十三年八月に、町奉行に対して、蔵米取のものは数代の大借で難儀しているものがいるから、寛政度の振合で棄捐を命ずべきであるが、それでは札差の中には、営業の取続かないものがあるだろうし、その上、札差はこれまでもしばしば幕府の御用金にも応じ、かつこの度の改革をわきまえて、利下げをした（株仲間の解散後総札差より貸付金の利子を一割二分より一割に下げる旨申出て許可されたのです）のであるから、棄捐はしないといっていますが、他面、すでに貸出しており、かつ年賦返済の定めの分は無利息永年賦にし、かつ、すべて旗本御家人の面々の相続方がさしつかえないように、札差に申渡すことを命じました。翌十四年十二月（このときは、越前守はすでに退陣しています）になると、町奉行所はこの趣旨にそって、札差の旗本御家人への貸金は新古の差別なく、この年の冬の切米渡証文替の時節までの貸金は無利息年賦（大体二十年）払たるべきことを命じました。これによって、札差が大打撃を受けたことはいうまでもありません。

弘化四年（一八四七）に、江戸町奉行の遠山左衛門尉（景元）は、蔵宿どもは幕府への上ゲ金等にて身上《しんしょう》が疲れており、かつ世上の金銀の不融通につれて困窮となり、その上利下げの御趣意で、現在では三十両一分（年一割）の割で、武家の用立てをし、かつ貸出してあった金子は永年賦無利息になったため、多分の損失になったので、今ではなるたけ貸出は断わるようになったといっています。

こういうようなわけですから、天保ごろに、千両したという札差の株式の値段は、幕末には三百両より二百五十両に下落しました。

一二　一生不通養子のこと

去る昭和三十四年に発表された「法制審議会民法部会小委員会における仮決定及留保事項」の養子の項の中に、特別養子という制度の新設が取り上げられています。これは、戸籍の上で、養子になった者にその養子であることがわからないようにしようというものであって、その目的は第一に、藁の上から貰って育てて、戸籍の上でも養子であるということを不明にしておきたいという社会的要請に答え、第二に、実親との関係を絶って、全く養親の親族団体にとりかこまれてしまう養子を認めることにあるといわれます。

実養親は養親子関係を知っていますが、少なくとも養子にはそれを気づかれないようにするためには、戸籍上いろいろ技術上の困難がありますし、また実親子関係を不明にしておくため近親婚が発生する可能性があり、他面一般子女に与える不安なども無視できないと思われるので、この特別養子の制にはいろいろ難点があるようにも考えられますが、その点は別として、江戸時代において、ほぼこれと同じような制度すなわち一生不通養子というものがあったので、参考のため、ここに紹介したいと思います。

なお、特別養子を制定するのには子が生まれたときに、実親の子として届けないで、養親の実子として届けるという慣行を法のわく内にとりこみ、合法的な形式を与えようという意味もあるようですが、江戸時代では、戸籍（人別帳）の制度が不完全であって、前著「第一江戸時代漫筆」にも書いたように、八歳になってから、人別帳に載せるというような藩もあったくらいですし、生まれたばかりの他人の子を実子として養い、また届出させるというようなことには、幕府または藩としてあまり関心を有しなかったと思われますから、戸籍の記載の真実を守るという理由に基づいて、一生不通養子が生まれたとは考えられません。ことに、一生不通養子は民間で自然に生まれ発達したものであって、幕府や藩が新設した制度ではありませんから、そういう目的を持っていたはずはありません。

一生不通養子は養子と実親との関係を断ち、養親と養子との関係を緊密ならしめようとするものでありますから、特別養子制度と相似るところの多いものでありますが、養子と実親との関係を絶つということは、悪用の危険がないわけでありません。すなわち、人身売買の目的のためにもこの制度は利用されうるものなのです。この度の案に見える特別養子はもちろん悪用されないように十分注意が払われていることと思いますが、江戸時代の一生不通養子はしばしば人身売買の目的にも用いられました。

まず、実親およびその親族との関係を不通にすることによって、養子をして養親を実親のごとく思いこませ、養親子と養子との関係を実親子のごとくしようという一生不通養子について述べましょう。それは養親および養子の両者に幸福をもたらすことを主眼とするものでありますから、養親のためであると同時に養子のためでもある制度であるということができるでしょう。

わたくしの知っている限りでは、関東地方における一生不通養子契約は、主としてこの目的のため、すなわち養親子の間柄を実親子のそれのように緊密にする目的をもって締結されています。一生不通養子証文の実例はまだ見当たりませんが、この地方の文例集にはこの種の一生不通養子証文のみが見られるので、そう推定する次第です。たとえば、文化十三年（一八一六）江戸刊行の「諸証文手形案書極意集」にはつぎの雛形がのせてあります。

一札の事

一、貴殿《きでん》娘子お雛《ひな》殿儀、この度松庵老御世話をもって、われら方え不通養女に貰《もらい》請け候処実正なり、すなわち樽《たる》代金として、何両お添え遣《つかわ》され、たしかに請取り申し候、しかる上は、われら実子出生致し候とも、このお雛殿を惣領に相立て、跡式《あとしき》残らず譲り申すべく候、もちろんいかようの儀これ有り候とも、遊女売女奉公等は決して致させ申すまじく候、万一右躰《てい》之儀御聞こし召し候はば、そのみぎり仰せ立てられ候とも、一言の申分仕るまじく候、かつ不通に申請け候上は、あとにて、無心等いっさい申すまじく候、後日のために取替し養子手形よってくだんのごとし、

七月七日

節句町端三郎店

養父　重五郎

実父菊右衛門殿

仲人　子日松庵

〔原文〕

一札之事

一貴殿娘子お雛殿儀、此度松庵老御世話を以、我等方え不通養女ニ貰請候処実正也、則為《として》二樽代金一、何両御添被レ遣、慥《たしかに》請取申候、然上は、我等実子致二出生一候共、此お雛殿を惣領ニ相立、跡式不レ残譲可レ申候、勿論如何様之儀有レ之候共、遊女売女奉公等は決て為《させ》レ致申間敷《まじく》候、万一右躰《てい》之儀御聞召《きこしめし》候ハヽ、其砌《みぎり》被二仰立一候共、一言之申分仕間敷《まじく》候、且不通ニ申請候上は、後而《あとにて》無心等一切申間《ま》敷《じく》候、為《ため》二後日一《の》取替養子手形仍如レ件《よってくだんのごとし》、

七月七日　節句町端三郎店

養父　重五郎

仲人　子日松庵

実父菊右衛門殿

その意味は、貴殿の娘のお雛を松庵老の世話で、不通養女に貰請けたが、樽代金として、何両を確かに受取った、この上は、自分どもに実子が生まれても、このお雛を惣領に立てて、跡式

（相続財産）を残らず譲る、どんなことがあっても、遊女売女奉公等は決してさせない、万一そのようなことがお耳に入った場合、どのようにおっしゃっても一言の弁解もしない、かつ不通に申請けた上は、あとで無心等を申しかけることはない、というのです。実父より養父になろうとするものに樽代金（一種の持参金）を渡しているのですから、これが人身売買でないことはいうまでもありません。養子に跡式を譲る旨の記載があり、遊女売女奉公等に出さないと記してあるのも、この契約が養父のみならず、養子のための不通養子契約であることを示しています。

この不通養子証文一札に対して、実父より養父に対して、返り証文を差出すことがあります。右の極意集に実父証文と題して、

一札之事

一、われら娘礼儀、この度信助殿お世話をもって、貴殿え樽代金何程相添え、不通養子に遣候所実正なり、然る上は貴殿方跡式相違なくお譲り遣わさるべく候、もちろんいかようの儀これ有り候とも、こなたより取戻す儀致すまじく候、後日のために、取替し一札くだんのごとし、

年号月日

実父　仁右衛門

仲人　智三郎

養父儀兵衛殿

〔原文〕

一札之事

一我等娘礼儀、此度信助殿御世話を以、貴殿え樽代金何程相添、不通養子ニ遣候所実正也、然上は、貴殿方跡式無二相違一御譲可レ被レ遣候、勿論如何様之儀有レ之候共、此方より取戻儀致間敷《まじく》候、為《ために》二後日一《の》、取替一札仍如レ件《ごとしくだんの》

年号月日　　　実父　仁右衛門

仲人　智　三　郎

養父儀兵衛殿

と見えているものがそれです。

関西でももとより、この種の一生不通契約は行なわれています。大坂地方の文例集に左のような雛形が見えています。

実子に差遣わし申す不通証文之事

一、われら実子何と申すもの、今般《こんぱん》一生不通の相対をもって、そなたえ養子に差遣わし、すなわち養育料として、銀何程相添え遣わし候ところ、実正なり、然る上はそのもと実子同様に御養育下さるべく候、もっとも、一生不通の相対にて養子に差遣わし候上は、後々年に至り、勝手之筋これ有り候とも、取戻申すまじく候、もちろん誰成人の後、いかなるていの立身出世いたし候とも、実親などと申立て、無心合力等決して申すまじく候、なおまた誰義病死頓死または不慮に相果て候とも、こなたに差構いこれなく候間、その元より勝

手に御とりはからい成さるべく候、後日のため不通証文よってくだんのごとし、

年　月

実親　何町たれ　印

証人　同町　誰　印

何屋たれ殿

〔原文〕

実子ニ差遣申不通証文之事

一我等実子何と申もの、今般一生不通之相対を以、其方え養子ニ差遣し、則為《して》二養育料一《と》、銀何程相添遣候処実正也、然ル上は其許実子同様ニ御養育可レ被レ下候、尤一生不通之相対ニて養子ニ差遣候上は、後々年ニ至り、勝手之筋有之候共、取戻し申間舗候、勿論誰成人之後、如何躰之立身出世いたし候共、実親抔と申立、無心合力等決て申間舗《まじく》候、猶又誰義病死頓死又は不慮ニ相果候共、此方ニ差構無レ之候間、其元より勝手ニ御執計《とりはからい》可レ被レ成候、為二後日一不通証文仍て如レ件《ごとしくだんの》、

年　月

実親何町たれ　印

証人同町誰　印

何屋たれ殿

養子に貰《もら》い請け申す不通証文の事

一、その元殿実娘何と申す者、この度一生不通の相対にて、われら方へ貰請け、右に付き養育料銀何程差遣わされ、慥に受取り申す所実正なり、然る上はわれら実子同様大切に養育仕るべく候、右誰成人ののち不埒《ふらち》なる義これ有り候か、またはわれらかた不勝手之筋出来仕候とも、重ねて無心合力がましき義かつて申出でまじく候、そのほかいかようのむつかしき儀出来《しゅつたい》候とも、一生不通の相対にて貰受け候上は、その元へ少しも難儀かけ申すまじく候、後日のため不通証文よってくだんのごとし、

年　月　　　　貰い主

証　人

〔原文〕

養子ニ貰請申不通証文之事

一其元殿実娘何と申者、此度一生不通之相対ニて、我等方へ貰請、右ニ付養育料銀何程被二差遣一、慥《たしか》ニ受取申所実正也、然ル上は、我等実子同様大切ニ養育可レ仕候、右誰成人之後、不埒成義有レ之候歟、又は我等方不勝手之筋出来仕候共、重て無心合力ヶ間鋪義曽て申出間敷候、其外如何様之六ヶ敷儀出来候共、一生不通之相対ニて貰受候上は、其元へ少も難儀懸申間敷候、為二後日一不通証文仍て如レ件、

年　月　　　　貰　主

一生不通養子に遣わすについて、実親より養親に対して、「養育料」として銀子を添え渡しているのですから、人身売買的意味がないことは確かです。相続云々については記載はありませんが、貰受けた方では、「実子同様大切ニ養育可レ仕候」と述べていますから、本当に養子に貰うつもりなのです。実方より養方に対して、また養方より実方に対して、向後互に何ら難儀をかけない旨を約束しているのも、養父と養子との間が、実父子の間のそれのごとくになることを望んでいるからでしょう。

一生不通養子契約はこのように、養子のためをはかってなされた場合が少なくありませんでしたが、前記のようにそれが身売的奉公の目的のためになされることもしばしばありました。つぎに大坂で行なわれた身売的奉公のためになされる不通養女契約の証文の実例を示しましょう。

一生不通養子娘証文の事

一、われら実娘かどと申す当年九歳に相成り候者、われら身上《しんしょう》不如意に付き、行く末《すえ》養育世話相成り難く、これによって諸親《おや》兄弟一統われら本人得心の上、その許殿え一生不通養子娘に遣わし申し候ところ実正なり、しかる上は、この者に付き、脇外《ほか》より違乱妨げ申す者、一人も御座なく候、向後そのもと殿御心まかせに、実子同然に御取はからい下さるべく候、こなたよりいささかもさし構い、一言の中分御座なく候、

御公儀様御《ご》法度《はっと》の切支丹《きりしたん》宗門にてもこれ無く、門跡家に紛れこれ無く候えども、すなわち

寺請状《てらうけじょう》別紙にこれを取り遣わすべく候、以来そのもと殿宗門に御加入下さるべく候、かつまた右娘この後に至り、心得違い致し、われら方へ逃げ帰り候とも、一夜も止め置き申さず、さっそくにそのもと殿え差戻し申すべく候、万一病死頓死不慮《ふりょ》に相果て候とも、こなたえお届に及ばず、そのもと殿にて、何方えなりとも、よろしくお葬いなさるべく候、その様子あとにて承り候とも、恨み不足決して申し入るまじく候、そのほかこの者に付きいかようのむづかしき出入出来仕り候とも、右娘これまでの儀に御座候えば、われらいずかたまでも罷《まか》り出で、埒《らち》明け、そのもと殿え少しもお難儀相懸け申すまじく候、後日のため、一生不通養子証文よってくだんのごとし、

〔原文〕

一生不通養子娘証文之事

一我等実娘かどと申当年九歳ニ相成候者、我等身上不如意ニ付、行末養育世話難二相成一、依レ之諸親兄弟一統我等本人得心之上、其《その》許《もと》殿え一生不通養子娘ニ遣申候所実正也、然ル上は、此者ニ付、脇外より違乱妨ケ申者壱人も無二御座一候、向後其許殿御心任《こころまかせ》ニ実子同然ニ御取計可レ被レ下候、此方より聊差構一言之申分無二御座一候、
御公儀様御法度之切支丹宗門ニても無レ之、門跡家ニ紛無之候え共、則寺請状別紙ニ取レ之、可レ遣候、以来其許殿宗門ニ御加入可

レ被レ下候、且又右娘此後ニ至り心得違致、我等方へ逃帰候共、一夜も止置不レ申、早速ニ其許殿え差戻し可レ申候、万一病死頓死不慮ニ相果候共、此方え御届ニ不レ及、其許殿ニて、何方え成共、宜《よろしく》敷御葬可レ被レ成候、其様子跡ニて承り候共、恨不足決て申入間敷候、其外此者ニ付、如何様之六《むつか》ケ敷《しき》出入出来仕候共、右娘是迄之儀ニ御座候えは、我等何方迄も罷出埒明《らちあけ》、其許殿え少しも御難儀相懸ケ申間敷候、為二後日之一、一生不通養子証文仍《よつ》て如レ件《ごとしくだんの》、

このあとに日附（安政六年未《ひつじ》六月）実伯父母、実祖母、実母、証人等の連印があり、宛名は「丸屋おしま殿」となっています。この証文を前記の一生不通養子証文にくらべると、両者の間に大きな違いが見出されるでしょう。さして不当な文言はないようですが、前記諸例に見えるように、実子が生まれても相続させてくれとか、実子のように養育してくれなどという文言はありません。また養育料を添えて渡すという文言も見えていません。もっとも、実父が金を受取った旨の記載もありませんが、実は実父は養父より金を受取っているのであり、ただそれが別証文に記載されているのです。すなわち、この証文には左のような別紙一札が附属しています。

別紙一札の事

右われら実娘かどと申す者、本紙証文の通り、そのもと殿え一生不通養子娘に遣わし申候ところ、われら身上《しんしょう》不如意《ふにょい》に付き、相続相成り難く、これによって、よんどころなく、金子無

心申入れ候ところ、御承知成し下だされ、すなわちこれまでの養育料として、前書の金子送り下され、かたじけなく、たしかに請納め仕候ところ実正なり、しかる上は、この後われら方にいかようの難渋これ有り候とも、一銭目も無心など、決して申し入るまじく候、かつまた右娘成人ののち、そのもと殿お勝手につき、傾城《けいせい》遊女は申すに及ばず、いかようの賤しき給金先借《さきがり》の奉公にありつき、お遣わしなされ候とも、この儀最初より得心の上、親子兄弟の縁を切り、不通養子娘に遣わし申候上は、行く末お勝手にお掛りなされ候とも、その節毛頭《もうとう》違背御座なく候、後日のため、別紙一札くだんのごとし、

〔原文〕

別紙一札之事

右我等実娘かどと申者、本紙証文之通其許殿え一生不通養子娘に遣申候所、我等身上不如意ニ付、相続難ニ相成一、依レ之無レ拠《よんどころなく》金子無心申入候処、御承知被ニ成下一、則是迄之為《して》ニ養育料《と》一、前書之金子送り被レ下、忝慥《たしか》ニ請納仕候所実正也、然ル上ハ、此後我等方ニ如何様之難渋有レ之候共、壱銭目も無心等決て申入間敷候、且又右娘成人之後、其許殿御勝手ニ付、傾城遊女ハ不レ及レ申、如何様之賤敷給金先借之奉公ニ有附御遣し被成候共、此儀最初より得心之上、親子兄弟之縁ヲ切、不通養子娘ニ遣申候上ハ、行末御勝手ニ御掛リ被レ成候共、其節毛頭違背無ニ御座一候、為ニ後日之一、別紙一札如レ件、

日附や差出書、宛名等は本紙一札と同様です。この別紙一札では、実親は「養育料」として、「金四両」を受取っていますが、実はこれが、人身売買の代金であることは、実親が、右の娘が成人ののち、養父の都合で「傾城遊女ハ申すに及ばず、いかようの賤しき給金先借の奉公に」差遣わしても異議がない旨述べていることから、全く疑う余地がありません。上記の一札（九二ページ）において養父が「もちろんいかようの儀これ有り候とも、遊女売女奉公等は決して致させ申すまじく候」と約したのと正に対蹠的です。すなわち、この場合、一生不通養子契約が全く人身売買の一つの形式として利用されたのです。ただ人身売買の実質を表に出さないために、金銀の授受や遊女奉公の承諾等を別紙一札の形にしたのでした。

一三　普通養子のこと

前回では一生不通養子について述べたのですが、つぎにこれと対比するために、普通の養子について記したいと思います。ところが、普通養子契約の形式でもやはり、一生不通養子の場合と同じように、真正の養子契約と養子契約に仮装した人身売買の両種が行なわれていました。

そこで、まず、真正の養子契約を目的とする養子証文をあげてみましょう。つぎのは関東地方のある文例集に見えるものです。

差し入れ申す養子一札之事

此安治郎と申す者、内海喜作殿お世話をもって、われら方へ養子に申請け候ところ、相違御座なく候、よって樽代金として、金子三十両持参致され、たしかに受取り申し候、しかる上は、われら実子、向後出来《しゆつたい》候とも、安治郎義は、惣領に相立て、跡式相譲り申すべく候、又はいかようの義御座候とも、悪しき奉公稼《かせぎ》に差出し申すまじく候、もし、万一熟縁仕らず候節は、樽代金三十両ハ返済申すべく候、後証のため、一札よってくだんのごとし、

安治郎養父　徳右衛門

親類総代　平五郎

小川　弥七殿

〔原文〕

差入申養子一札之事

此安治郎と申者、内海喜作殿御世話を以、我等方へ養子ニ申請候処相違無二御座一候、仍《よつ》て、為《して》二樽代金《と》一金子三拾両被レ致二持参一、慥《たしか》ニ受取申候、然ル上は、我等実子向後出来候共、安治郎義は惣領ニ相立、跡式相譲り可レ申候、又は如何様之義御座候共、悪《あ》敷《しき》奉公稼《かせぎ》ニ差出申間敷候、若万一熟縁不レ仕候節は、樽代金三拾両ハ返済可レ申候、為《め》二後証《の》一一札仍如レ件《ごとしくだんの》、

安治郎養父　徳右衛門

親類総代　平五郎

小川　弥七殿

養子は樽代金三拾両を持参していますし、養父は、この後実子が生まれても、安治郎を惣領に立てて財産を相続させるといっていますから、この契約が普通の養子契約であることはいうまでもありません。

京都の養子については、元禄六年の文例集に、男養子、女養子の一札の文例が左のごとく見えています。

男養子一札

一、何と申す子、樽代金として、銀子何程相添え、われら養子に申請け候ところ実正なり、すなわち銀子たしかに請取り申し候、もしわれら実子出来候とも、惣領に相立て、跡式譲り取らせ申すべく候、又はいかようの儀御座候とも、野郎《やろう》そのほかむざと悪しき方の奉公に遣わし申すまじく候、よって後日のため一札くだんのごとし、

年号月日　　養親　誰判

実父　誰殿

〔原文〕

男養子一札

一何と申子、為《して》㆓樽代金《と》㆒、銀子何程相添、我等養子ニ申請候処実正也、則銀子慥《たしかに》請取申候、若我等実子出来候共、惣領ニ相立、跡式譲とらせ可㆑申候、又ハ如何様之儀御座候共、野郎《やろう》其外むさと悪《あ》敷《しき》方の奉公ニ遣申間敷候、仍為㆓後日之㆒一札如㆑件、

年号月日　　養親　誰判

実父　誰殿

これもまた普通の養子証文です。野郎というのは男色を売る少年のことです。

女養子一札

一この何と申す女子、何右衛門殿肝煎《きもいり》をもって、そなたの養子に遣わし申すところ実正明白

なり、樽代として、銀子一貫目相添え、遣わし候、内五百目は婚姻の節渡し申すべく候、養子に遣わし申す上は、こなたより違乱妨げ申す儀は少しも御座なく候、もし横合より構《かまい》申す者これ有るにおいては、請人罷り出で、きっと埒《らち》あけ申すべく候、よって後日のために一札くだんのごとし、

年号月日

請人　名前
親　名前

誰殿　参

〔原文〕

女養子一札

一此何と申女子、何右衛門殿以㆓肝煎《きもいり》㆒其方之養子ニ遣申《す》所実正明白也、為㆓樽代㆒、銀子一貫目相添、遣し候、内五百目は婚姻之節渡し可㆑申候、養子ニ遣申上は、従《より》㆓此方㆒違乱妨申儀は少も無㆓御座㆒候、若横合より構《かまい》申者於㆑有㆑之は、請人罷出《まかりいで》、急度《きっと》埒明《らちあけ》可㆑申候、仍為《ために》㆓後日《の》㆒一札如㆑件、

年号月日

請人　名前
親　名前

誰殿　参

これは実親より養親に渡した一札ですが、この契約が普通の養子契約であることはいうまでも

ないでしょう。

こういう普通の養子契約のほかに、養子契約に仮装した人身売買も行なわれました。関東地方のある文例集に見えるこの種の養女証文の雛形をつぎに示しましょう。幕末に近いころのものと思われます。

養女証文の事

一、この何と申す女、当年何才に罷り成り、われら何に御座候ところ、当親ども相果て、養育致しかね候ところ、そこもと所望につき、養女に差遣わし候ところ、実正に御座候、もっとも樽代金何両下され、かたじけなく受納致し候、しかるところ、生長に至り、勝手をもって、取戻し申すまじく候、もちろん加印の者のほか、諸親類等これなく、横合《よこあい》より構《かまい》申す者いっさい御座なく候、後日のため、養女証文よってくだんのごとし、

〔原文〕

養女証文之事

一此何と申女、当年何才ニ罷成、我等何ニ御座候処、当親ども相果て養育致兼候処、其許《そこもと》所望ニ付、養女ニ差遣候処、実正御座候、尤樽代金何両被レ下、忝受納致候、然ル処、生長ニ至、勝手を以取戻し申間《ま》敷《じく》候、勿論加印之者外、諸親類等無レ之、横合より構《かまい》中者一切無二御座一候、為二後日一、養女証文仍て如レ件、

文中に見える樽代金は養親より実方の者に渡すものですから、人身売買の代金にほかならない

のであって、この契約は養子契約に仮装した人身売買契約であります。この雛形とともに、「入置申一札之事」という雛形も載せてありますが、これは実娘を養女にやり養親より養育の帯代として、何両請取った、ところがその後養親が不如意になったので、その娘を年季給金をきめて、某（第三者）方に食売女《めし》奉公に差出し、年季あけの上は、其方へ養女にする旨の通知を某より受取ったが、それについて異議ない旨の証文であって、養女契約が人身売買の目的でもなされたことをよく示しています。

ところで、問題は、養子契約において、養親が養子女を遊女野郎奉公等に出さない旨約したのにもかかわらず、この約束を破って、そういう奉公に出した場合の効力如何ということです。この点について、大坂のある文例集は、養親がいかほど困窮しても養子女を遊女野郎等の奉公には出さない旨約した場合の効力につき、こういう一生不通養子契約があっても、養親が至って困窮したので養女を遊女野郎奉公に出したのならば、実親から異議を申立てえないが、ただそのため養子娘が至って難義になった場合には、実親よりその旨その筋に願立つべきものとしています。

こういうのは大坂地方だけの慣例ではなく、幕府の方針だったのであって、公事方《くじかた》御定書の下巻第四六条には、享保十八年極《きめ》として、

一、軽きもの養娘遊女奉公に出し候もの
　　実方より訴出づるとも
　　　取上げなし、

〔原文〕　一軽きもの養娘遊女奉公に出し候もの

実方より訴出共

無《とりあげなし》二取上一、

と定めて、つぎにその立法理由が簡単に記してあります。ところで、この規定は、享保十八年正月十一日の老中書付を基礎としているものですが、この書付には詳細にその立法理由が書いてあります。これによると、軽い身分のものがその養女を遊女奉公に出したからとて、実方より訴出ても、娘を貰ったときに、遊女奉公に出さぬという証文が出してない場合はもちろん、たとえその出してある場合でも、自今この種の訴えは取上げないことにする、卑賤のものがいわれもなき者の子を養うはずはないから、ひっきょう、将来遊女等にも遣わして、自分勝手にしたいつもりで養子をするのであるし、実方もその心得でなくては、卑賤の者へ養女にやるはずはない、大体実方より訴出るのは金銀所得の筋についての訴えであるから、この点からも取り上げる必要はないというのです。結局、卑賤の者に養女にやる以上、将来遊女に遣わすだろうぐらいのことは覚悟しているはずであるから、証文のあるなしにかかわらず、実家では文句がいえぬというのです。

この規定は養親が「軽き者」である場合にだけ適用あるのですが、「軽き」身分の養親にとっては、はなはだ好都合の規定だったといえましょう。そしてこれがながく幕府法となったのですが、右の書付の出た前年享保十七年十月に老中松平伊豆守より評定所一座へ下だした書付には、まず上に述べたと同じ理屈を述べたあとで、しかし、「養実共ニ儀理合《ぎりあい》を以養候娘」を養父が遊女筋へ売ったとすれば、それは「実方をだましたる儀」になるからとて、この場合には「人勾《かど》引《わかし》」に準じて、御仕置を申付くべきものとしています。「儀理合を以養」うとは、金銭づくでなく養ったという意味と思われますから、いわば真正の養子契約の場合には、養親が卑賤たると否と、また遊女にやらない旨の契約があると否とにかかわらず、養女を遊女奉公に出した養父母は人勾引に準じて処罰するという意味です。当時としてはなかなか立派な考え方だったと思われますが、右の書付を渡された評定所では評議の結果、右の例外を認めるべきでない旨答申したのでしょう、翌年正月に前記のような書付が下だされたのです。

養子契約仮装の身売的奉公契約は明治時代になっても、依然行なわれましたが、明治五年十月二日に有名ないわゆる娼妓解放令が出され、これに基づいて、同月九日に司法省達第二二号が出されましたが、その最後の条文において

一、人ノ子女ヲ、金談上ヨリ養女ノ名目ニ為シ、娼妓芸妓ノ所業ヲ為サシムル者ハ、其実際上則チ人身売買ニ付、従前今後可レ為《たる》二厳重ノ所置一事、

と定めて、仮装の身売的奉公契約を禁止しました。

裁判所では、当初養子縁組の成立には縁組をなすの意思があれば足り、その決意をなすに至った縁由のごときは、縁組の効力には影響を及ぼさないものとし、芸娼妓稼等の便宜に出た養子縁組も有効としました（明治四一年七月七日東京控訴院判決）が、明治四四年に東京控訴院はこれを変更して、この種の養子縁組を無効とする判決を下だし、下級裁判所もこれにならいましたが、

大正十一年九月二日の大審院判決は、女子をして、芸妓稼業をなさしめるため、これと養子縁組をなした場合、その有効無効は当事者間に真に養子縁組をなすの意思ありや否やによって定むべきものとしました。この判決は養子縁組の有効無効に関しており、享保十七年の書付は養娘を遊女に売った者を処罰すべきか否かに関するものであって、両者は別の問題を対象としているのですが、しかし、有効無効あるいは有罪無罪の区別を、後者では、その養子契約が「義理合」をもってしたそれであるかに、前者は当事者に真に養子縁組をなすの意思ありや否やに求めており、両者とも大体同じ基準によって区別していることは興味あることといえましょう。

なお、上に掲げた証文に見えるように、真正の養子契約では、子のない者が養子をするときは、そののち実子が生まれても、養子を惣領として、家を継がせるのが普通でした。養子離縁の場合には、養方より離縁を申出るときは、持参金は返還するのが普通だったと思われます。前記元禄六年の京都の文例集には、上に掲げた男養子一札は幼少の子を養うときの証文であって、成人の子のときのは文言が違うとて、つぎの養子証文の雛形をかかげています。

一　札

一、この何右衛門と申す者、銀子何貫目持参致し、われら養子に仕候ところ実正なり、われら家屋敷ならびに金銀跡式残らず譲り与え申すべく候、もし親子不和の儀これあるにおいては、右持参の銀子きっと返弁申すべく候、よって後日のため、養子一札くだんのごとし、

養親　誰判

年号月日

実父　誰殿　参る

〔原文〕　一札

一此何右衛門と申者、銀子何貫目致二持参一我等養子ニ仕候処実正也、我等家屋敷幷金銀跡式不レ残譲与可レ申候、若親子不和之儀於レ在レ之は、右持参之銀子急度返弁可レ申候、仍て為二後日之一養子一札如レ件、

養親　誰　判

年号月日

実父　誰殿　参

これはおそらく、当時の一般の慣習（少なくとも京都地方の）を示したものと思います。

なお、実男子のない場合に、娘に聟養子をした場合も、この養子を惣領にするのが普通でしたが、聟養子の場合には、聟には家名を、娘に財産を譲るという慣行もあったようです。

しかし、この種の真正の養子であっても、そのすべてが、家を相続させる目的で養われたわけではありません。あるいは、二、三女と娶わせて分家させるために養子したこともあり、また相続人が幼少なので、それが成長するまで中継《なかつぎ》的に養子をすることもありました。前の方の養子を阿波国《あわの》（徳島県）三好《みよし》郡では「仕分ケ養子」と呼び、両親の意思で相続人の姉妹に養子を迎えて

別家させるものですから、仕分養子となる者は、百般養家の次男となったつもりで勉強しなければならないものとされました。

あとの方の養子は阿波国名東《みょうとう》郡では「看抱《かんぼう》養子」と呼びました。戸主が老人または病身で、隠居したくても、相続すべき男子が幼少のときに、看抱養子をして、家を継がせますが、嫡男成長ののちは、養子が隠居してこれに家督を譲ったのです。この看抱養子はけっして嫡妻を持たないで、妾を蓄える例だったといいます。子が生まれてもその家は継がせないということを示すためだったそうです。看抱というのは、被後見人と同居する後見人のことですから、後見人的養子という意味で、看抱養子と呼んだものと思います。

持参金も、阿波国三好郡では、これを土産金と狭義の持参金とに分けています。土産金は離縁のとき養子に持返りの権なく、持参金はその権利があるというのです。

なお、以上に述べたことは、すべて庶民の養子の事であって、武士の養子については別に定められていました。

一四　人身売買と質物奉公のこと

前項および前々項において、江戸時代に一生不通養子契約や普通の養子契約が人身売買の目的をもってなされることのあったことを申述べましたが、もし、人身売買が法律上認められていたならば、あえてこれを他の契約に仮装する必要はなかったわけであります。そこで、つぎに江戸時代において人身売買は禁止されていたか否か、禁止されていたとすれば、どういう風に禁止されていたかを考えてみたいと思います。

江戸時代の初期において、幕府はしばしば人身売買の禁令を出しています。たとえば、元和《げんな》二年（一六一六）の法令は「一、人売買の事一円停止たり」と定め、もしみだりに売買する者があれば、売損買損の上、かどわかし売の売主は成敗（死刑の事でしょう）し、売られる者は本主へ返すべきものとしていますが、この種禁令中で、一番有名なのは元和五年（一六一九）のそれです。この法令は七条より成っていますが、人をかどわかして売った者は死罪、人を買取って、さらに先に売った者は百日の籠《〔牢〕》舎に処し、かつその財産に応じた過料を出させ、過料を出さない者は死罪とし、譜代の下人またはわが子を売った場合でも、その代金相当額を売主買主より没収し、売られた者は解放することなどを定めています。しばしば禁令が出ているということは、当時人身売買が相当広く行なわれていたのであろうことを推定させますが、現に人身の売買証文が相当数残っています。一例を挙げてみましょう。

奥野村与助未進候ニについて、せがれたにんと申す女子、貴所へ永代に売渡し申し候、以来においてわれら申し分これなく候、後日のため書物くだんのごとし、

慶長二十年二月二十九日

市原与右衛門内下代

近藤九郎兵衛

書判

印

住吉ノ

五兵衛殿　参る

〔原文〕

奥野村与助未進候ニ付而《ついて》、せがれ《（悴）》たにんと申女子、貴所へ永代に売渡申候、於二以来に一、我等申分無レ是《もうしぶんこれなく》候、為《ため》二後日《の》一書物如レ件《くだんのごとし》、

慶長貳拾年二月廿九日

市原与右衛門内下代

近藤九郎兵衛

書判
印
住吉ノ
五兵衛殿　参

これは奥野村の与助という者がおそらくは年貢を未進にしたので、慶長二十年（一六一五）に地主が与助の娘たにんを売却したのでしょう。

そこで、問題はこれらの法令に見える「人売買停止」というのはどういう意味かということです。貞享《じょうきょう》（元禄の前の年号）ごろの幕府の判決に、人身の「永代買切」「永代売切」または「不《ず》レ限《ら》二年季《を》一買取」ることを禁止していること、および江戸幕府は寛永二十年に高請ある百姓持の田畠の永代売買を禁止しましたが、しかし、その年季売（買戻約款附売渡）は禁止しなかったことを理由として、人身売買の禁令も人身の永代売買のみを禁止したのであり、その年季売は許されていたのであるという有力な学説があります。しかし、問題の判決を収めた判決録にはすべての刑事判決を収めているわけではありませんから、「永代売切」「永代買切」または「不レ限二年季一買取」を処罰していることは「限二年季一買取」を処罰しなかったことをかならずしも意味しませんし、また田畠永代売買の禁令では、明白に「永代」の売買を禁止しているのに、人身売買の禁令には常に「人売買」とのみいって、「人永代売買」とは書いてありませんから、田畠永代売買の禁令から人身売買の禁令の内容を推定することは困難ではないかと考えられます。それにそう解しては、元禄ごろ以後人身の年季売も行なわれなくなっていますが、このことを説明するのにも支障を来たすのではないかと思います。

すなわち、わたくしは人身売買の禁令において幕府の禁じたところは、人身の永代売と年季売との両者であると解すべきではないかと思います。しかし、禁令にもかかわらず、人身の売買がしばしば行なわれたのですが、貞享元禄前後になり次第に世も落ちつくと、さすがに、証文の中に人身の売買というような文言を書きのせることは行なわれなくなり、人身売買を別の形に仮装するようになりました。その一つの形式が前々項および前項において記した一生不通養子契約または普通養子契約に仮装するものですが、それ以外の方法としては、質物《しちもつ》奉公と遊女等の年切《ねんきり》勤《づとめ》奉公がありました。

質物奉公というのは質物的な奉公という意味で、質物と奉公との合体したようなものです。人身の質物は古くより行なわれており、江戸時代の初期でも行なわれていました。一例を挙げてみましょう。

質物の事

合わせて金子三両二歩鐚銭《びたせん》四百文借り申候て、かの女さしおき申候、年季の儀は十五年に相定め申し候、ただし七年の内は、増し代にても、請け申すまじく候、もし七年すぎ候て、十五年の内うけ申し候はば、御世上なみに永一貫文について、三百ずつの増し代物にて請け申すべく候、失死《うせしに》の儀は半分損に相なるべく候、後日のため一札渡し申し候、よってくだんの

ごとし、

慶長二十年卯三月十一日

かやう村

人主　中山半平　㊞

くたくら越　前　㊞

請人　いい田主水　㊞

〔原文〕

しちもち《〔質物〕》之事

合《あわせ》て金子三両弐歩びたせん《〔鐚銭〕》四百文かり《〔借〕》申候て、かのおんなさしおき申候、年き《〔年季〕》の儀は、十五年ニ相さだめ申候、但七年之内は、まし《〔増〕》代にてもうけ《〔請〕》申間敷《まじく》候、もし七年すぎ候て、十五年之内うけ申候ハヽ、御せちやう《〔世上〕》なミ《〔並〕》ニ永一貫文ニ付《つい》て三百づゝのまし《〔増〕》代物にてうけ可ㇾ申候、うせし《〔失死〕》に之儀わ半ぶんそん《〔損〕》ニ可二相成《る》一候、為二後日一一札渡し申候、仍如ㇾ件、

慶長廿年卯三月十一日

かやう村

人主中山半平　㊞

くたくら越前　㊞

請人い丶田主水㊞

金子三両二分、鐚銭《びたせん》四百文借りたについて「かの女」を質に入れたが、借金の年季は十五年と定め、七年以内は金額をふやしても、質物を請返すことはしない、七年以後十五年前に請返すときは、一般の例に従って、銭一貫文につき三百文ずつ（すなわち三割）増額して、請戻す、「かの女」が死亡しまたは逃亡したら、債務は半分だけ弁済するというのです。この証文で利息の記載がないのは、「かの女」が人質として債権者の手許で労働するので、その労賃と利息とを相殺することになっているからです。人質契約は、人がその人法的に支配する他人を質入するのですから、身分法的または人法的色彩の強いものといえます。

つぎに、普通の奉公人請状の雛形を載せましょう。元禄六年の京都の文例集に載っているものです。

年切奉公人請状

一、この何と申す者、何の年何月より何の何月まで、丸年何年切《きり》にて、御奉公に遣わし申し候、この者生国は何の国何村何右衛門と申す者の子にて、先祖よりよく存知候につき、請人に申し立ち候事、

一、御公儀様御法度《ごはつと》の切死丹《きりしたん》にて御座なく候、宗旨は何宗にて、寺請ともに請合申し候、もし取込引負《ひきおい》または取逃欠落《かけおち》仕り候はば、尋ね出し、勘定の表少しもお詫言《わびごと》仕らず、請人方よりきっと相立て申すべく候、その上にて、相定むるとおり、年季を勤めさせ申すべく候事、

一、年季の内、理《り》不《ふ》尽《じん》の隙《ひま》乞《こ》い候はば、居申す間の飯米《はんまい》雑用算用仕るべく候、もしお気にそむき、そなたより隙お出し候はば、同職同商売致させ申すまじく候事、

右のほか、この者に付き、いかようのむつかしき儀出来候とも、われら罷り出で、埒《らち》明け、少しも御《ご》難懸《なんかけ》申すまじく候、よって後日の請状くだんのごとし、

年号支干　　請人　名判

親　名判

誰殿参る　　奉公人　名判

〔原文〕

年切奉公人請状

一此何と申者、何之年何月より何之何月迄九年何年切ニテ御奉公ニ遣シ申候、此者生国は何之国何村何右衛門と申者之子ニて従《より》二先祖一能《よく》存知候ニ付、請人申立候事、

一御公儀様御法度《はっと》之切死丹《きりしたん》ニて無二御座一候、宗旨は何宗ニて寺請共ニ請合申候、若取込引負《ひきおい》又は取逃欠落《かけおち》仕候ば、尋出、勘定之表少も御詫言《わびごと》不レ仕、請人方より急度《きつと》相立可レ申候、其上ニて相定之通年季ヲ為《させ》レ勤《とめ》可レ申候事、

一年季之内理《り》不《ふ》尽《じん》之隙《ひま》乞候ば、居申《いもうす》間之飯米雑用算用可レ仕候、若御気背《きにそむき》、其方より隙御出し候ハヾ、同職同商売致させ申間敷候事、

右之外此者ニ付、如何様《いかよう》之六《むつ》ヶ敷《しき》儀出来候共、我等罷出《まかりいで》、埒明《らちあけ》、
少《すこし》も御難懸《かけ》申間《まじく》舗候、仍後日之請状如レ件、

年号支干

請　人　名判

親　名判

奉公人　名判

誰殿参

これは商人の所に商売見習のため年季奉公に出る場合の請状ですが、家事労働、農業労働の奉公の場合は出替奉公人ですから、期間は「当何の何日より来る何の何月五日迄」のようになっています。この種の有償的労務提供を内容とするものは債権法的な労務契約といえましょう。第二条は当人が切支丹でないこと、当人が使い込んだり逃亡したりしたら、請人より弁償し、または尋出して年季どおり勤めさせることを約束したもの、第三条は年季中無理に暇をとったらば、食糧や雑用の代金を勘定して支払い、また暇を出された場合には、同職同商売をさせないことを約束したものです。

以上の二種の契約が合体したというよりは、人質契約が普通の奉公契約的要素をとりいれたものが質物《しちもつ》奉公です。人質契約自体を幕府が禁止したことはないようですが、一般的に、江戸時代において、奉公契約は封建上の身分法的関係を脱却して、次第に債権法上の自由契約に進化したといえるのであって、人質契約についても、同じ傾向が見られるといえましょう。すなわちそれは元禄ごろ以後、次第に債権法的、換言すれば、農事、家事、商業上の労務提供契約に近づいて

きたのであり、そこに質物奉公が成立したものと解されるのです。人身売買が行なわれなくなったのもまた同じ傾向としても理解できると思われます。そして、人法的支配の色彩のもっとも強い人身の永代売買は消滅し、その年季売が、当時田畠の年季売が質入と混同されていた結果として、人質とともに、質物奉公の中にとけこんだものと考えられるのです。

質物奉公証文の例をつぎに載せましょう。

質物請状の事

一、この良之助ならびに妻みの両人、身代金《みのしろ》として、文金十両たしかに受取り借用仕り、質物御奉公に差置き申すところ実正に御座候、年季の儀は当戌《いぬ》暮より来たる亥《い》の十二月十三日まで、中一ヵ年季に相定め申し候、給金の儀は暮に両人にて二両二分下され候はずに相定め申し候、御奉公の儀は、昼夜を限らず、何にても、仰せつけられ次第相勤め申すべく候、自然取逃欠落《かけおち》仕り候はば、その品々ならびにその身ともに尋ね出し、身代金滞りなく返金仕り、御暇《ひま》申請くべく候、万一病死またはいかようにて相果て候とも、身代金滞りなく返済仕り、貴殿え少しも御苦労かけ申すまじく候、年限の節は身代金残らず返金仕り、御暇申請くべく候、惣《そう》じて貴殿御家風相背き申すまじく候、

一、宗旨の儀は代々浄土宗にて〔中略〕後日のためくだんのごとし、

川崎反町村

人主

天保九年戌十二月十三日

市三郎〔印〕

五人組惣《そう》代請人

幸　蔵〔印〕

木幡《こばた》村請人

勝　蔵〔印〕

矢板崎

武兵衛殿

五右衛門殿

〔原文〕

質物請状之事

一此良之助并妻みの両人為《して》二身代《みのしろ》金と一、文金拾両慥ニ受取借用仕、質物御奉公ニ差置申処実正ニ御座候、年季之儀は当戌《いぬ》暮より来ル亥《い》ノ十二月十三日迄、中一ヶ年季ニ相定申候、給金之儀は、暮ニ両人ニて弐両弐分被レ下候筈ニ相定申候、御奉公之儀は不レ限二昼夜一何《を》ニても、被二仰付一次第相勤可レ申候、自然取逃欠落《かけおち》仕候ハヾ、其品々幷其身共ニ尋出、身代金無レ滞返金仕、御暇《ひま》可二申請一候、万一病死又はいか様ニて相果候共、身代金無レ滞済仕、貴殿え少も御苦労掛《かけ》申間敷候、年限之節は、身代《みのしろ》金不レ残返金仕、御暇

可ㇾ申請ㇾ候、惣《そう》て貴殿御家風相背《そむき》申間敷候、
一宗旨之儀は代々浄土宗ニて〔中略〕為ㇾ後日ㇾ如件、
天保九年戌十二月十三日
川崎反町村
人主　市三郎〔印〕
五人組惣《そう》代請人　幸蔵〔印〕
木幡《こばた》村請人　勝蔵〔印〕
矢板崎
武兵衛殿
五右衛門殿

これは下野《しもつけ》国（栃木県）の文書です。質物奉公の中でも、質物的分子の少ないものといえますが、それでも「給料」と「身代金」との両語を用いているところに、それが人質契約と普通の奉公契約との合体したものであることがわかります。「給金」は普通の奉公人請状にも見えるもので、労務の対価ですが、「身代金」に至っては、文字どおり人身の対価であり、元来人身売買に関する用語だったところ、年季売すなわち一定期間の売買と質入とが混同された結果、人質契約にも用いられ、さらに、それが質物奉公の請状にも用いられるようになったものと思います。

右の請状では、人主市三郎は良之助およびその妻を質物奉公に入れて、拾両を借金したのですが、この両人は、普通の奉公人の場合と同じように、「給金」を貰うことになっています。利子の支払について何ら記載のないのは、良之助とその妻の労働が利子に充当されるからですが、そ

の労働の価額は利子相当分を超えるので、その差額が両人に給金として与えられたのです。質物奉公には色々の形があり、中には、身代金に利子を附ける代わりに、奉公人は奉公中は一定額の給金を支給され、その一部が元利の一部の消却に充当されて、年季あけの節、残金だけ払えば、質物奉公人を請戻しうるものもありました。質物奉公はほとんど全国各地に見うけられますが、ことに東北地方に多く、南部（岩手県）のそれはとくに有名です。

人身の年季売が人質を経由しないで、直接、普通の有償労務提供契約と結合したのが、遊女等の年切勤奉公です。

人身たとえば遊女の年季売のときは、売主は遊女の代金（「身代金」）を受取るのであり、そして、年季の間だけ遊女がその勤めをなしとげれば、当然遊女は解放されるわけですが、これは給金前払の普通の年季（年切）奉公と形の上ではよく似ていますから、両者は結びつきやすかったのでしょう。この種の年切勤奉公では、給金の代わりに「身代金」の語が用いられ、そしてまた奉公が「身売」とも呼ばれていたことにおいて、それが人身売買の系統をひいていることがわかります。仮名手本忠臣蔵の六段目で、お軽はそのいうところによれば「ぬしのために祇園町へ勤奉公」に行くのであり、一文字屋のいうところでは、この契約は「丸五年切、給金は金百両」の約束でありましたが、おかるの母親が勘平に事情を説明した文句に「女房売っても恥にならぬ」とあり、七段目でお軽は有名なさわりで、「便りのないは身の代を役に立てての旅立か」といっていますが、これらの文言によって、お軽の勤奉公は、勤奉公とはいうものの、単純な労務提供契約ではなくして、人身売買の系統をひく奉公であると考えることができます。

一五　隠売女と飯盛女のこと

次回では公認の遊女奉公について記しますが、その前にこれに関連あるものとして、隠《かくし》売《ばいじょ(ばいた)》女と飯盛女《めしもり》について申述べましょう。

終戦後公娼《しょう》が廃止されるまでは、各地に公認の遊廓があり、そのほかに半公認とまではいかないまでも、大目に見られていた赤線区域もあったくらいですから、江戸時代ではもちろん売春は禁止されていなかったように考えやすいのですが、実はそうではないのであって、一般的には売春は隠売女（女自身のこともこういいます）と称して禁止されており、特定の区域で一定の条件の下でのみ、公認または半公認されていたに過ぎません。公認されていたのは江戸でいえば新吉原であり、半公認されていたのは、街道の宿々《しゅく》の宿屋におかれた一定数の飯盛女です。新吉原の遊女についてはのちに申しますから、ここでは隠売女について述べましょう。

隠売女は古くより禁止されて、禁令が、しばしば出されていますが、天和二年（一六八二）には、女を抱置き、船で遊女をさせた者が日本橋で三日晒《さらし》の上で品川で磔《はりつけ》にされています。翌天和三年には本所で長七なる者が遊女を抱えているというので、首代《くびだい》の者が押込み、遊女を召捕えて番所に連れてきましたが、長七は磔になっており、遊女は御祐筆衆の婢になっています。すなわち、このころでは、隠売女は奴《やつこ》とされ、希望者に渡されたのです。首代の者というのは魚河岸とか新吉原で抱えておく男で、ふだんは用がないのですが、いざ喧嘩その他の事故がおきたときに、一切の責任を負うように、飼い殺しにされていた者のことです。

右の場合の首代は新吉原のそれで、新吉原の命令で、隠女をさがしていたのでしょう。なお、貞享元年（一六八四）の判決でも、遊女はある武士の婢にされています。

このように、元禄ごろまでは隠売女商売の者は磔という極刑に処せられ、隠売女自身は希望者に婢として渡されましたが、八代将軍吉宗の享保のころになると、隠売女商売の者の刑も緩和され、また遊女も新吉原に引渡されるようになりました。享保五年（一七二〇）五月には禁制の場所に隠売女を置いた者は過料に処することにしましたが、翌年九月には、隠売女商売の者（遊女の持主）ならびに家主の家財および建家を没収することに定めました。これよりさき（享保五年五月以後）隠売女商売の者および家主の家財だけを没収することにしたところ、遊女商売をする者や家主は家財を脇に預けておいて、商売の場所には当分の物だけしかおかない風になり、家財を残らず取上げられてもかれらは大して苦痛を感じないというので、建家もともに没収することにしたのです。

享保十二年には幕府の軽い御扶持人（御家人たち）がその拝領屋敷（幕府より拝領した屋敷）に隠し遊女をおいたときは、過怠《かたい》として、五ヵ年間屋敷を召上げる、もっとも屋敷はそのままにしておき（そのままにしておくというのは、建家をこわして明地にしないという意味）、五ヵ年間の地代店賃を幕府で取上げ、六年目に地所家作とも返してやることに定めました。その後、享保十九年には隠売女をおいた町人の屋敷についても、五年間没収し、その後元地主に返すことに定めました。もっとも、この場合には、家作は処刑のときにこわしてしまうので、土地だけが返されるのです。御定書百箇条でも同じように規定されたと思われますが、明地になった所には無宿体《てい》の者が集まって物騒だというので、延享《えんきょう》元年（一七四四）には家屋敷は没収して、五年間地代店賃は幕府に納めさせ、六年目に家屋敷は元地主に返却すべきものとしました。

隠売女については、本人、その持主、地主のほか、請人、人主、家主、五人組、名主も処罰されています。なお、公事方御定書下巻第四七条の規定で「隠売女いたし候もの」というのは、上記の隠売女商売人（当時「持主」とも呼ばれ、幕末にはふつう「抱主」と称されました。ここにも人法的支配より債権的労務提供関係への移り変わりが見られます）のことです。その御定書制定当時の刑は上記のように、家財の没収および家屋敷の五ヵ年間の没収だったと思われますが、延享二年に緩和されて、身上《しんしょう》（財産）に応じた過料の上、百日手鎖《じょう》で所へ預け、隔日封印改と定まりました。

隠売女自体は、享保五年のきめによって、新吉原に交付し、三年の年季で勤めさせました。年季明け後、親元または親類で請取りたいというならば、主人が遊女を召連れて、町奉行所に出頭し、双方納得がいくならば、その者に遊女を引渡し、もしまた年季が明けても引取手がなく、遊女も相対で勤めを続けたいというなら、やはり主人に遊女を奉行所につれてこさせて、調べた上、主人遊女の相対次第にさせました。引取人がなくても、本人がやめたいというなら、解放させたものと思われます。この制度は幕末まで続きますが、新吉原では、いわば無料で遊女が手に入るのですから、これを大いに歓迎したでしょう。奉行所でも私娼の捜索逮捕にはしばしば新吉原の者の援助を求めています。

江戸においては、隠売女の集まっている一廓を岡場所と呼びました。岡場所の岡が仮の意味だという説があることは前著「第一江戸時代漫筆」において申述べました。新吉原が遊女の本場所であるに対して、仮場所という意味で、岡場所と呼んだというのです。そして、町奉行所でもしばしば隠売女を取締まったのですが、その当座は止めるけれども、また間もなく営業を始めるために、なかなか根絶しないとの理由で、町奉行は享保十六年（一七三一）に護国寺音羽町、根津門前、新氷川門前、深川州崎辺、同所八幡町、本所横堀鐘撞《かねつき》堂辺、この六ヵ所を「売女御免之場所」と定めて、これ以外の売女は固く禁止し、もしなお右以外の場所で隠売女を行なう者があれば、新吉原ならびに右御免の場所の者に調べさせることにすれば、脇々の売女もやまるであろうし、これによって、御仕置も立ち、上下の渡世も楽になるであろうと、老中に伺出ましたが、結局、従来どおりにするように指令がありました。

天明七年（一七八七）に江戸のある町人が、現在のように住所から三丁も出ると売女屋があるようではこまるから、江戸の片端に、新吉原のほか一ヵ所売女屋を御免になり、かつ一町ごとに売女を吟味させるようにしたらと、建議しましたが、これも実現しませんでした。

文政七年（一八二四）の町触《まちぶれ》では、前々より、町々で娘または女を抱置いて、料理茶屋そのほか茶見世などで客のあるときに、差遣わし、売女同様の稼ぎをすることを禁止しているが、今もって、女芸者と唱えて、娘または女を抱えておき、髪のかざりや、衣類等を美美しくし、ことに料理茶屋そのほか雇われ先で客と密通に及び、かつ土弓場、水茶屋等渡世の者が娘ならびに女をかかえおき、またこれら以外の者でも、娘たちが身売同様の始末があるというので調べてみると、全く相対で密通して衣類金銭等を貰請けている、親、抱主、雇主の料理茶屋等では右の仕末は知らない由であるから、売女とはいえないが、みだりに密通して、衣類金銭等を貰うのは売女にまぎらわしいから、不慎の至り、不埒の事だといっています。これによると、男女相対で密通して、しかも女の親、抱主、雇主等がこれに関与しない場合には、女が衣類金銭等を貰っていても、厳密な意味の売女ではなく、これにまぎらわしい行為とされていたのです。

文政といえば文化と相並んで呼ばれるいわゆる化政時代（十一代将軍家斉の大御所時代）の事ですから、売女の流行はとくにはなはだしくなったので、このような町触が出たのでしょうが、水野忠邦の天保改革に際して天保十三年（一八四二）の三月に、端々料理茶屋水茶屋渡世の者で、酌取女、茶汲女等を年古く抱えている者の中に、猥《みだ》りな営業を行なう者があるが、新吉原町のほかはすべて隠売女であるとの理由で、取払を命じ、ただ隠売女の咎は免除し、八月までに、商売替をなすべく、遊女屋商売を続けたいものは、吉原町の人別に加わって、これを続けてさしつかえないとし、また遊女も吉原町へ住替えを申出た者について、給金等につき不相当の取計をしないように命じました。この結果、深川永代寺門前町をはじめ諸所の岡場所の取払いが行なわれました。ところが、忠邦の失脚した翌年天保十五年(一八四四)に早くも町奉行より新吉原のほかに二、三ヵ所売女御免之地を設けたい旨老中に願出ています。そのいう所は、まず前記享保十六年の「新規御免場所」設置の願を引用し、ついで、その理由として、第一に、御府内が繁昌するに従って、人別が著増したので、吉原の外右様の場所がなくては、軽き者共が良家の子女を犯すことが多くなり、強奸淫乱の風俗になろうということ、第二に、御改革について、岡場所の引払いを仰付けられたので、右渡世の者をはじめ、茶屋船宿等関連の者が活計を失って困っていること、第三に、遊女町はいわゆる江戸の花であり、時勢により弛張の処置があるべきで、新規二、三ヵ所の御免場所が設けられても、政務の弛みにはならないであろう、ことを挙げています。

この件は老中より評定所一座に諮問されましたが、寺社奉行、勘定奉行からは、身売にも二種類があり、その一は、親兄弟等が困窮してやむをえず、妾奉公等に出るものであり、その二は、隠売女と唱えて御定書に載せたものである。前者は客が身を亡ぼし、家を破る程のものとは思われないが、後者では売女を買揚げて遊興する者は、めいめい家職を忘れて、日夜遊興にふけり、その身の分限を忘れてみだりに多分の金をつかいすてて、悪事を行なう者もあって、全く遊女屋同様の渡世であるから、前者の貧苦にせまり身売りするとは格別の違いがある、しかのみならず、売女に紛らわしいものを制止するために、かえって風俗にかかわり、良民の害の少なくない遊女を御免あっては適当でない上に、現に深川永代寺門前等で事実上御免同様に営業した時代でも、身売りの者は絶えなかったのに、今さら遊所御免とあっては、世上の心もゆるみ、人々が公儀の御処置を軽々しく心得るようになろうとの理由でこれに反対し、ついに沙汰やみになりました。

このように、江戸では、公認の遊所としては、新吉原があるだけでしたが、その周囲にあるいわゆる四宿、すなわち東海道の第一の宿場である品川、日光道中の第一の宿場である千住、中仙道の第一の宿場である板橋、甲州道中の第一の宿場である内藤新宿（今の新宿）には、いずれも道中の宿場であるの故をもって、飯盛女《めしもり》すなわち給仕女の名で、私娼をおくことを許したのです。これらの宿は江戸外ですから、ここに飯盛をおくことを許したことは、江戸では新吉原だけを遊所として公認したこととは矛盾しないわけです。

四宿の中でも、東海道の要衝にある品川はとくに有名でした。飯盛はのちに述べるように一般に旅籠屋《はたごや》一軒に二名ずつという定めでしたが、明和元年（一七六四）には、品川は宿役の御用が他宿よりも多いという理由で、一軒に二名という制限はやめて、本宿新宿（品川はもと南北両品川に分かれていましたが、のちに歩行《かち》新宿が加わったのです）を合わせて、五百名に限定されました。このときに、大旅籠九軒、中旅籠六十六軒、小旅籠十八軒、合わせて九十三軒がありましたから、一軒平均五人強になるわけで、普通の道中旅籠屋の二倍以上の飯盛をおくことが許されたのです。しかし、実際には、この制限をこえて、飯盛の数は増加し、天保十四年（一八四三）の調べでは、千三百四十八人となっており、この年に大検挙が行なわれました。品川の旅籠屋は実質的には妓

楼に近いもので、土蔵相模その他の有名な妓楼がありました。古川柳に

品川はなじむと盛ってくれるとこ

というのは、品川の遊女は飯盛だから、飯も盛ってくれるという意味です。もっとも、飯盛をおかない純粋の旅籠屋もあったので、これを平旅籠屋と呼びました。

品川の遊客は各藩の留守居役のほか、幕末には諸藩の志士の来往もしげかったのですが、ここの上得意だったのは、旅人のほかは芝の増上寺の僧侶と薩摩藩邸の諸侍であり、これらは川柳子の好題目でした。

品川の衣桁《いこう》ももひきなどもかけ

というのは、旅行姿の旅人が止宿した情景であり、

水のない川留江戸の出口なり

は、江戸を出発した旅人が、品川で居つづけている所を描いたものです。

安房上総ほめほめ二三戒破る

は、増上寺の僧が楼上から、房総の景色をながめながら、邪淫、妄語、飲酒の三戒を破っているとの句です。

品川はころも〳〵のわかれなり

坊さんだから、きぬぎぬのわかれでなく、ころもころものわかれというわけです。

品川の客にんべんのあるとなし

というのは、薩摩屋敷の侍と増上寺の坊主とを意味したのです。

　品川は山の芋より薩摩芋

山の芋は芝山内の僧、薩摩芋は薩摩屋敷の侍のこと。

　このように品川は繁昌したので、俗に吉原を北国、品川を南国と称しました。

　北狄《ほくてき》にやはか南州おとるべき

という川柳は、歌舞伎十八番の一つ「暫《しばらく》」のつらねに「東夷《とうい》南蛮《なんばん》北狄《ほくてき》西戎《せいじゅう》云々」とあるのにかけて、吉原を北狄、品川を南州にしたのです（南蛮では工合が悪いので、南州にしたのです）。

　なお、余談ですが、歩行新宿は「かちしんじゅく」、旅籠屋は「はたごや」と読むのですが、追加予算を「おいかよさん」と読んで話題を作った代議士のような代官が当時やはりいたと見えて、前者を「ほこうしんじゅく」、後者を「たびかごや」と呼んで、「ほこう代官」、「たびかご代官」とあだなされた役人がいたという話です。

　大坂では傾城《けいせい》町と呼ばれた新町のほかは遊女を禁止しましたが、私娼もあり、ことに風呂屋に髪洗女、茶屋（料理屋）に茶立女と呼ばれた遊女がいました。髪洗女は湯女《ゆな》とも呼ばれましたが、江戸にも湯女はあり、大坂、江戸ともことに江戸時代前半期に盛んだったようです。江戸の湯女は、昼のうち、客の垢をかきますが、七ツ（四時）ごろにしまい、それより身仕度をととのえて、暮時になると、上り湯に用いる格子の間を座敷にかまえ、金屏風等をひきまわして火をともし、湯女どもは衣服を改めて、三味線をならし、小歌等を唱って客集めしたといわれます。大坂の茶立女はまた茶汲女といい、茶屋にあって、客に給仕する女でしたが、実際は遊女の一種でした。

ところで、江戸では湯女も茶屋女も、古くは黙認していたようですが、のちにはこれを禁止しました。しかし、大坂ではのちまで、髪洗女と茶汲女とは道中筋の旅籠屋の飯盛に近い黙認の遊女でした。茶屋も風呂屋も定数があって、その営業権は株だったのであり、茶立女の人数は各戸二人ずつと定められていました。曾根崎新地の遊女は実は茶屋の茶立女でした。すなわち、近松の曾根崎心中に見える曾根崎新地のお初は茶立女だったのです。大坂では新町の遊女に限り、傾城または遊女と呼んだのでした。しかし、髪洗女も茶汲女も飯盛ほどには遊女として表向きの存在ではなかったので、天保の改革に際しては、転業するか、傾城町に移るかいずれかを選択することを命ぜられましたが、どちらも実現はなかなか困難なので、新堀、曾根崎新地および道頓堀に飯盛を置く旅籠屋を許可して、旅籠屋一軒につき、飯盛女二人より十人としましたが、道頓堀は芝居稼ぎが主な地であるので、ここに売女体のものが入交っては取締りによくないという理由で、翌年道頓堀の旅籠屋の一部は売女屋をやめさせられました。同所のその余の旅籠屋および新堀、曾根崎新地は従前どおりとしましたが、旅籠屋の名称はやめて泊茶屋とし、女は飯焼《めしたき》女と称せしめ、泊茶屋の数は限らないで、飯焼女の総数を限定しました。前記のように、江戸でもしばしば、新吉原以外に公認または半公認の遊廓を設置したいという案がありましたが、いずれも実現しなかったのに対し、大坂ではそれが実現したわけです。天保十五年の江戸の町奉行の「御免場所」設置の議は大坂の先例に刺激されたのかも知れません。しかし、大坂でも上記以外に隠売女がなかったわけではなく、これに関する禁令はしばしば出ています。

つぎに、茶立奉公人の請状の文例を挙げましょう。

茶立奉公人請状の事

一、私娘誰と申す者、当何の何月より来たる何の何月まで、丸年何年何ヵ月給金何両に相定め、すなわち手形の上、右給金残らず先借り仕り、たしかに請取り、その元殿え茶立奉公に差遣わし申す所実正なり、しかる上は、諸親類兄弟名附けの夫、または古主人などと申し、脇より奉公の違乱妨げ申す者一人も御座なく候、右仕着《しきせ》の儀は、夏冬相応の品一つずつ御着せなされ候約束に御座候、

一、御《お》公儀《こうぎ》様御法度《ごはっと》の宗門にてもこれなく、宗旨は代々何宗何町何寺旦那にまぎれ御座なく候、もしこの者取逃げ欠落《かけおち》仕り候はば、早速本人尋出し、失物の品々相改め、手渡し仕り、右きめのとおり、年季滞りなく奉公相勤めさせ申すべく候、かつまたいかようの勝手なる儀出来仕《しゅつたい》り候とも、こなたよりむたいに暇乞《ひまご》いうけ申すまじく候、なおまたその元殿お勝手に合い申さず、給金立替えの上、暇出し候はば、右請人方え引取り、いず方同体《てい》の奉公にありつき、その給金多少に限らず、ありのまま滞りなく、きっと相立て申すべく候、もっともわれわれども印形入用次第、いず方にても、異議なく継替え申すべく候、万一病死頓死または不慮に相果て候とも、その節はたがいに一言の申分御座なく候、そのほか右難儀につき、いかようのむづかしき出入出来仕り候とも、われわれどもいずかたまでも罷出で、

きっと埒《らち》あけ、その元殿え少しもご難儀懸け申すまじく候、後日のため茶立奉公人請状くだんのごとし、

年号月

父　何屋誰
母　たれ
請人　何屋誰
奉公人　誰

何屋誰殿

〔原文〕

茶立奉公人請状之事

一私娘誰と申者、当何ノ何月より来ル何ノ何月迄丸年何年何ヶ月給金何両ニ相定メ、則手形之上、右給金不レ残先借り仕、慥《たしか》ニ請取、其元殿え茶立奉公ニ差遣申所実正也、然ル上は、諸親類兄弟名附之夫、又は古主人抔と申、脇より奉公之違乱妨申もの壱人も無二御座一候、右仕着《しきせ》之儀は、夏冬相応之品壱ツ宛、御着せ被レ成候約束ニ御座候、

一御公儀様御法度之宗門ニても無レ之、宗旨は代々何宗何町何寺旦那に紛《まぎれ》無二御座一候、若此者取逃欠落《かけおち》仕候はゞ、早速本人尋出し、失物《うせもの》之品々相改、手渡仕、右極メ之通、年季無レ滞奉公為《させ》二相勤《め》一

可レ申候、且又如何様之勝手成《なる》儀出来仕候共、此方より無体《むたい》ニ暇乞請申間敷候、猶又其元殿御勝手ニ合不レ申、給金立替之上暇出候はゞ、右請人方え引取、何方同体之奉公ニ有付、其給金不レ限二多少ニ一、有之《ありの》儘《まま》無レ滞急度《きつと》相立可レ申候、尤我々共印形入用次第、何方ニても無二異議一継替可レ申候、万一病死頓死又は不慮ニ相果候共、其節は互ニ一言之申分無二御座一候、其外右難儀ニ付、如何様之六ケ《むつか》敷《しき》出入出来仕候共、我々共何方迄も罷出《まかりいで》、急度埒明《らちあけ》、其元殿え少も御難儀懸申間敷候、為二後日一《の》、茶立奉公人請状如レ件、

年号月

父　何屋誰

母　たれ

請人　何屋誰

奉公人　誰

何屋誰殿

さて、上記しましたように、飯盛奉公人というのは、江戸時代に、各街道の宿駅の旅籠屋にあって、表向きは旅人の酒食の給仕を業としながら、実際は遊女と異なることのない生活を営んでいたものです。名称と実質とは違っていますが、さりとて、かかる種類の女の存在は禁止されていたわけではないのであって、宝永ごろには、各旅籠屋に一名ずつとされていましたが、享保三

年（一七一八）にはその数がみだりに多くなったというので、旅籠屋一軒に二人と定まり、幕末までその制限は存しました。もっとも、この制限は通常の宿場だけに適用あるもので、前に述べた品川宿のような交通上特殊の地位にあるものには特別の定めがあったのです。

つぎには、飯盛奉公人の年季奉公人請状の文例を載せましょう。

道中旅籠屋《はたごや》食売女《めしうり》奉公人年季請状の事

一、この何と申す女子、われら何に御座候ところ、身上不如意《しんしょうふにょい》に相なり、諸親類相談、女子得心の上、たとえ何様の儀御座候とも、半途に御暇願決して申入れまじき対談をもって、当何の何月より来たる何の何月まで、中年季何ヵ年季に、給金何拾両に相きめ、貴殿方へ道中旅籠屋食売女奉公に差出し候処、実正なり、ただ今加判立会の上、右給金残らずたしかに請取り申候、しかる上は、右女子につき、諸親類は申すに及ばず、横合より出入故障等申す者一人も御座なく候、万一かれこれ申す者これあり候はば、さっそく埒明け、貴殿方へいささかも御苦労相かけ申すまじく候、御仕着《しきせ》の儀は、夏冬ともお家なみに下さるべく候事、

一、御公儀様御法度《ごはっと》の儀は申し上ぐるに及ばず、御宿法ならびに御家風とも、かたく相守らせ申すべく候、万一取逃、欠落《かけおち》など仕り候はば、その品相改め、当人尋出し、さっそくお渡し、きめ年季のとおり、滞りなく相勤めさせ申すべく候、もし行衛《ゆくえ》相知れ申さず候はば、貴殿お指図次第取計い申すべく候、かつ不奉公仕候か、または貴殿ご勝手をもって、奉公

住替えにお差出なされ候とも、先方御主人え異議なく印形差入れ申すべく候、女子長病相煩い候か、または不慮の怪我《けが》過《あやまち》にて相果て候とも、御知らせ次第、早速立会い、取片付け申すべく候、その節宿所に居合申さず候わば、御大法御請け、貴殿旦那寺に御取置き、あとより御法号をもってお届け下され候とも、相迄《〔もとのまま〕》に是非これなく、一言の儀申入れまじく候、かつ年季中妻妾に望みの人これあり候はば、先方御見届け、女子得心の上、御縁付《づけ》下さるべく候事、

一、宗旨の儀は、代々御法度の宗門にては御座無く候、すなわち寺請状われら方え取置き候間、御入用の節はいつなりとも、差出し申すべく候、われら所替え、名印相改め候はば、これまたさっそく御届け申すべく候、後日のため食売女奉公人年季請状よってくだんのごとし、

年号

月日

〔原文〕

道中旅籠屋食売《めしうり》女奉公人年季請状之事

一此何と申女子、我等何ニ御座候処、身上不如意《ふによい》ニ相成、諸親類相談、女子得心之上、縦令《たとえ》何様之儀御座候共、半途ニ御暇願決て申入間舗《まじき》対談を以、当何ノ何月より来ル何ノ何月迄、中年季何ヶ年季ニ、給金何拾両ニ相極《きめ》、貴殿方え道中旅籠屋食売女奉公ニ差出候処、実正也、只今加判立会之上、右給金不レ残慥ニ請取申候、

然ル上は、右女子ニ付、諸親類は不レ及レ申《すに》、横合より出入故障等申者、壱人も無二御座一候、万一彼此申者有レ之候ハバ、早速埒明《らちあけ》、貴殿方え聊《いささかも》御苦労相掛申間鋪候、御仕着《おしきせ》之儀は夏冬共御家並ニ可レ被レ下候事、

一御公儀様御法度之儀は不レ及二申上一、御宿法幷御家風とも、堅為《らせ》二相守《まも》一可レ申候、万一取逃欠落《かけおち》仕候ハヾ、其品相改メ、当人尋出し、早速御渡、極メ年季通り、無レ滞為《させ》二相勤《め》一可レ申候、若行衛相知不レ申候ハヾ、貴殿御指図次第取計可レ申候、且不奉公仕候歟《か》、又は貴殿御勝手を以奉公住替ニ御差出被レ成候共、先方御主人え無二異議一、印形差入可レ申候、女子長病相煩候歟、又は不慮之怪我《けが》ニて相果候とも、為《せ》二御知《ら》一次第、早速立会、取片付可レ申候、其節宿所ニ居合不レ申候ハヾ、御大法御請、貴殿旦那寺ニ御取置、跡《あと》より御法号を以御届ケ被レ下候共、相迄ニ是非無レ之、一言之儀申入間敷候、且年季中妻妾ニ望仁有レ之候ハヾ、先方御見届ケ、女子得心之上、御縁付可レ被レ下候事、

一宗旨之儀は、代々御法度之宗門ニては無御座候、則寺請状我等方え取置候間、御入用之節は、何時成共、差出し可レ申候、我等所

替、名印相改候ハヾ、是又早速御届ケ可レ申候、為二後日一食売女

奉公人年季請状仍て如レ件、

年号

月日

これはおそらくは幕末の関東地方のものと思われる文例集に載せてあるものであります。労務を「年季奉公」といい、対価を「給金」と呼んでいるように、債権法的労務提供契約に近いものとなっていますが、しかし、死亡した場合には主人のもとで葬って、あとから法号だけを届けてくれればいいとか、年季中に妻妾に望む者があれば、先方を見届けて女子得心の上縁付けてくれとある点などは、なお、人法的支配権譲渡の名残りが見られます。

古くは、飯盛女の奉公も永代売、または質入の形式で行なわれたのであって、その実例も残っています。たとえば、信州追分宿《おいわけじゅく》の寛文五年（一六六五）の飯盛の請状は、夫たる「売主茂作」がその妻を飯盛に出した証文ですが、その初めの部分だけを引用すると、「松城御領分岩野村茂作と申もの、女房年仁〔二〕拾五歳に罷成候さこと申女、しち置に仕、巳《み》之十一月十日より辰《たつ》之二月二日迄中年拾年に相定、身代として金子五両借用申所実正に御座候」とあります。こういう質置の形式の飯盛請状がのちに人法的支配権譲渡の性格を脱して、上記の雛形のような奉公契約になったものと考えられるのですが、信州中部では、幕末まで、飯盛奉公人の人主を「売主」と書くことは行なわれていました。

ところで、上記の飯盛奉公人請状は「本紙請状」と呼ばれる契約証文ですが、実際にはこのほかに各種の証文が作られる例でした。もし、女方で金子が急に入用の場合には、仮契約を締結して、本契約前に女子の引渡しと、給金の一部授受を行なうこともあり、この前払給金のことを「取替金」と呼びました。本契約締結の際に女方で作成して、主人に差出した証文で注意すべきものに「カゲ証文」というものがあります。その内容は、何という女子を、年金給金を定めて、自分が人主請人に立ち、貴殿方へ旅籠屋食売女奉公に差出したが、別段入用につき、何両借用し、女子が年季どおり首尾よく相勤めたらば、この金子はくれたことにする約束だという趣旨の証文です。このカゲ証文というのは、陰《かげ》証文すなわち、秘密の証文で、食売女をおくことを禁ぜられている宿場とか旅宿、もしくはすでに法定数の食売女のいる旅宿などで、新たに食売女を抱えることができない場合に、表向きは普通の下女奉公の態をよそおい、したがって給金も安くしておいて、裏面で秘密に食売女契約を結び、食売女としての給金の授受をする慣行があり、そしてこの際作られた証文が「カゲ証文」であると考えるのです。

禁制の遊女を抱えるためには色々の手段がとられました。江戸時代のある記録につぎのように書かれてあります。禁制の遊女を召抱える請状に大部の身代金を書入れては、その女につき出入が起きて奉行所へ出たとき、御不審を蒙るから、請状には世間並みの金額を書入れ、相対で身代金のほか、二十両でも三十両でも預り証文にして、遊女の人主《ひとぬし》（遊女を差出した人）方より取っておく、この遊女につきむずかしい出入があって、暇を出したとき、人主方より右の金を返済しなければ、右の預り証文を証拠にして人主を訴える、人主の方にも不都合のかどはあるわけだから、これは御法度の遊女奉公に出した身代金だとはいわない、このほか、出居《でい》衆証文とか養子手形等にしておく手もあり、御詮議のときには、何様にも宜しいように申紛らかせばよいのだ、こう書いてあります。禁制の遊女を抱えるのですから、本証文も飯盛女の請状とはしないで、下女の奉公証文のような形にしておき、身代金と給金の差額を預り証文にしたのでしょうが、こういう手段がとられている以上、同様の禁制回避手段として、上に述べたようなカゲ証文の授受が行なわれても不審はないでしょう。もっとも、カゲ証文は預り証文と違って、裁判所に持出せない秘密証文ですから、この点は預り証文を用いる場合に比べて、雇主側に不利だったでしょう。江戸深川の二枚証文と呼ばれるものは、この本証文とカゲ証文とをあわせ称したものでしょう。すなわち、本証文では芸を、カゲ証文では身を売ったのです。

上記したように、幕府は飯盛女の数を旅籠屋一軒に二人と定めたのですが、普通の給仕女ならば、別に二人と制限する必要はないのですから、人数に制限を加えたことは、それが遊女であることを承認、少なくとも半公認ぐらいはしているわけです。しかし、いざと開き直れば、遊女としての飯盛女を公認するわけにはいかないので、ある藩よりの問合せに対して、飯盛女を規定以上おくのは不埒であるが、定めの人数だけいるのならしいて咎める必要はない、しかしたとえ一両人しかいなくても、身売をしては売女《ばいた》だから、とくと糺明してほしいといっています。なお幕府の公用語としては、飯盛女といわず、食売女《めしうり》と呼ぶ例でした。

飯盛女類似のものとして洗濯女がありました。元来常州（茨城県）の港々（ことに平潟《ひらかた》が有名）で、船員の衣類の洗濯を業とするものですが、のちには飯盛同様のものになり、また関東地方の諸川岸、ことに江戸川通、松戸川通の川岸宿抱の女もそう呼ぶようになりました。幕府の取扱としては、かれらを洗濯のための女という名目で、東海道等の飯盛同様に取扱ったのです。

このように、街道の宿々には飯盛がいましたが、それでも、やはり隠売女は絶えなかったのであって、寛政四年（一七九二）に、幕府は、代官所の村々で、隠売女躰のことがあったとき、代官は吟味して、別段の悪事がなく、売女一件だけのことなら、抱置く者の田畑座敷は五ヵ年取上げてその間は小作に申付け、作徳に余分があれば、その村方または村方の身上のよい者に預けて、小児養育料または困窮者の御救の手当に備え置くべく、売女は村役人へ渡し、その村内に限らず、他郷他村であっても、荒地起返し場所等そのほかの女少き所へ、糺の上、代官の了簡で、嫁入らせる（親の意見は聞くに及ばない）ように定めましたが、これはなかなか異色ある立法といえましょう。

一六　遊女奉公のこと

前項までに、隠売女や半公認ともいうべき飯盛女について述べたので、つぎには公認の遊女について記したいと思います。

江戸での公認の遊女町といえば、吉原のそれですが、この遊廓は元和三年（一六一七）に庄司甚右衛門が幕府に請うて、当時江戸の各地に散在していた遊女屋を堺町の附近に集めたのがはじめです。幕府としても、風紀の上からいって、また取締りの上からいっても、一箇所に集めておいた方が便宜だったと考えたのでしょう。当時この附近には葭《よし》が生い茂っていたので、この地を葭原と呼びましたが、のちに葭原の文字を嫌って、好字の「吉原」に改めたのです。創置後やく十年寛永三年には、江戸町一、二丁目、京町一、二丁目、角《すみ》町の五町がそろいましたが、その後三十年にして、明暦二年（一六五六）に、浅草寺裏手の浅草の地に移転を命ぜられて、その翌年開業しました。元吉原に対して、これを新吉原といいましたが、たんに吉原と呼んだこともあります。

飯盛女の請状は今でも残っていますが、吉原の遊女のそれの残っているのはきわめて少ないと思います。

つぎにその一例を挙げましょう。

相定め申す年季請状の事

一、此のやすと申す女、たしかなる者につき、先だって京町二丁目片名尾張屋弥助方え年季身《みの》代《しろ》相定め、遊女奉公に差出し置き候ところ、この度弥助殿勝手をもって、当戌壬《いぬうるう》八月二十六日より来たる丑《うし》年十二月二十六日まで、丸三カ年間四カ月身代金二十両に相定め、右金子残らずたしかに請取り、貴殿方え遊女奉公に差出し置き候ところ実正なり、しかる上は、右女子につき、ほかほかより差し構え候ものこれあり候はば、われわれ引請埒明け、貴殿えいささかにても御苦労相かけ申すまじき事、

一、御公儀様御法度の儀は申すに及ばず、取逃欠落《かけおち》等仕り候はば、その品数相弁じ、当人尋出し、相渡し、定めのとおり、相勤めさせ申すべく候、もっとも欠落《かけおち》中趣意年季定め、年季明け候末、別段相勤めさせ申すべく候、貴殿勝手をもって、同渡世内え住替え差出され、身代金いかよう取扱い申され、いず方へ仕付け遣わされ候とも、そのみぎりわれわれなおまた請判致し申すべく候、妻妾養女に望む者これあり候はば、女子も得心の上、樽代金何様取り申され、いず方へ遣わされ候とも、縁付先までこれまた申し分これなく、もし長病相煩い、御引渡しの節はさっそく引取り、養生致し申すべく候、万一不慮に相果て候とも、相互に申分これなく、その節われわれ住所相知れず候はば、断りに及ばず、貴殿旦那寺え

お取置下さるべく候、あとにて一言の義申すまじく候、
一、宗旨の儀は代々日蓮宗に候、寺は谷中《やなか》一乗寺旦那に紛れ御座なく候、すなわち、手形われ
ら方え取置き候間、宗門御改めの節は、引合わさせ申すべく候、そうじて右女子につき、
何様の義出来仕り候とも、われら方より暇願いの義かたく申入るまじく候、後日のため年
季請状よってくだんのごとし、

浅草金蔵寺門前
文久二年戌《いぬ》年壬《うるう》八月二十六日　平次郎店

口入
人兄　清　吉　〔印〕
実姉　わとう　〔爪印〕
本町二丁目
徳次郎地借
請人　藤助　〔印〕
やす事
花の香　〔爪印〕

遊女屋
おてつ殿

〔原文〕

相定申年季請状之事

一此やすと申女、慥《たしか》成者ニ付、先達京町弐丁目片名尾張屋弥助方え年季身代相定メ、遊女奉公ニ差出置候処、此度弥助殿勝手を以、当戊壬《いぬうるう》八月廿六日より来ル丑年十二月廿六日迄、丸三ヶ年間四ヶ月身代金弐拾両ニ相定、右金子不レ残慥ニ請取、貴殿方え遊女奉公ニ差出置候処実正也、然ル上は右女子ニ付、外々より差構候もの有レ之候ハヾ、我々引請埒《らち》明け、貴殿え聊《いささか》ニても、御苦労相掛申間敷事、

一御公儀様御法度之儀は不レ及レ申、取逃欠落等仕候ハヾ、其品数相弁じ、当人尋出し、相渡し、定之通為《させ》二相勤《め》一可レ申候、尤欠落《かけおち》中趣意年季定、年季明候末、別段為二相勤一可レ申候、貴殿勝手を以、同渡世内え住替被二差出一、身代金如何様取扱被レ申、何方え仕付被レ遣候共、其砌《みぎり》我々猶又請判致可レ申候、妻妾養女望者有レ之候ハヾ、女子も得心上、樽代金何様取被レ申、何方へ被レ遣候共、縁付先迄是又申分無レ之、若長病相煩、御引渡之節、早速引取、養生致可レ申候、万一不慮ニ相果候共、相互ニ申分無レ之、其節我々住所不二相知一候ハヾ、不レ及レ断、貴殿旦那寺え御取置可レ被レ下候、

跡《あと》ニて一言之義申間舗《まじく》候、
一宗旨之儀は代々日蓮宗ニ候、寺ハ谷中一乗寺旦那ニ紛無㆓御座㆒候、則ち手形我等方え取置候間、宗門御改之節は、為㆓引合㆒可㆑申候、惣て右女子ニ付、何様之義出来仕候共、我等方より暇願之義堅申入間舗候、為㆓後日㆒年季請状仍如㆑件、

浅草金蔵寺門前
文久二年戌年壬八月廿六日　平次郎店
口入人兄　清　吉〔印〕
実姉　わとう〔爪印〕
本町弐丁目
徳次郎地借
請人　藤　助〔印〕
やす事
花の香〔爪印〕

遊女屋
おてつ殿

遊女屋おてつというのは、新吉原町角《すみ》町の遊女屋浜海老《えび》屋てつのことです。

この請状も前項に載せた飯盛奉公人の請状とよく似ていることがわかりますが、給金といわず、身代金と呼んでいるごときは、第一四項に述べたお軽の身売りに見られるような身売的性格が飯盛の場合よりもなお強く残っているものといえるでしょう。

身売の原因は、色々あったでしょうが、親の年貢の滞納というのが相当あったに違いありません。

よい娘年貢すまして旅へ立ち

水牢は出たが娘の身は沈み

という川柳は新吉原の遊女だけを読んだものではないでしょうが、こういう原因で身を沈めた者の多いことを示しています。

西之内をくんなはいと泣いてくる

というのは、年季証文に使う西の内（紙の名）を娘が買いに来たことを意味します。遊女の年季勤の斡旋をするのは女衒《ぜげん》ですが、

仮の名は伯父、本名は女衒也

という川柳の示すように、女衒が伯父等の名義で請人になることもあったのでしょう。

新吉原の遊女は普通二十七歳までで、二十八歳になると解放されます。

傾城は二十八にてヤット足袋

というのは、遊女となると、「吉原の足袋屋禿《かむろ》が得意也」とあるように、禿時代と違って足袋をはかなくなるが、二十八歳で年季明けになると、はけるという意味ですし、

沙婆《しゃば》も額《ひたい》も広うなる二十八

というのも、「貧家の大詰女房が引眉毛」という川柳の示すように、女房は眉を剃りおとしているのに、遊女になったので、眉墨を入れたが、二十八で年季があけ、ふたたび眉を剃りおとしたので、額が広くなったという意味であって、いずれも、二十八歳になれば、解放されることを前提としています。したがって、遊女の年季奉公も二十八歳で自由になれるように年季をきめたのでしょう。上に新吉原の遊女の年期証文の実例を挙げましたが、これには丸三年四ヵ月の年期が定めてあるだけで、二十七歳になったら、年季が切れる旨の記載がありませんが、これは三年四カ月たっても二十七歳にならないからであって、年季中に二十七歳になるときは、その時までと契約するのが普通です。左記文例はこれを示しています。（原文は省略）

年季証文の事

何某

何歳

このお何と申す者、何町何兵衛店《たな》何助の娘にて、貴殿方へ二十五年一ぱいの暁まで、金子百両にて御抱え下だされ、水金《みずきん》として、金何両御渡し下だされ、たしかに請取り申し候、跡金《あと》の義は人別と引換えに致すべく候、この者勤め中横合よりかれこれ申し候ものこれあり候は

ば、われらまかり出で、埒《らち》明け、貴殿へ対し少しも御迷惑相掛け申すまじく候、宗旨の儀も代々何宗にて、寺は何町何寺檀那に紛れこれなく候、年季証文後日のためよってくだんのごとし、

親元　何某
請人　何某
家主　何某

三浦四郎右衛門殿

ですから、遊女も二十七歳になれば、客の中から、将来自分の身を任せられるような者を選ぶようになります。

傾城が客を見立てる二十七

というのはその意味です。

新吉原には他に見られない色々な慣行がありましたが、その中で、とくに有名なのは、桶伏《おけぶせ》という私刑です。これは客が嚢《のう》中無一物で支払ができないような場合に、大きな桶を伏せて、小さい窓をあけた物の中に入れて、晒《さら》し者にすることをいいます。

桶伏は元手の入った恥をかき
桶伏と入レ替にする座敷牢

等という川柳は、道楽息子が金を払えずに桶伏にさせられた情景を描いたものです。しかし、そ

の実際に行なわれたのはおそらく、元禄享保ごろまでで、それ以後はたんに言伝えに残ったものと思われます。

後には、無銭遊興の客や遊興勘定の不足する者があるときは、中級以上の遊女屋では俗に馬屋と称する付き馬に引渡します。付き馬は独立の営業で、田町に若狭屋と藤屋があり、不足の勘定の二、三割引きまたは四割引きぐらいで遊女屋から取立てを請負います。そして、遊客より徴収した額と割引いた請負額との差額をその利得としました。下級の遊女屋では始末屋に始末させます。始末屋は田町に越前屋と青柳との二軒があり、不足の勘定の五割引きぐらいで請合い、遊女屋に直ちにその額を払います。そして、本人を預って、自分の家に置き、客の指示した場所に人を遣わします。そして、使賃を加えて、遊興の勘定書を請取れば、本人を放免しますが、もし請取れないと、羽織衣服帯までも剝ぎ取り、これを金額に換算して取上げ、冬なら寒中でも古びた単衣《ひとえ》に三尺帯を与えて追出し、春夏のころならば古手拭一筋を与えて、はだかにして追出しました。古手拭一本与えるのは、江戸の三十六見附を通過するには、裸体を許さなかったのですが、肩に手拭さえかけていれば、許したからだそうです。

もし無銭遊興の客や遊興勘定不足の客の内の誰かが金策のために派遣されるときは、かならずその客の一人を行燈《あんどん》部屋と称する密閉した薄暗い部屋におしこめておきます。行燈部屋に入った者には握り飯と沢庵《たくあん》で一日二度の食事をあてがっただけです。そして、金策ができればよし、できなければ、付馬屋や始末屋に下げて処分させました。

（先讀三國小女郎）

（雲龍九郎偸盗傳）

（上）宮武外骨「私刑類纂」九二ページ所載
（下）宮武外骨「私刑類纂」九三ページ所載

さて、水野忠邦の天保の改革の際、天保十四年（一八四三）に、幕府は多分の売掛けをして、無益の金銀を使い捨てる者が出来るという理由で、遊女町傾城町等より訴出た遊女揚代金滞の訴は相対《あいたい》ですますのは格別、奉行所では取上げないことに定めましたことは前著「第一江戸時代漫筆」［『江戸の町奉行』明石選書］に記しましたが、翌々年の弘化二年（一八四五）には、老中の諮問に対して、評定所は、遊女揚代金というのは、遊女を買揚げた者がその身の慎まないところより、多分の売懸などができるのだから、遊女揚代金を相対《あいたい》に仰付けて、その訴えを取上げないことになると、このことにつけこんで、かえって、堕弱な者の心底を増長させる恐れがあるし、その上、揚代金の請求が相対とされて遊女屋が損ばかりしているようでは、渡世向きも衰微して、遊女御免の理もなくなるから、前々どおり済方《すみかた》を申付けるようにしたい旨答申しましたが、老中は、遊女揚代金というものは、無益の遊興に使い捨てる金子だから、その訴えを取上げる旨表向き触書を出しては、一体の取締りにもかかわるし、かつ遊女渡世の者も自然多分の売掛けをするので、放蕩堕弱の者はいよいよ生業を失うようになる、だから、これまでどおり取上げない方がよくはないか、さらに評議せよと命じました、そこで評定所ではさらに評議しました。

それによると、一体吉原町の遊女揚代は、遊女屋へじかに来た客の揚代は現金で受取るし、茶屋より案内した客の揚代は茶屋から遊女屋へ毎月十四日、晦日《みそか》払いで、きっと勘定する仕来《しきたり》であり、万一右の払いが滞れば、茶屋による客の案内を差留める旨の厳重な申合せがある上に、遊女屋直《じき》相対の客の滞り分はもちろん、茶屋の案内する客も、勘定日があるから、その日になれば厳重に催促して受取っている次第、かつまた、もし滞れば、その者がふたたび茶屋に遊びに来ても、みだりに案内しないから、もともと多分の売掛け等が出来るはずもない、そういうわけで、現在のように揚代金滞の訴えを取上げなくても、大してさしつかえないはずだけれども、実際上はなかなか申合せのようにはいかず、御触以前でもときどき訴訟になっているし、もし右の出訴を取上げないと、茶屋遊女屋で客を引留めて、親類や好身《よしみ》の者から揚代を払わせるような不法の取計いもおいおいはげしくなるであろうし、また内々登楼する武家や出家も、訴えられては困ると思うから、揚代の訴権を認めることは自然身分慎み方の一助となろうが、訴権を認めないと、このような念慮がなくなり、そうすれば、おのずからこれらの者の気もゆるみ、放蕩者が増長しないともいえない、ことに御免になっている遊女屋の揚代金の滞りが出訴できないというのでは適当でないから、元にもどして、訴えられるようにした方がいいと考える、ただ多分の売懸を取上げては、放蕩無頼の者が生業を失う基にもなるから、こういうのは取上げず、糺しの上、不実の取計いがなく、よんどころなき筋で滞った分は、以前のごとく取上げ済方を申付けても不取締りではないであろう、と答申しています。結局どういう風にきまったかわかりませんが、右の議論は当時の幕府の考え方をよく示しているといえましょう。

なお、元吉原には廓《くるわ》内に揚屋《あげや》が十八軒あって、各所に散在していましたが、新吉原に移ってからは、これを一箇所にまとめ、これを揚足町といいましたが、当時の遊客が吉原に遊ぶや、揚屋において、酒興し、かつ意中の遊女をここに呼んだのです。遊女の道中というのは、遊女が揚屋の招きによって、そこへおもむく往来のことで、揚屋の二階から、これを眺めました。道中というのは、江戸町の遊女が京町堺町に行ったりするので、これを旅行になぞらえたのです。揚屋のもっとも盛んであったのは、天和《てんな》貞享《じょうきょう》（一六八一―一六八八）のころで、そのころ二十余軒の揚屋がありましたが、次第にすたれて、宝暦年間（一七五一―一七六四）には廃絶しました。

揚屋のすたれたのに代わって生まれたものが、引手茶屋です。遊女屋に、大籬《まがき》、交《まじ》り半籬、惣《そう》半《はん》籬などの別がありましたが、大籬は引手茶屋の紹介を経なければ客を迎えず、半籬は茶屋の紹介でも客をひき、また直接に客を登楼せしめ、惣半籬は引手茶屋よりの客はとらない定めでした。

揚屋がすたれてからは、遊興も茶屋か直ちに遊女屋で催しました。遊女もあらかじめ約束の客のないときは、夜早く茶屋に至り、見世先に座を占めていましたが、上等の茶屋は仲の町にあったので、のちには、遊女が仲の町に出ることを道中と呼ぶようになりました。

つぎには、大坂における傾城《けいせい》の奉公証文を載せましょう。明治三年に傾城屋仲間は大坂裁判所（大坂府の前身）から従来用いていた傾城奉公人および養子娘貰証文を認めて出すべき由の命を受けたので、先例証文を取寄せて、調べたところ、多少文字の違いがあるので、とくとせんさくの上、行き届いた所で治定《じじょう》した雛形を差出したところ、この以後、傾城を抱え、または養女を貰請ける場合には、この証文を用うべき旨命ぜられました。一生不通養子証文の方は前にあげたのと若干文言は違いますが、大体同じで重複しますので、つぎに、傾城証文の雛型だけを掲げます。

相定申す書物の事

一、われら身上不如意《しんしょうふにょい》につき、娘誰と申す者、当年何才に相なり候者を、当何の何月より来たる何の何月幾日まで、丸何ヵ年何ヵ月限り給金何程に相きめ、すなわち、請状の上、右給金残らず先借仕り、たしかに請取り、われら本人得心の上、そのもと殿え傾城奉公に差遣わし申し候ところ、実正なり、しかる上は、この者につき、諸親類兄弟名附の夫先主人なども申し、脇より違乱奉公の妨げ申す者一人も御座なく候、

御上様御法度《はっと》の宗門にてもこれなく、宗旨は代々何宗何寺檀那にまぎれこれなく候、すなわち寺請状別紙に取進め申すべく候、自然この者取逃欠落《かけおち》等仕り候はば、さっそく本人尋出し、手渡し仕り、もし取り逃げの品もこれあり候はば、相改め弁じおき、きめおく年季きっと相勤め申すべく候、もちろんわれら方にいかようの勝手筋これあり候とも、年季中途に無躰《むたい》の暇《ひま》乞い請け申すまじく、もしまた不奉公仕り候か、またはそのもと殿御家の御勝手により候えば、同体《てい》の奉公は申すに及ばず、何国何方え御奉公になりとも、御譲替えをなされ、その給金の多少に限らず、ありのままそのもと殿え御請取り下ださるべく候、その節われら印形入用次第異議なく継替え申すべく候、かつまた何方の誰人によらず、身請なされたき御望みの人これあり候はば、身の代金何程なりとも、御請取りなされ、年季のほか、末々までも御遣わし下さるべく候、娘縁辺出世の儀に候えば、われわれまでも大慶に存ずべく候、そのみぎり合力無心がましき儀、一切申入れまじく候、万一病死頓死《とんし》不《ふ》慮《りょ》にて相果て候とも、双方互いに一言の中分御座なく候、そのもと殿にてしかるべきよう

御取置きなし下だされ、あとにて御知らせ下だされ候とも、その節恨み不足御座なく候、もしまた奉公中わがままの諸借金または御取替物等相重り候はば、年明けの節相すませおき、本人引取り申すべく候、もし不調達に候えば、給金の割合をもって相済まし候ほど、右同体の奉公きっと相勤めさせ申すべく候、そのみぎりこの証文お用い召遣い下ださるべく候、そのほかこの者につき、いか様のむつかしき出入出来《しゅったい》仕り候とも、われらいず方までもまかり出で、きっと埒《らち》明け、そのもと殿え少しも御難儀相かけ申すまじく候、後日のため傾城奉公人請状よってくだんのごとし、

年号月日

実父　何屋誰
同母　女房誰
受人　何屋誰
口入　何屋誰
奉公人　誰

何屋誰殿

〔原文〕

相定申書物之事

一我等身上不如意ニ付、娘誰と申者、当年何才ニ相成候者を、当何之何月より来ル何之何月幾日迄丸何ヶ年何ヶ月限り給金何程ニ相極メ、則請状之上、右給金不レ残、先借仕、慥ニ請取、我等本人

得心之上、其許殿え傾城奉公ニ差遣申候処、実正也、然ル上は、
此者ニ付、諸親類兄弟名附之夫先主人抔と申、脇より違乱奉公之
妨ヶ申者壱人も無二御座一候、
御上様御法度之宗門ニても無レ之、宗旨は代々何宗何寺檀那ニ紛
無レ之候、則寺請状別紙ニ取進可レ申候、自然此者取逃欠落等仕候
ハヽ、早速本人尋出、手渡仕、若取逃之品も有之候ハヽ、相改弁
置、極置年季急度相勤可レ申候、勿論我等方ニ如何様之勝手筋有レ
之候共、年季中途ニ無躰《むたい》之暇乞請申間敷《まじく》、若又不奉公仕候か、又
は其許《もと》殿御家之御勝手ニ寄《より》候えば、同体之奉公は不レ及レ申、何国
何方え御奉公ニ成とも、御譲替被レ成、其給金多少ニ不レ限、有之
儘《まま》其許殿え御請取可レ被レ下候、其節我ら印形入用次第、無二異議一
継替可レ申候、且又何方之誰人ニ不レ寄、身請被レ成度御望之仁〔人〕有レ
之候ハヽ、身之代金何程成共御請取被レ成、年季之外、末々迄も
御遣し可レ被レ下候、娘縁辺出世之儀ニ候えハ、我々迄も大慶ニ可レ
存候、其砌合力無心ヶ間舗《ましき》儀一切申入間敷候、万一病死頓死不慮
ニて相果候共、双方互ニ一言之申分無二御座一候、其許殿ニて可レ
然様御取置被二成下一、跡ニて御知セ被レ下候共、其節恨不足無二御

座㆒候、若又奉公中我儘之諸借金又は御取替物等相重り候ハヾ、年明之節相済セ置、本人引取可㆑申候、若不調達ニ候えば、給金之割合を以相済候程、右同体之奉公急度為㆓相勤㆒可㆑申候、其砌此証文御用ひ召遣い可㆑被㆑下候、其外此者ニ付如何様之六ヶ敷出入出来仕候共、我等何方迄も罷出、急度埒明ヶ、其許殿え少シも御難儀相懸け申間舗候、為㆓後日㆒、傾城奉公人請状仍如㆑件、

年号月日

実父　何屋誰

同母　女房誰

受人　何屋誰

口入　何屋誰

奉公人　誰

何屋誰殿

身代金といわず、給金という語を用いていますが、身請の場合については「身代金」という言葉を使っていますから、給金といっても、実質的には身代金的なものだったのでしょう。その他、人法的支配権の譲渡に関する文言の見えているのは、吉原の遊女の請状の場合と同じですが、程度はより強いように思われます。

一七　奉公人のこと

上来、遊女奉公について申述べてきましたが、つぎには一般奉公人について記したいと思います。

奉公人というのは、もちろん奉公する人という意味ですが、奉公という言葉は、元来、武士の間において、従者が主君に対してなす勤務を意味しました。主人に対する勤務としては、平時における各種の雑務を含んだわけですが、その中心は戦闘に関連する軍事的勤務であり、前者は後者のためにあったといっても宜しいでしょう。この元来は封建的な意味を有する奉公の言葉が、のちに、庶民の間の雇人と雇主との間の勤務に転用されたのです。もっとも江戸時代でも、奉公の語は武士についても用いられています。たとえば、中間《ちゅうげん》、若党の類を軽き武家奉公人と呼んでいます。中間、若党が軽き武家奉公人とすれば、士分の侍は重き武家奉公人ということになります。江戸時代にそういう言葉はなかったと思いますが、旗本が隠居を願出るときには「奉公」が満足にできないことを理由としていますから、旗本といえども、「奉公」人であったことは間違いないでしょう。もっとも、同じく「奉公」人としても、旗本御家人と軽き武家奉公人との間には大きな違いがあります。

旗本はもちろん、御家人の中での軽輩であった抱入《かかえいれ》の者でも、少なくとも終身の「奉公」人だったのですが、軽き武家奉公人に至っては、庶民の奉公人のように年季《ねんき》奉公人か、出替《でがわり》奉公人であって、終身奉公人ではありませんし、また旗本や御家人が幕府に奉公する場合には、請人は用いませんが、軽き奉公人の場合には普通これを要します。これらの点で、軽き武家奉公人は旗本御家人と庶民の奉公人との中間に位するものといえます。そして、そのことは帯刀の制においても見られます。帯刀は武士の政治的特権の象徴でしたが、江戸時代において、軽き武家奉公人が帯刀の特権を持つか否かが問題とされているのです。このことも軽き武家奉公人が武士と庶民との中間に位するものであることをよく示しています。以下には、庶民の間の奉公人について申述べます。

この意味の奉公は、二種に分けられます。毎年所定の時期に一年または半年の期間の奉公を契約する出番奉公と、随時に一年以上の年季を定めて奉公する年季奉公とがこれです。下男、下女とか作男《さく》のようなのは前者に属します。後者には商家の番頭、手代、丁稚《でっち》、職人の弟子などの商工上の雑務および家庭的労務に服しかつ商工上の技術の習得を内容とするものと船頭、水主《かこ》および鉱山等における労務の提供を目的とするものと遊女奉公契約などのような勤《つとめ》奉公とがあります。以上の奉公契約では、いずれも労務はある期間継続するわけですが、このほかに、日用《ひよう》（傭）取と称せられて、短期間の労務提供を内容とするものがありました。これらいずれの場合でも、雇主（主人）の側から労務に対する反対給付がなされるのが普通でしたが、技術の習得を目的とするものについては、技術の伝授そのものが反対給付と考えられて、給金の払われない場合もありました。

日用取は他の奉公契約と性質が違うので、ここでは、出替奉公および年季奉公について述べることとしますが、その前に、人宿《ひとやど》について簡単に記しておきます。

人宿というのは私立職業紹介所ですが、大坂では口入《くちいれ》之者と呼びました。江戸でも人宿は法律用語で、俗には口入人等と呼んでいます。人宿に止宿して、奉公口を探している者をその人宿の寄子《よりこ》といいます。江戸では人宿は古くよりありましたが、武士方の若党中間どもの請状を雇主に提出して、取替金（前渡給金）を請取りながら奉公人を差出さず、または四、五日勤めさせては逃げ出させて、その者をまた他に奉公に出すなどの不正が行なわれました。そこで、幕府では宝永七年（一七一〇）に江戸の人受業者を調べたところ、三百九十人余りいたので、三十人ずつ十三組にして、組合を作らせ、奉公人が逃亡した旨、主人（雇主）より通知があったら、人宿に給金でも代りの人でも、主人と相談の上差出させることにし、かつ、取逃の品は代金に見積もって、七日の内に人宿より主人に渡し、欠落《かけおち》（失踪）者は人宿で尋出して、主人が武士なら主人方へ渡し、町方なら月番の町奉行所へ連れて来させることにしました。この人宿組合に加入した者のほかは職業紹介および請人となることを禁止したのですが、親類や同国人二、三人（御定書では十人）の請人となるぐらいは、組合外のものにも許されていました。その後も不正の行為が多い上に給金も高くなったというので、八代将軍吉宗の享保十五年（一七三〇）には、人宿を二百二人に限り、向寄《むき》り三、四十人ずつで組合を作らせました。紹介料を口入《くちいれ》料等といい、人宿は雇主奉公人の両方から請取りますが、奉公人の請人にたつときは、奉公人より判賃（判銭）を受領します。こののちでも人宿は判賃を取ることだけに汲々して、無責任な行為をすることが少なくないので、何度かこれを戒める法令が出されていますが、省略致します。

なお、前項に述べた女衒《ぜげん》は遊女の紹介業者でしたが、寛政五年（一七九三）の法令に江戸町奉公人世話渡世者の中、女衒中継と称する者が、奉公先がきまらない内に、女を何ヵ年給金何程と定めて、自分の所へ引取り、証文面には遊女または道中旅籠屋飯盛下女その他どんな見苦しい奉公でもさしつかえない旨を記させておくことが行なわれているが、奉公先が見つからないと、女を仲間の渡世の者へ同じような形で引渡すために、ついにはその者の行衛がわからなくなり、また年季等も増すので、親元で引取るべき時節を失う、といっていることは、女衒の実状を記したものとして興味あるものと思います。

さて、江戸で奉公しようとする者は江戸の知人が奉公先を探してくれれば簡単ですが、そういう人がなければ、人宿に奉公先を探してもらうことになります。地方によっては、定期に奉公人の市が開かれて、そこに求人者求職者が集まって奉公契約を締結することが行なわれました。奉公市といわれるものですが、奉公市としては、幕末天保年間に始まって、戦前まで行なわれていた山口県の滝部奉公市が有名です。これは、市守神社の大祭日（四月十四日、十五日）に開かれ、戦前に行なわれた契約書の雛形によると、給米給金を恩米恩金といい、契約証書は同神社の神前で取交わされました。

出替奉公というのは、雇傭期間が一年または半年の奉公で、その奉公人を出番奉公人または出替者と呼びました。出替の期日は承応二年（一六五三）に二月十五日と定まって以後二、三度変わっていますが、寛文八年（一六六八）に三月五日と定まり、幕末まで変わりませんでした。

　五日より五日迄なり下女の恋

というのは、下女の奉公は去年の三月五日より今年の三月五日までであることを示し、

　出代《でかわり》は内儀の癖をいひおくり

というのは、前の下女がつぎに来た下女に、内儀の癖をいい伝えたことを面白くうたったものでしょう。

半季奉公人すなわち半年季の奉公人の出替日は初め三月五日、九月五日でしたが、元禄八年（一六九五）に三月五日、九月十日に定まりました。寛政七年（一七九五）には半季の出替は禁止されましたが、実際はその後も半季奉公は行なわれていましたし、また出替りの日もこの頃は三月三日と九月一日（京坂では八月）だったようです。草履取、飯炊《めしたき》（京坂で久三、江戸で権助《ごんすけ》といいました）や女奉公人等は半季奉公が普通でした。

年季奉公の年季については、初め江戸幕府は一季者を雇うことは禁止しました（前記承応二年に出替奉公が認められてこの禁令は解除になりました）が、他面、長年季の雇人も禁止しました。

はじめ三年季、ついで、十年季限りというきめでしたが、元禄十一年（一六九八）に年季の制限は撤廃され、翌年には譜代召抱も相対次第、すなわち契約次第ということになり、幕末までこの制が続きました。番頭、手代、丁稚、小僧の年季は普通十年でしたが、長きは二十年のもあり、職人の徒弟奉公も十年が普通だったようです。なお、丁稚というのは京坂地方の称呼で、江戸では小僧といったのです。

奉公契約が締結される前に、目見《めみえ》が行なわれるのが普通です。目見というのは、奉公人となろうとする者が、主人となろうとする者に選択の機会を与えるために、その家に出向くことでありまず。即座にきまることもありますが、数日間仕事をして、その勤めぶりによって採否がきまる場合もありました。奉公人になろうとする者も、目見後、奉公を拒否することはできましたが、一たんその家で食事をしたあとでは選択の自由を失う慣習で、もしその以後、奉公を拒否したときは、制裁として一定期間他に奉公できないことになっていました。

無事に目見がすむと、いよいよ奉公契約の締結ということになりますが、この際、主人より給金を渡し、奉公人よりは請状を差出すのが普通です。給金はこの際、通例、全額は渡さず、内金を渡します。すなわち、前渡金であって、これを取替、前銀等と呼びましたが、遊女奉公等の場合には、年季売に由来する身代金の語が用いられたことは前記のとおりです。給金の額は幕末に男奉公人では江戸で一年分で三両、京坂で半季に銀八、九十目、女奉公人は江戸では年に二、三両、大坂で銀六、七十目より八、九十目でした。

奉公人請状の例としては、第一四項に商売見習のための奉公人請状の雛形を挙げましたが、つぎに同じく元禄六年の文例集に見える京都の乳女《うば》の奉公請状を載せましょう。

乳母《おち》一札

一、この何と申す女、一年に給分何程の約束にて、当座に銀子《ぎんす》何程請取り、五ヵ年切《きり》にて、乳母奉公に進じ申し候、この女生国《しょうこく》は何国何村の住何右衛門と申す者の子にて、御法度《はっと》の切《きり》死丹《したん》にては御座なく候事、

一、御子昼夜大事に懸《か》け、御奉公仕るべく候、理髪《かみおき》袴着等の御祝儀下されず候に、始めよりきめ候事、

一、年季の内、理不尽《りふじん》の隙乞《ひまこ》い申すまじく候、もし相煩い申し候か、また乳汁《ちち》不足仕り候はば、こなたより代り相立て申すべく候事、

右の趣相違これあるにおいては、請人まかり出で、埒明け申すべく候、よって後日のための一札くだんのごとし、

年月日

請人　誰判

乳母　たれ

〔原文〕

乳母《おち》一札

一此何と申女、一年ニ給分何程之約束ニて、当座ニ銀子何程請取、五箇年切《きり》ニて、乳母奉公ニ進じ申候、此女生国は何国何村之住何

右衛門と申者之子ニて、御法度之切死丹ニては無二御座一候事、
一御子昼夜大事ニ懸《かけ》、御奉公可レ仕候、理髪《かみおき》袴着等之御祝儀不レ被レ下候ニ始より究《きめ》候事、
一年季之内理不尽之隙《ひま》乞申間敷候、若相煩申候か、又は乳汁《ちち》不足仕候ば、自《より》二此方一、代相立可レ申候事、
右之趣相違於レ有レ之ては、請人罷出、埒明《らちあけ》可レ申候、仍為二後日一之
一札如レ件、

年月日

請人　誰判
乳母　たれ

奉公契約の締結に際しては、請状を作成して、主人に差出さすのが普通でしたが、これは絶対的要件ではなかったようであって、商業奉公人のごときは、奉公ののち、二、三年または四、五年を経てから差出すこともあり、また全然請状を作成しない地方もあったようです。すなわち、請状の作成交付は、奉公契約成立の要件ではなかったように思われるのでありますが、このことは、請状を作成するのは、奉公人本人ではなくして、その請人であったことからもわかるように思われます。すなわち、請状は主として請人の責任を明らかにするために作成するものだったのです。請人の責任は二つに分かれます。その一は、奉公契約そのものに関するものです。第一四項に載せた年切奉公人請状の第二第三両項はこれにあたります。その二は、本人が切支丹でない

こと、公儀法度に背かないことを保証するものであって、警察的目的に出るものです。上記乳母奉公請状にこの種の記載のない〔ママ〕のは珍らしいといえましょう。

奉公人の請状に加判する者としては、本人のほかに、請人《うけにん》、人主《ひとぬし》および下《した》請人があります。寛文五年（一六六五）の幕府の法令は、人請に立つ者はたしかな人主および下請人を選んで、請に立つべきものとしています。

奉公人請状に人主として記載されるものは、のちには、兄その他の親類もありましたが、古くは親が普通であり、人主と肩書をしないで、たんに「親某」と記載する場合もありました。江戸時代において、奉公契約を締結する者は、雇主と本人かというとそうではありません。奉公人が奉公に出るのではなくして、親がその子女を奉公に出すと考えたのですから、契約の当事者は雇主と奉公人の親であったのです。江戸時代前半期では、親は子に対して、人法的支配権を有していたのであり、この権利によって、その子女を奉公に出せたのでした。子の利益のために、子の後見人として、子を奉公に出すのではなくして、親の有している人法的支配権に基づいて、その子女を奉公に出したのです。もちろん、事実上親が子の利益のために奉公に出したこともあったであろうことは否定できませんが、この場合でも親は子の後見人としてではなく、自己の子に対する人法的支配権によって、これを奉公に出したのです。親が子を売ったことのあることは前に述べましたが、同じような意味で子を奉公に出したのでした。この親の法律上の地位を示すものが人主という言葉だと思われます。

ところが、前にも記しましたように、江戸時代後半期になりますと、親の人法的支配権は衰えてきますから、奉公契約も労務提供の債権法的な契約に段々変わりました。このことは二つの面から、知られます。その一は、奉公人請状に人主の記載のないものが出てきたことです。前項に挙げた乳母の奉公一札のごときがこれです。その二は、人主の加判があっても、それは形式的な加判人であって、何ら人主の実を示さないものとなったことです。荻生徂徠が「扨《さて》奉公人ハ皆田舎ヨリ出タル者ニテ、元来ノ知人ニテモナキニ、僅ノ判銭ノ遣取《やりとり》ニテ請ニ立コト也、夫故《それゆえ》人主ヲ立レドモ、人主モ亦住所ヲ不レ定、或ハ名計《ばかり》有テ実ハナキ類也」と述べているとおりです。もちろん、この以後でも、請状に、親や兄が加判しており、契約の形式は親や兄がその子弟を奉公に出す形になってはいますが、親あるいは兄がその人法的支配権に基づいて、奉公に出すという考えはすたれて、債権法的な労務提供契約を結ぶという意識が強くなったものと考えるのです。ただ、江戸時代後半期でも、人身売買的要素が比較的多く残存した遊女奉公契約、たとえば、飯盛奉公契約などでは、親が人主であるという観念は依然ある程度存したのです。兄が人主となって、その妹を飯盛奉公に出したとき、父が「承知一札」を出したことのあるのはそのせいであり、また養父が人主となって養女を飯盛奉公に出そうとしたところが、養子が離縁となったので養父より、人主は女の内縁の者より立てて奉公させる旨の一札を、女の主人に出した例もあります。御定書の規定では人主は請人とともに給金代償義務を負いましたが、この義務は請人が逃亡または死去した場合の第二次的のものでした。

請人は保証人です。保証人のことを一般的には江戸の奉行所では証人、大坂町奉行所では、請人と呼びました。証人には金銭債務の保証人である金請《かねうけ》、家屋や土地の貸借契約の保証人である店請《たなうけ》、地請等各種のものがありましたが、奉公人の保証は人請《ひとうけ》と呼び、その人を請人と呼びました。下請人に対して、上請《うわ》人と呼んだこともあります。元禄十二年（一六九九）の幕府法令では、人請には、上請下請とも、女子または十七歳以下の男子を請人に取らぬように命じています。請人は雇主に対して、奉公人につき将来起こるべきむずかしい事態につき、そういうことのないことを保証するものであり、請状にその内容は記載されているのでありますが、請状に記載のあるなしにかかわらず、奉公人が逃亡した場合および引負《ひきおい》すなわち主人の金を使いこんだ場合には、奉公人の前渡給金を代償し、奉公人が逃亡した場合、これを法定の期間内に雇主に引渡す義務を負っていました。御定書の規定では、取逃の金品または引負金につき、主人が請人に弁償させるためには、右の奉公人を請人に引渡し、請人より弁償すべき旨の一札を取っておくことが必要でしたが、寛政五年（一七九三）以後は、こういう手続を経ないでも、請人は当然弁償の義務を負うことになりました。

請状にはこの他、請人が本人が切支丹でないこと、公儀御法度に背く者でないことを保証し、また奉公人が長煩その他の事由で勤めができないときは、前渡給金を返却するか、代人を差出すことを約しているのが多かったことは、以前に載せた各種の請状から知ることができると思います。この人請はいわば身元保証にあたるものですが、本人が切支丹でないこと、公儀の法律に背いた者でないこと等、警察的事項を担保する点において、その責任は身元保証人のそれよりも広いといいえましょう。

下請人の義務についてははっきりしたことはわかりません。人請について注意すべきことは、奉公人の人請に立つと、請人の家主（大屋《おおや》）、五人組、店請《たな》人、同じ店の者に至るまで請人の行為に対してある程度の責任を負わさせられたことです。寛文六年（一六六六）の法令では、もし請人が欠落すると、今度は、その家主に手鎖《じょう》をかけて、その店《たな》中の者（同じ大家の他の借屋人）に預けて、請人の店《たな》請人（借家の保証人）に日限をきめて、これを捜索させる定めでしたが寛文八年（一六六八）の幕府法令によりますと、奉公人が欠落《かけおち》（失踪）したときは、請人に命じてさがさせ、さがし出せないときは、請人に手鎖《じょう》をかけてこれに封印して、請人を大屋（請人の住家の差配人）に預けました。もしまた主人と奉公人との間に給金の出入があって、主人の要求で、家主が請人を預かったとき、請人が欠落した際は、家主は請人と同様に、前渡給金の弁済および奉公人尋出しの義務を負わさせられたのです。

さて、いよいよ、奉公人が雇主の所で奉公することになりますと、奉公という言葉から察せられるように、奉公人は雇主たる主人に対して、武士が主君に対すると同じように、忠をつくすべきものとされました。当時「いまだ親のもとに在内《あるうち》は、親に孝を尽し、既に奉公に出て後は、主に従いて忠を尽すべし」といわれたのはこの故です。このことに対応して、主人はある程度において奉公人の刑罰権を持っていたものと思われます。慶長年間に出来たと思われる板倉氏新式目には、主人が下人を殺害するには、その所の奉行、代官へ下人を召連れて行き、科《とが》の子細を申しことわり、相談の上で、刑をきめ、きまった上は、すみやかに成敗すべきものとしています。奉行または代官と刑を相談することは必要でしたが、刑が定まった以上は、主人は自分でこれを執行できたのです。死刑を行ないえたことは、このつぎに、自己の分別に任せて殺害すれば曲事だと定めていることからも知れます。これは京都の法令ですが、おそらく、幕府一般がそういう制だったろうと思います。

しかし、世の中も落着いてくるにつれ、こういう私刑は段々制限されたのであって、公事方御定書には、下女下男の密通は主人へ引渡す、他の家来または町人等が下女と密通して忍入ったときは、男は江戸払、女は主人の心次第にすべき旨の規定があるにとどまります。しかもこれらの私刑も実際上どの程度行なわれたかは問題だと思います。

このように、主人の奉公人に対する私的刑罰権が制限されたということは、別の面からいいますと、主人（雇主）と奉公人との関係が武士とその家来との間に見られるような封建関係より脱却して、債権法的な労務提供関係に変わったことを意味します。江戸時代の後半期においては、武士の間でも一般的に主従関係弛緩の現象が見られますが、庶民の主人と奉公人との間では、それはなお、はげしかったわけで、太宰春台はその著「経済録」（享保十四年著）において、「出替者ハ歳々ニ主家ヲ替ル故ニ……主人ニ忠ヲ致ス心浅シ」と述べていますが、「世事見聞録」（文化十三年自序）には、「当御治世の始め、寛永の頃は勿論元禄前後の頃迄も、主従恩義厚情厚かり

し と聞く」も、現在では「番頭、支配人、手代などいへるもの……、尤その内に、稀に忠義といふことあれど」と見えています。

奉公人は普通その奉公に対して給料を受けます。前記のようにその一部または大半を取替金等と称して前払するのが普通でしたが、古くは米を給することもあったようです。前記山口県の滝部の奉公市で恩米と呼んだものは、この古い制の残存したものでありましょう。年季奉公の中でも、前記のように、技術の習得を目的とするものにあっては、小僧、丁稚の間は、技術の伝授そのものが反対給付と考えられて、給金の払われないのが普通でした。

奉公人には雇主から衣食住および各種の雑費が給せられました。衣はいわゆる御仕着《おしきせ》であって、夏冬二季に衣類が給せられましたが、出替奉公人の衣類は自前でした。

奉公人は主人と同居しますが、番頭の中には通い番頭と称して、通勤の認められたものもあります。主人の家に居住するときは、人別も主人のそれに加わりますが、親族法上の入籍と異なって、従前の人別を脱するものではありません。

奉公人は正月七月の二回に各三日ずつ藪入《やぶいり》と称して、自家に帰り、または遊楽することが認められており、これが奉公人の唯一の休日だったのです。

藪入は大判を見た咄《はなし》をし

というのは商家へ勤めている奉公人が家に帰って御店で見た大判の話をしていることですし、

一年に二日は日の目見せる也

色白な筈年に二度日に当り

というのは、

年には二度土を踏ませる呉服店

という句の示すように、呉服屋等の奉公人は始終店にいてふだんは日にも当たらぬから、藪入の日には外出して日にも焼けるという意味です。

藪入はたった三日が口につき

というのは、藪入の日数が三日であることを示しています。

前に申したように、主人と奉公人との間には主従関係があるものと考えられていました。江戸時代において、もっとも重要な対人関係は主従関係と親子関係でありましたが、その中でも、親殺の刑は引廻《ひきまわし》之上磔《はりつけ》であるのに、主殺は二日晒一日引廻鋸《のこぎりびき》挽之上磔であって、主殺は親殺よりも重く処罰されていたのでした。他面、奉公人はその雇主を訴えることは禁じられていました。すなわち、主人の悪事を奉公人が訴出たときは、公儀に関する重大犯罪のほかは、これを受理しない法でした。このことは公事方御定書に明白に規定されています。ただ民事上で、奉公人が主人を訴えたか否か問題がありますが、やはり、この訴えは受理されなかったものと考えます。

奉公期間が満了し、または奉公人が死亡すれば、当然奉公契約は終了しますが、そのほか雇主は契約の条項の定めるところにより、奉公人の長煩、取逃、欠落等の事由があれば、契約を解除できました。

契約の奉公期間が満了したのち、奉公人はなお、礼奉公または恩返し奉公等と称して、なお数年間無償で奉公することが行なわれました。

年季奉公人が契約の期間の奉公および礼奉公を勤め上げて、独立して商売を始めることを宿《やど》ばいり（宿這入）と呼び、雇主より若干の資本金を与えられるのが普通です。

奉公契約終了後でも、奉公人だった者はもとの主人すなわち故主を訴えることを許されませんでしたし、また故主および故主の親類縁者に対する奉公人の犯罪は一般の同種の犯罪より重く罰せられました。

一八　日用取のこと

日用取《ひようとり》というのは、現代の自由労務者にあたる者であります。日用取という言葉は、すでに豊臣秀吉の法令にも見えていますが、以下に申述べるのは、江戸の町の日用取のことです。

日用取は自由労務者ではありますが、だれでも直ちに日用取として働けるわけではなくして、日用札を持っていることが必要でした。承応二年（一六五三）の幕府法令に、「跡《あと》々より」申付けたように、日用取を雇う者は、「ひよう頭」から、札を取っておかねばならず、無札の者は過料を取られた上、曲事たるべく、日用札を持たない日用取を止宿せしめた者は処罰さるべきものとしていますから、日用札の制はこれ以前からあったのです。日用頭がどういうものであったかはよくはわからないのですが、寛文五年（一六六五）に、幕府は江戸に日用座を設けて、箔屋町の安井長兵衛、辻勘四郎の両人にその頭を命じ、鳶口、米舂《こめつき》、せおひ《（背負）》、軽籠《かるこ》持そのほかの日用之者は右の会所（日用座）へ行って、札を貰うべく、札銭は月に二十四文とし、町中の舂米屋でかかえる米つきは、月切《きり》に雇われた者も、札を取るべきものと定めました。

日用賃すなわち日用取の賃銀は万治元年（一六五八）に、とび口の者は一両に四十五人、普請道具を持っている日用は一両に六十五人、道具なしの日用は一両に七十人と定まりました。公定値段があったわけです。もっとも、この値段は翌年改定されていますから、時時修正されたものでしょう。

日用座の頭を命ぜられた者は、「日用座之頭」と呼ばれ、時々変更されています。日用座は日用札の交付と札銭の徴収の任にあたった者でありますから、雇口の仲介はしなかったと思います。しかし日用座のある附近には日用取が集まるでしょうから、その近所はおのずから一種の労働市場をなしたのではないかと考えられますが、別に労働の需要者に日雇労働の供給を請負う者があり、日用請負之者とか、日用請負之小頭などといわれました。前記日用頭はその前身かも知れません。延宝七年（一六七九）の幕府法令によりますと、これら請負の者は日用座へ行って、「帳に付」けて、日用の値段（賃金）を知って、そのとおり守るべきものとしています。「帳に付」けるというのは、誰のために、日雇何人を請負った旨を帳面に記入することと思います。元禄元年（一六八八）の法令はまた、五人三人が相宿をして、その中の一人だけが札を取って、残りの者がこれを利用して日用に出ることがあるというので、これを禁止しています。宝永五年（一七〇八）には、町々の日用取の中に、無札の者または前月の札を用いる者があるというので、家持家守が借家店借《たなかり》の日用取の員数を調べて、帳面に仕立てて、名主に差出し、名主はこれを日用座に渡し、この帳面によって、日用座が直接に町々へ、日用札を渡すことにしました。この後も、無札で日用に出ることをいましめる法令がしばしば出ていますから、この規則の励行はなかなか困難だったのでしょう。日用取は札を腰につけて、仕事に出かけるべきものとされていました。

このように、日用座は日用取に日用札を交付して、札銭（または札役銭）を徴収する権利を有していましたが、この特権を与えられたことに対して、幕府に、安永年間には百両、のちには七十五両の金を毎年納めました。日用座之頭は、いわば、毎年百両、または七十五両を納めることを条件として、日用取に日用札を交付し、その代償として、日用取一人より毎月札銭（はじめ二十四文ですが、享保年間に三十文になったこともあります）を徴収収得する権利を与えられたのです。日用座の頭を申付けられた者は、「日用座」を「請負」うのだといわれたのはこの意味です。

日用座は寛政九年（一七九七）に廃止されました。幕府はその理由として、日用取が札銭を出すのが「難義」であることを挙げています。

この法令はまた、これまで雇人足、武家方の供日雇や陸尺《ろくしゃく》等が、その労働がすべて日雇でなくては間にあわないのにつけこんで、賃銭を引上げ、少しでも遠方の仕事だと立場《たてば》越《こえ》などと称して、賃銭の増額を求め、あるいは吉凶にかこつけて、賃銭をねだって、わがままな日雇稼をする者があり、口入の者も、勝手に持場をきめて、持場所内に他の日雇の入りこむのを拒むことがある由であるが、不埒の至りで、こういう事では賃銭の値下の妨げになるから、どこでも手広に日雇が稼げるようにすべきだ、と命じています。

日用取の労務は前にも記しましたように、鳶口、米舂、背負、軽籠《かるこ》持等雑多な仕事でしたが、のちには、武士の従者、足軽、小人等も、多くは、必要に応じて、日用取の者を雇ってこれにあてるようになりました。享保十一年（一七二六）の法令に、十日雇、二十日、月雇にて、武士方町方へ罷出る者があることを述べています。

月雇日雇の者でも、雇中は雇主の家来と同様だと考えられていました。

なお、日用取が村方から江戸へ出稼に来た者であるときは、国元の出稼免状を持っていることが必要でした。このことは、出替奉公人についても、年季奉公人についても同じですが、前に申述べなかったので、ここで記しておきたいと思います。

この出稼免状の制は、安永六年（一七七七）の法令で定まったものです。これによると、奉公人になろうとして、村方を立去ろうとする者は村役人に届出ずべく、村方では一定の人数の範囲で、一定年月を限って、奉公稼を許すべきものとし、ついで、天明八年（一七八八）には、奉公人になろうとする者は、村役人の許可の代わりに、領主、地頭、代官の下付する「差免《さしゆるし》之旨の添状」を江戸人宿へ差出して奉公すべきものとしましたが、天保改革に際して、同十四年（一八四三）には、これをさらに厳重にして、奉公人は村役人連印の願書に領主等の役人が奥書加印した証文、すなわち、免許状を江戸の家主あるいは主人に差出し、かつ、何方に同居し、または奉公済した旨を村方へ通達し、期日になったら、一たん村方へ立帰るべく、何度出府しても、同様の手続をふむべきことに定めています。これは、いずれも、農民が好んで江戸に出るので、農村が荒廃したために、その対策としてとられた手段ですが、天保改革に際しては、いわゆる人返しの法をとったこととて、この方針をとくに徹底させたのでした。

一九　妾奉公のこと

江戸時代の奉公について述べたついでに、妾奉公について記しておきたいと思います。

江戸時代の妾が配偶者であるか否かについては問題があり、配偶者と解する説もありますが、わたくしは配偶者でなく、たんなる奉公人に過ぎないものと解するものです。そして、これを説明するには、昔からの沿革を述べる必要がありますので、簡単に触れておきます。

推古天皇以前の上代には、日本では一夫多妻が行なわれていました。もっとも、男女は大体同数ですから、すべての男につき、一夫多妻は不可能なわけで、主として貴族について行なわれたものと思われますが、三世紀ごろの日本の事情を記した支那の史書（魏志倭人《ぎしわじん》伝）にもそのように書いてあります。当時、主妻を「こなみ」、次妻を「うはなり」と呼びました。上世に入り、唐から律令《りつりょう》制度が継受されるにおよんで、唐の制にならって、重婚を処罰して、一夫一婦の制をとりましたが、当時なお、広く存続していた「うはなり」の処置に苦しんで、これを「妾」と呼んで律令制の中に組入れました。支那の妾は売買せらるべき賤隷でしたが、日本の律令制における妾は「うはなり」の後身ですから、形式的には妻と区別されますが、実質的には次妻であり、さればこそ、妻と同じく二等親に列せられて、これに対する男は夫であり、妾には夫の遺産の相続権も与えられたのです。この一夫多妻制は、中世でも行なわれ、鎌倉時代には、男は三妻まで持てるとされましたが、主妻（本妻《もとつめ》）以外の次妻の地位は次第に低下して、妾《めかけ》に近くなり、豊臣秀吉の時代には大名は「手かけ」は二名まで持ってもよいと定められる等、愛翫物化したことを示しています。

江戸時代にかけて、この傾向はさらに進んだのであって、同時代においては、妾はすでに夫の配偶者でなくなっています。八代将軍吉宗の時代において、荻生徂徠はその著「政談」において、大名の妾について、「妾ハ召使ニテ」といっています。したがって、妾に対するものは夫ではなくして、主人です。寛保元年（一七四一）に出来た「律令要略」という本には、

一、妻にきめざる妾、他の者と密通致すにつき、男女とも妾の主人切害を致し候はば　古例　追放

〔原文〕一妻に不《ざる》レ極《きめ》妾、他の者と密通致に付、男女共妾之主人致切害候ば、　古例　追放

とあり、「科条類典」という本に、

一、妾ときめおき候女と密通いたし候男女を切殺し候もの　構《かまい》なし、ただし、妾存命に候はば、主人心次第に申付くべし、

〔原文〕　一妾と極置候女と密通いたし候男女を切殺候もの無レ構《かまい》、但妾存命に候は、主人心次第可二申付《く》一、

とあり、「喪令便覧」という本の書入に、「主人より呼《よん》で妾と言《いい》、妾の子より呼で家女と云《いう》」とあります。

もっとも、妾が姦通すれば妻と同様に処罰され、その子は一定の条件のもとに主人の相続人となることができましたが、これは妾奉公がその貞操の独占を内容とするものですから、その点において、妻と同様に罰せられたのであり、妾の子もまた主人の相続人たりえたのは、「腹は借り物」の思想が一般だったからに過ぎません。

　大名の借りる道具は腹ばかり

という川柳は腹は借り物の思想をよく示していますし、

　地女に一塩《ひとしお》したが妾なり

というのは、妾は地女（普通の女）と女郎（一塩すると女郎になるのでしょう）の中間だという意味で、当時の妾に対する思想をよく示していると思います。

このようにして、わたくしは、江戸時代の妾は配偶者ではなくして、奉公人にすぎないものと考えるのですが、つぎに妾奉公人の請状を掲げましょう。

これは元禄六年刊の京都のある文例集に見えるものです。

妾奉公人の一札

一、この何と申す女、当座に捨銀何程請取り、五年切にて、妾奉公に進じ申し候、もっとも四季の仕着《しきせ》に遣わす銀何程ずつ下だされ候はず〔筈〕に相きめ候事、
一、年季の内、こなたより御暇申し上げまじく候、もし御暇申上げ候はば、右の捨銀子きっと返弁仕るべく候事、
一、若御息方誕生のち、御暇《ひま》下だされ候とも、その節何かと望み事申しかけまじく候事、
右のほか、この女に付、いずかたよりも構《かま》い御座なく候、いかようの出入出来《しゅったい》仕り候とも、請人相さばき申すべく候、よって後日のための一札くだんのごとし、

年号月日　　請人　名判
　　　　　　奉公人　名判

誰殿参る

妾奉公人之一札

一此何と申女、当座ニ捨銀何程請取、五年切ニて、妾奉公ニ進申候、尤四季之仕着《しきせ》ニ遣銀何程宛《ずつ》被レ下候筈ニ相究《きめ》候事、
一年季之内此方より御暇申上間舗《まじく》候、若御暇申上候ば、右之捨銀子急度返弁可レ仕候事、
一若御息方誕生之後、御暇被レ下候共、其節何角《か》と望事申懸間敷《まじく》候事、

右之外、此女ニ付、何方《いずかた》よりも構《かまい》無二御座一候、如何様之出入出来仕候共、請人相唀《さばき》可レ申候、仍為二後日一之一札如件、

年号月日

請人　名判

奉公人　名判

誰殿　参

上段に注記がありますが、第一条の上段には、この証文は町人の証文で、大名衆のそれはこれとは違いがあると記してあります。第二条の上段には、妾奉公には半季切《きり》、月切の違いがある旨記してありますから、そういう妾もあったのでしょう。第一条の捨銀は取替銀と同じで、前渡しの給金です。注記によると、第二条の、捨銀の事とか、第三条にあるような事は大名の奉公人にはありませんでした。第三条は、妾に子が生まれてから、妻が子を生むと、いろいろ問題が起きるので、この箇条を加えるのだから、もし妻に子がないので、妾をおくときは、この箇条はいらないとしています。

江戸時代において、妻を二人持つことすなわち重婚は禁止されていましたが、妻のほかに妾を持つことは、前記のように、妾を一種の奉公人と考える立場からも明らかのごとく、禁止されてはいませんでした。しかし、親兄弟そのほか義理合のものが困窮に及んだという理由で、奉公人口入渡世の者に手引を頼んで「月縛り」と名付けて、一ヵ月または二ヵ月限りの約束で、名住所もつきとめない者の「囲《かこ》い妾」の目見《めみえ》に出て、右先々で、または家へ呼寄せて金子を貰請けて密

会をするのは、身売嫁も同然として隠売女のかどで処罰されました。
　このように、元禄時代において、すでに、妾は妾奉公人として観念されていたわけですが、この後、妾の地位はなおも次第に下がって、宝暦、明和ごろからいわゆる小便組というものが現われました。これは、旗本等へ妾奉公の契約をして、取替金をもらって、主人の屋敷へ移ったあとで、寝小便をして、追出され、取替金は丸得になるということを狙ったもので、川柳子の好題目になっています。

　消渇の気味かと殿も初手はきゝ

という句は明和のものですから、小便組は明和ごろすでにあったことが知れます。

　お妾の夜具に鳥居を局《つぼね》書き

というのは、当時江戸では、小便無用の制札には鳥居を書く風習があったので、殿様のお局（奥女中）が妾の夜具に鳥居を画いて、小便無用の意を寓したというのです。

　小便の癖に容貌美麗なり
　小便をいめば器量がどっとせず

などというのは、いずれも小便組に関連した句です。

二〇　家質のこと

第一四項において、人の質入および質物奉公人について申述べましたので、つぎに他の質について申述べたいと思います。質にも田畑質、家質、動産質等各種のものがありますが、家質より始めます。家質については、「第一江戸時代漫筆」〔『江戸の町奉行』明石選書〕の第二〇項で、本公事と金公事とに関連して触れましたが、も少し詳しく述べたいと思うのです。家質《かじち》はいえじちとも呼ばれていますが、家屋敷の質入です。主として町方において行なわれたものですが、江戸時代の都市の金融上きわめて大きな役割を果たしました。江戸時代には火災保険の制度はありませんから、家屋でも商品でも火災にあって焼けてしまえば、それまでですが、屋敷すなわち家屋の敷地は焼けることはありませんから、屋敷とその上に建っている家屋を担保物件とする家質はきわめて確実な担保と考えられていました。家質は大坂でも江戸でも広く用いられましたが、西鶴の「万《よろず》の文反故《ふみほご》」の二、「明て驚く書置箱」に

　我々が親道斎申置《おか》れしは、町人家質の外金銀借《かし》申事無用、〔下略〕

同、「世間胸算用」の四、「長崎の柱餅」に、

今程の唐人は日本の言葉使ひ覚え、持ち余す銀があるとも、家質のほか借す事なし、等とあるのは、当時、家質がもっとも確実な担保と考えられていたことを示しています。確実な担保ですから、自然利子も安くなります。八代将軍の吉宗の時代、元文年間に、大坂では家質の利子は、年利にして、四分二厘より四分八厘でしたが、当時質屋の利子は二割四分、抵当物件のない素銀《すぎん》の利率は一割二分より一割四分、借主の信用の確実な場合でも、八、九分だったといいますし、江戸でも天保ごろ、家質の利子は年に三分より六分ぐらいだったのですから、ずい分安かったわけです。

ところで、大坂も江戸幕府の直轄地であり、その点で、江戸と違わないわけでありますが、大坂の法制は江戸のそれとかならずしも同じではありませんでした。その適例を家質において見ることができます。

大坂における家質は古くは、質置主が家屋敷の売渡証文を質取主に渡すという形式で行なわれました。もっとも、この際売主は借家請状を質取主に差入れて、家質設定後も、依然その家屋敷を占有したのです。当時の大坂における家質証文の実物も雛形も見当たりませんが、売渡証文の形式である以上、家屋の普通の売渡しと紛らわしいので、とかくあとになって紛議が起こりやすかったのでした。ことに慶安二年（一六四九）には、町奉行所では売買証文に年寄五人組の判形があれば、元来それが借銀の方《かた》であろうかどうかに関係なく、当該家屋は売券の文句のままに買手（債権者）の所有に帰すべきものとしているので、問題は起こりやすかったのです。そこで、大坂町奉行所では、享保五年（一七二〇）に、家質設定の形式を家質証文の授受の形式に改め、かつこの証文には年寄（江戸の名主にあたります）および五人組の加判を必要とすることに定めました。この時定められた家質証文の形式はつぎのとおりです。

家質証文の事

一、何町何丁目何屋誰家屋敷表口何間裏行何間、但し何軒役、東隣は何屋誰、西隣は誰、この屋敷来る何の年何月まで、銀子何貫目家質に差入れ、右の銀子たしかに請取申す所実正なり、しかる上は、家質利銀一ヵ月何十匁ずつ毎月滞りなく相渡し、公役町役こなたより相勤め申すべく候、万一滞る儀候はば、家屋敷の帳切を致し、異議なく相渡し申すべく候、後日のため連判証文くだんのごとし、

年号月日

家質置主　誰印
五人組　誰印
年寄　誰印

何屋誰殿

〔原文〕

家質証文之事

一何町何丁目何屋誰家屋敷表口何間裏行何間、但し何軒役、東隣ハ何屋誰、西隣ハ誰、此屋敷来ル何之年何月迄、銀子何貫目家質ニ差入、右之銀子慥ニ請取申所実正也、然ル上は家質利銀壱ヶ月何

十匁宛《ずつ》毎月無レ滞相渡、公役町役此方より相勤可レ申候、
万一滞儀候ば、家屋敷致帳切、無二異議一相渡可レ申候、為二後日一
連判証文如レ件、

年号月日　　家質置主　誰印
五人組　誰印
年寄　誰印

何屋誰殿

ところで、この証文の文言だけでは、家質に入れられた家屋敷の占有が債務者（質入主）にあることはわかりませんが、家質は、そういうものですから、別にその旨の記載はなくても、債務者がこれを占有していたことは明らかです。ですから、ある史料では、これを「書入《かきいれ》」とも呼んでいます。書入とは、不動産の占有を債権者に引渡さない担保方法です。江戸時代の普通の書入には優先弁済の効力はないのですが、家質にかぎり、実質は書入であるにもかかわらず、優先的弁済の効力が与えられているところに、家質の意味があったのです。

ところが、右の証文を見ると、債務者は、利銀を払うことになっています。享保十四年（一七二九）以後の江戸幕府の法ですと、のちに述べますように、一般的に質契約において、質入主から質取主に対して、利息が支払われるときは、それは質ではなくして、たんなる書入になってしまい、優先弁済の権は失われてしまいます。ところが、上記のように、享保五年以後の大坂の家

質には利息が伴いますから、上記幕府法の建て前からいきますと、少なくとも享保十四年以後はそれは書入に過ぎなくなります。現に、あるとき、江戸の仕来《しきたり》になれている役人が大坂近辺の代官になりましたが、その際かれが、この地方の仕来の家質証文では質が成立しない旨を宣することがおきたのです。享和二年（一八〇二）に、代官から勘定奉行にこの点につき伺を立て、勘定奉行より大坂町奉行に懸合ったところ、町奉行より享保度の町触の証文振合の趣意で、利銀があっても家質になる仕来だと申越したので、勘定奉行はこの仕来を破るのはよくないと考えたのでしょう、代官に対してこの仕来に従って取計うべき旨指令しました。

債務者が期日に弁済しない場合は、債権者は奉行所に訴え、奉行所はその訴えに理由ありと認めれば、債務者に、債務の額に応じて日数を定めて、日限《ひぎり》弁済を命じ、日限内に弁済しないときは、債務者に家質の目的たる家屋敷の台帳の名義書替（帳切）を行なわせて、家屋敷を債権者に引渡すべき旨命令したのでした。

江戸の家質は天保十三年（一八四二）を境として、大きな変化を示していることはよく知られていますが、天保十三年以前でも変化がないわけではありません。そして、その中で一番大切なことは、江戸でも享保ごろには、家質には利金がつくものと考えられていたことです。しかも、債務者が約束の期日に弁済しないときは、債権者は裁判所に訴えて、日限済方《ひぎりすみかた》（一定の期日までに弁済すべきこと）の判決を得ることができ、そしてまたこの日限中に、債務者が弁済しないときは、債務者はその家質に入れた家屋を債権者に引渡さなければならなかったのであって、このころの江戸の家質の制は享保五年以後の大坂のそれとほとんど同じだったのです。

もっとも、享保以前から、家質を設定して、しかも債務者（質入主）が当該家屋敷を占有して、債権者に利金に代えて、家賃を払うという形式の家質も行なわれていました。この種の家質では債務者は債権者に対して質入家屋敷の売渡証文と家守《やもり》請状を引渡したのであり、債務者は家守として家質に差入れた家屋敷を占有するとともに、債権者に対して、家賃を払ったのです（家守というのは差配人です）。これは享保五年以前の大坂の家質ときわめてよく似たものです。すなわち、江戸では、古くは、家質証文の形式の家質のみがあり、のちに（宝永四年〈一七〇七〉以前であることは別の史料によって知れます）、大坂の家屋敷売渡証文による家質設定の形式が移入されて、両者が相並び行なわれたものと考えることが可能なのです。

ところが、享保十四年に、幕府は、質地は小作だからという理由で、利子を附しえないことに定めました。別な意味からいいますと、利子の支払が特約されていれば、その契約は質地契約にはならないということです。家質契約はもとより小作契約ではありませんが、質入主がその家屋敷の家守《やもり》となって、宿賃を債権者に払うことは田畑の質入の場合とよく似ているので、このときに、やはり利息を払うことは禁ぜられたものと思われます。すなわち、この以後は利子を払う形式の家質は行なわれえなくなったのであって、沽券《こけん》証文（売渡証文）および家守請証文を債権者に預ける形式が家質設定の唯一の形式となったのでした。換言すれば、享保五年以前の大坂の家質の設定形式が享保十四年以後の江戸におけるそれになったのです。

その後、いつのころよりか、家質に入れた家屋敷の本沽《もと》券状（それ以前の売渡証文）を名主に預ける慣行が生まれました。すなわち、文政ごろでは、家質契約締結の際には、永代売渡証文に、質入主の家主五人組名主一同が連印し、質入主（借主）はこれにその家屋敷の家守になる旨の家守請状を添えて質取主（貸主）に渡し、その家屋敷の元沽券状（売渡証文）は家屋敷所在地の名主に預けて金子を借りるのが、町方一統前々よりの仕来でしたが、取引の際には、借主ならびに五人組および貸主が支配名主宅に立合って、貸主より借主に金を渡し、上記証文を授受する例であり、また名主に預ける沽券状は印封する習わしでした。この当時、家質設定のために授受された家屋敷の売渡証文はつぎのごときものでした。

永代売渡し申す家屋敷の事

何町何丁目何側《がわ》何角より何軒目表　京間　田舎間　何間裏幅何間裏行町並何間これあるわれら所持の家屋敷、この度代金何両に貴殿え売渡し、名主五人組立会い、右の金子たしかに請取り申すところ実正なり、この家屋敷につき御公儀様より御構い御座なく候、もっとも拝領地拝借地にてはこれなく、その上御請負事出入等の儀一切御座なく候、諸親類は申すに及ばず、いず方よりも違乱申す者御座なく候、もし横合よりむずかしき旨御座候はば、加判の者いず方までも罷出で、きっと埓明け、貴殿え少しも御苦労懸け申すまじく候、後日のため、永代売券状くだんのごとし、

年号月日　　家屋敷

売主　誰　印
五人組　誰　印
同　誰　印
名主　誰　印

〔原文〕

永代売渡申家屋敷之事

何町何丁目何側何角より何軒目表（京間／田舎間）何間裏幅何間裏行町並何間有レ之我等所持之家屋敷、此度代金何両ニ貴殿え売渡、則名主五人組立会、右之金子慥《たしか》ニ請取申処実正也、此家屋敷ニ付、従《より》二御公儀様一御構無二御座一候、尤拝領地拝借地ニ而《て》ハ無レ之、其上御請負事出入等之儀一切無二御座一候、諸親類ハ不レ及レ申、何方よりも違乱申者無二御座一候、若横合より六ヶ《むつか》敷《しき》旨御座候ハヾ、加判之者何方迄も罷出、急度《きつと》埒明《らちあ》ケ、貴殿え少も御苦労懸ケ申間敷候、為二後日一永代売券状如レ件、

年号月日

家屋敷
売主　誰　印
五人組　誰　印
同　誰　印

さて、借主が期日にその借金を弁済しないときは、借主は家質の家屋敷の引渡と帳切（台帳の名義書替え）を奉行所に請求できます。訴えを受理した奉行所は、請求を理由ありと認めるときは、被告に対して、一定の日限内に弁済すべく、もし日限内に弁済しないときは、家質の目的たる家屋敷を原告に引渡すべき旨を判決しました。

このように、江戸時代後半期の家質は、質置主が目的たる家屋敷の永代売渡証文と家守請状とを質取主に交付し、同時に家屋敷の本沽券状を印封して、名主に預ける形式でなされましたが、名主の中には、預かった沽券状を悪用して不正の取引をする者があるというので、天保の改革の際、同十三年九月に、家質取引の時に、本沽券状を名主に預ける制度をやめて、家質証文に金高並びに家賃の割合を認めて借主、五人組名主一同が連印し、本沽券状を添えて、金主（質取主）に渡すように改められました。

そしてこの際、江戸の名主から新しい家質取引の際の証文の書き方その他について、南町奉行所に申立てたところ、名主申立の趣では「書入一ト通ニて、家質之意味薄《うすく》相聞」ゆるとの理由でこれを認めず、南町奉行鳥居甲斐守は従来の振合いを加味した写しを作って、北町奉行遠山景元の同意を求めました。名主の提出した家質証文案がどういうものかわかりませんが、鳥居甲斐守が「書入一ト通ニて家質之意味薄相聞」といっている所をもって見ると、それは大坂の家質証文に近いものだったろうと思われます。換言すれば、「家賃」の代わりに「利金」または「利足」

の語を用いたものと思われます。江戸の町人が家質の新しい形式を作ろうとするとき、まず大坂の家質証文を参考にしたであろうことは十分想像できます。ここに江戸の家質は再度大坂のそれの影響を受けたのです。これに対して町奉行が名主等に示した家質証文の雛形はつぎのようなものでした。

家質証文の事

一、何町何丁目何角《かど》より何軒目、表京間《きようま》何間、裏幅同断、裏行同何間これある沽券金何百両の家屋敷一ヵ所、拙者所持いたし候ところ、この度貴殿えきたる何年何月迄の期日ニて金何百両の家質に差入れ候につき、すなわち五人組名主立合い、右の金子残らずたしかに受取り、右沽券状御預け申すところ実正也、この家屋敷の儀は、御公儀より拝領地拝借地等にてはこれなきはもちろん、諸親類は申すに及ばず、外より構いござなく候、もし横合より違乱申す者これあり候はば、拙者ども方にてきっと埒明け、貴殿《でん》え少しも御苦労相かけ申すまじく候、

一、地代店賃の儀は、御公役町役ならびに家守給分、家作普請《ふしん》そのほかの諸入用、こなたにて支払い、一ヵ月銀何百匁ずつ、閏月《うるう》とも、毎月晦日《みそか》限り、きっと貴殿え相渡させ申すべく候、万一類焼等何様の異変等これあり候とも、期日に至り候はば、右家屋敷貴殿え引渡し申すべく候、勿論、期日来ず候とも、地代店賃相滞り候はば、何時なりとも、家屋敷貴殿え引渡させ申すべく候、

右の通り、少しも異変申すまじく候、後日のため入置申す家質証文くだんのごとし、

年号月日

家主　誰
五人組　誰
名主　誰

誰殿

〔原文〕

家質証文之事

一何町何丁目何角より何軒目表京間何間裏幅同断裏行同何間有レ之沽券金何百両之家屋敷壱ヶ所、拙者所持いたし候処、此度貴殿え来ル何年何月迄之期日ニて金何百両之家質ニ差入候ニ付、則五人組名主立合、右之金子不レ残慥ニ受取、右沽券状御預申処実正也、此家屋敷之儀は、御公儀より拝領地拝借地等ニては無レ之勿論、諸親類は不レ及レ申、外より構御座なく候、若横合より違乱申もの有レ之候ハヽ、拙者共方ニて急度《きつと》埓明《らちあけ》、貴殿え少も御苦労相掛申間敷候、

一地代店賃之儀は、御公役町役並家守給分家作普請其外諸入用、此方ニて支払、壱ヶ月銀何百匁ヅヽ、閏月共毎月晦日限り急度貴殿え為《させ》二相渡一可レ申候、万一類焼等何様之異変等有レ之候共、期日至

候ば、右家屋敷貴殿え引渡可レ申候、勿論、期日不レ来候共、地代店賃相滞候ハヾ、何時成共、家屋敷貴殿え為二引渡一可レ申候、右之通、少も異変申間敷候、為《め》二後日《の》一入置申家質証文如レ件、

年号月日

家　主　誰

五人組　誰

名　主　誰

誰殿

家質は江戸時代の町方の金融上、大きな機能をはたしたのであって、「摂陽落穂集」によると、大坂三郷中の家質銀の高は三十六万二千貫だったということです。この数字はそのままには信用できないかも知れませんが、大体のところはこれによって推察できるでしょう。このように、家質は町人にとって、重要な意味を有したのですから、大坂で、その設定につき、世話料を強制的に徴収する家質会所が設置されることは、かれらの利害に関することが多大でした。明和四年（一七六七）暮に、家質の借金証文には、差配所の奥印を要し、奥印を受けるには、奥印料を納めるべき旨が触れられたときは、大坂町人の驚きははなはだしく、翌年正月六日以後、町人の奉行所に抗議するものが相つぎ、西番所前の下宿の雑踏は前後未曾有だったといわれます。この奥印の制は結局は実施されましたが、町人が奥印差配所の設置に暴動をもって対抗したところに、家質が当時の町人生活においていかに重視されていたかがわかるでしょう。

二一　質屋のこと

前項で述べたように、家質が江戸時代の町方の金融に大きな機能を果したのですが、この制度を利用できるのは、地主だけですから、当時の町人の一部に過ぎなかったわけであり、店借、地借の人たちの金融機関としては、質屋が大切でした。

質屋にあたるものは、すでに中世から存しましたから、江戸時代でも初めよりあったに違いありません。寛永六年（一六二九）の法令は、質屋が道具を質に取るときは、置主の住所や同宿主をも聞きただしておくべきものとしています。寛文七年（一六六七）の法令では、町中の質屋たちが質置主より質請取手形を一ヵ年切で取っておいて、その請手形で質物をいく種類も取っているのを禁止し、質屋は質を取るたびに、質物の品を委細に書き記した請手形を取っておくべきものとしています。質屋で贓品の有無を調べる場合に、どういう物が質入されているかを知ることが大切なので、質入の度に、質屋は質入人よりその品物を詳細に記載した手形を取っておくべきであり、一ヵ年有効の一般的な質請取手形を取っておいただけではいかぬというのでしょう。

元禄五年（一六九二）には、質屋惣代《そうだい》を定め、本石町三丁目に惣代会所をおき、質物を取って金銀を貸す者は、すべて、会所へ出頭して、帳面に判形を加えて、質屋の作法之定書一通と看板を受取るべきものとし、質屋仲ケ間《なかま》を定め、また質屋の看板をかけないで、質を取って金銀を貸すことを禁じました。元禄十六年に質屋惣代の制は廃止されましたが、他面質屋の数は制限されました。惣代を設けたのは、質物が不正の品でないことを吟味させるためでしたが、この以後は町名主にその吟味を命じたのです。しかし、それではやはり不十分だったと見えて、享保八年（一七二三）に、紛失物吟味のために、質屋に組合を設けさせました。すなわち、質屋十人ほどをもって一組合とし、各組合に月行事一人を順次に定めて、紛失物吟味の節は、当番の月行事とその町の月行事とが立会い、かつ触書を持って組合の質屋を廻って、その帳面を吟味することにしたのです。町人で刀脇差を質物に取るものは、質屋の名札を掲げないものも、質屋組合に入るべきものとされました。

このときに、江戸の二千七百三十一軒の質屋を二百五十三組に分けました。この年には、質屋のほか、古着屋、古衣買、古鉄屋、古鉄買、古道具屋、小道具屋、唐物屋（もっともこれは後に加わったようです）も組合を組織させられ、質屋と合わせてのちに八品商売人と呼ばれましたが、これも紛失物の吟味のためでした。明和八年（一七七一）には、田沼の積極政策によって、質屋の数は二千軒に限定し、そのかわり、質屋一軒につき、一ヵ月に銀二両五分を冥加《みょうが》として幕府に納めさせることになりましたが、この冥加の制は天明八年（一七八八）に廃止されました。質屋の組合も天保十二年（一八四一）の株仲間停止令で解散させられましたが、八品商売人の組合は他の組合と違って、紛失物取紀《ただし》から進んで盗賊の手懸りを得るために設けられたものですから、組合がなくなって、誰でも質屋ができることになると、その点の吟味がおろそかになる恐れがあるので、質屋には、質取の節、証人を取ること、身分不相応の物や怪しく見える物は直ちに訴えること、質に取った物は帳面に記して、名主に押切判をさせることを励行させ、また紛失物の吟味は町名主にせんさくさせることにしています。嘉永五年（一八五二）には、他の組合と同じように質屋の組合も復活されました。

質屋の店には看板がかけてあります。前記元禄五年の法令では会所より看板を貰うことになっていましたが、会所が廃止されてからはそのことはなくなったと思います。昔の質屋の看板は将棋の駒の形をした板を紐でつり、その板の上に、質札の反古《ほご》を紙の塵はたきのように束ねたものです。のちには、板をかけることはやまりました。塵はたきようのものは京都などではのちでも用いていたそうですが、普通は、潜り戸の障子に質屋と記しただけでした。質屋のシンボルに将棋の駒を使ったのは「金《きん》になる」という意味です。

質屋は店の構造も普通の店と違って、格子などをたてて、昼なおくらくしていますが、これはお客さんが遠慮しないようにとの目的に出るといわれます。のちには、お客さんと接する所に、取逃防止のために、太い格子で帳場を仕切った質屋もありました。

さて、質屋に質物を置くには、請人の判がいります。しかも、請人が行かず本人が請人の判をもっていって、その判をおすこと、すなわち、一人両判は禁止され、かならず、請人が本人とともに質屋に出頭して加判すべきものとされていました。質屋の店頭には筆太に質屋の掟と称するものが掲出されていました。「⑴質物は八ヶ月限流申候、⑵利息は御定め通りの事、⑶火災盗難又逃難《のがれがた》き非常の事にて質物紛失の時は、其主は品損、質屋は置損の事、⑷鼠喰虫喰かびしみ色変り候儀は置主損毛之事、⑸質物出入之節は通帳御持参之事、⑹諸家幷寺社方の印ある品は御断申候事」というような内容のものですが、つぎにこれについて説明しましょう。

⑴の流質期限の八ヵ月というのは、江戸時代の普通の質流期限であって、元禄十四年（一七〇一）に、質屋惣代から質屋へ渡した書付には、刀脇差道具諸品は十二ヵ月限、衣類は八ヵ月限となっており、御定書の規定もこれと同じです。

八月目に流れて女房くやむ也

殺されたやつ八月目に化けて出る

という川柳は、八月目に質物が流れることをよく示しています。殺すとは質に入れることの俗語です。期限が来ると、その前に質屋から通知する例です。

月はほどなく質屋から端書《はがき》来る

というのはこのことを意味します。

⑵の利息に関しては、前記元禄十四年の惣代の書付では、百文につき一ヵ月に四文ずつ、二両以下は一ヵ月一分につき銀四分（約三割二分）、十両以下は同じく銀三分（年二割四分）、百両以下同一両につき銀一匁（年二割）の割でした。

太夫職百で四文もくらからず

という川柳は、松の位の太夫である花魁でも、百に四文という質屋の利息のことは知っているという意味です。

その後変化はありましたが、天保改革に際して、天保十三年（一八四二）十二月に利下政策によって、幕府は質物の利息も、たとえば銭百文につき一ヵ月利息二文（年二割四分）、二両以下は一分につき同二十文（一両を六貫目として一割六分）のように利下げを命じました。ところが、このために、質屋が質取を差しひかえたため、軽い身分の者共が一般に融通にさしつかえたというので、翌十四年二月には、銭質以外の利子を引上げ、かつ下質物《したしちもつ》（質屋が質物をさらに親質屋に入れるのが下質）の利息を七、八分に下げさせ、七月にはさらに一般的に元禄度の振合いで利分を取ることを認めました。二月の改正に際しての町奉行の取調伺書には、当時の質屋の事情が描かれています。

これによると、質渡世は外の商人よりも格別利潤も多いので、元手《もとで》の少ない者もこの渡世を始めるが、分限不相応の質物をとっても、富有な質屋に、年利一割二分より八分ぐらいの割で又質《またじち》（上質《うわじち》とも下質ともいいます）に出すので、結構渡世できるのであるが、質の利息が下がると、富有な質屋は格別、元手の薄いものは又質に出すことはできなくなるので、渡世替をする者もあり、そうでなくても、損をしないように、質品の値段を安くつけたり、利分をまけないで分厘までも受取ったりするので、置主共の融通にも差響いてきている、利分改正以前は、賭事《かけごと》などのある場所の者がたとえば代金一分（約一貫五百文）ぐらいの品物を質においても、銭二貫文ぐらいを貸し、そのかわり即日受戻しても、一ヵ月の利息がとれ、また隠売女屋より縮緬《ちりめん》類そのほか高価の衣類、鼈甲《べっこう》、櫛《くし》、笄《こうがい》等を質入して、一両日中に受戻すようなことがあり、それでも一月分の利子がとれるので、これらの利潤が少なくなかったが、現在はこのような質入はなくなり、すでに質に入れている高価な品物も請戻す者がなく、売っても五、六割の損になるので、質屋の元手は過半こげついている、といっています。

(3)は質物滅失のときの危険負担に関するもので、火災盗難その他不可抗力で物質が滅失したときは、質物の請戻しができなくなるかわりに、置主の債務も消滅したのでした。すなわち、両損の建て前だったのです。

(4)質札の裏にも「鼠くい不レ存《ぜ》」等と記されていました。「存ぜず」とは責任を負わないという意味です。

(5)は質物の出入には、通帳を用うべきことをきめたものです。通帳は半紙四ツ折でした。通帳は贓品取調べのために町名主に差出すことがあるので、そのときは、質札を用いました。質札は細長い紙片で、品柄、質入金高、年月、期限等を記入し、上に質屋の本帳との割印がおしてあります。前記の「鼠くい不存」等という文言は質札の裏に記されたものです。質札が出されているときは、質物の請戻しには質札の提出を要したことはもちろんですが、質札を紛失したときでも質入主であることが確かならば返り証文を入れて請戻す途はありました。

⑹は質物にとらない物を挙げたのですが、このほか、金銀細工とか徳川家の葵《あおい》紋のついた品物を質にとることは禁止されました。しかし、実際には、やむをえない場合に、金銀製の煙草入、金具、きせる等を質に取るときは、通帳には金あるいは銀と記さないで、金製ならば金鍍《きんめつき》と認め、銀製ならば四分一と記す例でした。

他面、財産的価値のないものでも、質入主の体面を尊重して金を貸したこともあるといいます。たとえば、信用ある旗本が紋付きの長持に紙屑をつめて封印して質に入れたような場合、質屋ではその紙屑であることを知っていても、その旗本が面目にかけても流すはずはないので、金を貸したそうです。

てっくゎ質と称するものがありました。これは、山手の大名旗本の屋敷で毎夜博奕が行なわれましたが、その際に折助《おりすけ》中間等が元手を得るために、質に入れるのをそう称したので、三百文五百文、一朱二朱程度のものが多かったといわれますが、その中でも有名なのは、火焔《がえん》の犢鼻褌《ふんどし》です。火焔というのは幕府直轄の消防隊である定火消《じょうびけし》に属する消防夫（中間）です。定火消の役所は江戸に十ヵ所ほどあり、町火消、大名火消とともに江戸の消防にあたったのですが、あまり能率的でなかったので、のちには、町方の消防には関与しないことになりました。この定火消に属する人夫が火焔です。纏持《まといもち》の火焔のごときは、殿様（定火消役）より先に現場へ駈付ければ、金一歩の特別賞与があるので、太鼓とともに纏《まとい》をかついでとび出します。寒中でも素裸素足で、ただ犢鼻褌と手拭とを身につけるだけでしたが、火掛りするときは現場で装束をつけて、屋根に上がりました。このようなわけだから、火焔にとっては、犢鼻褌は武士の大小に比すべきものでしたので、質屋も木綿の犢鼻褌に一貫文を貸したといいますし、火焔もまたかならずその夜中に請出したそうです。

なお、質屋は

ごみ〳〵の中の白壁質屋なり

という川柳の示すように、土蔵作りでしたから、火災を恐れた人々は、その所蔵品を質屋に質入の形式で預けることがありましたが、この場合には、形ばかりの金を借りたのだそうです。

二二　日なし銭のこと

前項において、質屋のことを申述べましたから、つぎには庶民金融について記したいと思います。

庶民金融といっても、質に置く物があれば、質屋から借りるでしょうから、結局、今の場合、質物のない場合の金融ということになります。これにも色々種類があったので、表題にかかげた日なし銭はその一種に過ぎませんが、おそらくは日なし銭と同義と思われる日銭という言葉は、中世以来の古い語（もっとも、ふつうは「日銭之質」という風に用いました）なので、この言葉で、この種の庶民金融を代表させたのです。

「世事見聞録」にはこの種の金融の名目として、月成し銭、日なし金、損料貸、烏金《からすがね》を挙げています。このほかにもありますが、まずこれらについて説明しましょう。

月（日）なし銭は、毎月（または毎日）一定額ずつを支払って、何回かで元利とも弁済される貸金です。仮りに、金一両を今日貸すとします。金一両は幕末では銭六貫五百文前後にあたります（古くは金一両が銭四貫文相当でしたが、幕末になって銭の価が下落したのです）が、借主が翌日より毎日百文ずつ六十五日間で合計六貫五百文返すのが日なし銭で、これを貸すのが日なし貸です。もっとも、これでは無利子ということになりますが、利息は初めに天引きます。たとえば、一両の中、利息二朱を差引いて、三分二朱を貸します。一両は四分、一分は四朱ですから、十六分の二すなわち、一割二分五厘の割ですが、これは六十五日間すなわち、約二月の利子である上に、たとえば、三十三日目には元金は半分になるわけですから、その点を考えると実際は年利にして、十六割近いものになるでしょう。しかし、無担保で借りられるし、元金は段々減るのだから、その日暮しの者にとっては便利なものだったのでしょう。

損料貸というのは、いわば変形日なし貸です。幕府は巳年（寛政九―一七九七）に相対済《あいたいすまし》令を出して、それまでの金銀出入を取上げない旨を宣しましたが、この以後、日なし貸の人たちは金銀貸借の形ではふたたび相対済令が出たとき危険であるというので、貸金を質入れの形式（質物が差入れてあれば、相対済令は適用されません）にするために、借主に衣類夜具等を貸付けて損料貸の証文を受取り、借り方では、この借りた衣類夜具等を改めて質入れして借金するという形式にしました。貸す方からいえば、損料貸の損料は貰える上に、貸金は相対済令には触れないのですから、大変具合はいいのでしょうが、借りる方からいえば、利子のほかに損料を払わなければならないので、大いに不利なわけです。しかしそうしなければ貸さないので、こういうことが行なわれたのですが、さらには、損料貸も実際は品は貸さないで、証文面だけ損料貸の形式をとるものも現われました。幕府ははじめは大目に見ていたのでしょうが、損料借の形式で借金をするものは、町人にとどまらず、御家人や軽き旗本でもこういう形で借金するものがでてきたので、文化二年（一八〇五）には、幕府は少分の金銭を貸す場合にも、古来の仕来《しきた》りどおりの金銀貸借の形式によるべきものとし、かつ損料貸の日数を三日限りとし、またこの後、損料の品を貸附けて、相対をもってこれを質入させた場合には、貸主が出訴しても取上げない旨定めました。しかし、これで損料貸の形式の日なし銭がなくなったかどうかはわかりません。

烏金というのは、一夜だけの貸金であって、今日借りて明日返すのであり、烏がなけばかならず返さねばならないので、烏金と呼んだといわれます。これが普通の説明ですが、異説もありますす。幕末江戸の下谷三崎町に車婆々という女があって、高利の金を貸して、人をせぶって、ゆすり同然に世をわたり、貸附の所を毎日風雨の別なく催促に歩くので、いかなる鬼のような者もこの車婆々を見てはぞっとしたといいます。車婆々の亡夫は幕府の徒士《かち》でしたが、境町や葺屋町の茶屋や芝居の者は人々に仇名《あだな》をつけて呼ぶくせがあり、徒士衆は黒ちりめんの羽織をきて夜明けごろ境町を通るので、かれらを朝烏と呼びました。その烏の女房が貸した金なので、これを烏金と呼び、それがのちに普通名詞になったというのです。車婆々にはのちに渋紙婆という相棒ができましたが、その後これも死んだのでしょうか、また一人で歩き廻るようになったので、片輪車と戯れに呼ばれ、また葭《よし》町の茶屋の女房たちは高田ばばと呼んだといいます。片輪草は越後高田の城主の榊原家の紋だからです。

憎い者高い利を食ふ烏金

という狂句があります。烏金の利息は日なしより高いのですが、芝居茶屋、引手茶屋、食店等で一時凌ぎに借りたといいます。

以上の月なし銭、日なし銭、損料貸および烏金以外には、百一文、月六斎、棒利、大尽金等がありました。

百一文というのは、朝百文を借りて、夕べに百一文を返すというので、こういう称呼が出たのですが、その金額は二百文から一貫文までです。かつぎ売りの人達は、朝四五百文の銭を借りて、野菜その他の小物を買って売り歩き、晩に四、五文を加えて返すのです。烏金も百一文も証文は用いないで、受合人と称する口頭の保証人があればよかったのですから、庶民にとって便利だったにちがいありません。

月六斎《つきろくさい》というのは、証文面は普通の借金証文のようにし、たとえば、銭一貫文を一口とすると、月六度に二百文ずつ払うのですが、計一貫二百文の中、二百文は利子になります。年にすれば二十四割の利子ですから、きわめての高利ですが、天秤一本で商売しているかつぎ屋に貸すのですから、担保物件はなく、なかにはそのあとで生活に困って失踪したり、喧嘩口論等や出入で返済できないものもあるので、申さば、三十人に貸出しても、三分の一の十人ぐらいは故障が出来て、損失になりますが、受取った利子をすぐにまた元本にして貸出せば、借手の数が多いので、何とかさしくって元金は確保でき、借手の方でも質に入れる品もないような人々なので、二百文ずつ六度に払う方法ならば、日々の売上げで利益も上がることとて、店《たな》賃雑用を支払っても、妻子の扶助が出来たのでした。
棒利というのは、明治一〇年太政官布告六六号利息制限法にも見えているので、なじみふかいものです。元金を百両とし、利率を二十五両一分とします、二十五両一分というのは、二十五両につき月に一分ということで、年には十二分の利息になりますが、四分が一両ですから、三両の利子ということになり、年利一割二分となります。ところで、証文には、元金百両、利率は二十五両一分と書いてあるのですが、翌月より毎日元金の中をなしくずしに弁済させるのです。すなわち、元金は段々減ってゆくのですが、それにもかかわらず、利子は当初の元金百両に対する二十五両一分すなわち、月一分の割で払わせる、これが棒利です。
大尽金《だいじんがね》というのは、以上のものとやや性質が違うもので、金持ではあっても、父母や家等に秘して、遊里に遊んだ者が、ひそかに高利の金を借りることをいいますが、その一種とも見るべきものに、関西で行なわれた「死一倍《しにいちばい》」がありました。これは西鶴の「本朝二十不孝」に、
抑《そもそも》死一倍金子千両借りて、其親相果つると、三日が中にても二千両にて返すなり、手形は二千両の預りにして、小判一両月一匁の算用に、一年の利金ばかり首《はじめ》に取るなり、
とありますように、道楽息子が借金する際に、千両借りるとして、親が死んだら、二千両で返すという約束をし、証文の面も二千両にしておくことをいいます。息子には担保財産がないので、親の遺産をあてにして金を貸したのです。千両の借金に二千両の証文を書くことは当時しばしば行なわれ、これを倍金手形といい、利息制限法の適用を排除するためや質入れの田畑を請戻させ

ないため（質入れの形式で永代売買をした際のこと）にもなされました。この死一倍手形は目的は異なりますが、その一種でもあるわけです。倍金手形は幕府法上禁止されていましたから、死一倍も禁止されていたものと思います。

これらの借金はいずれも高利であり、後述の幕府の利息制限を超過するものでしたが、「元より身薄の者」はこれを基にして生活していたのですから、幕府としても、むげにその貸主を処罰は出来ないと考えていました。弘化四年（一八四七）に、町奉行の遠山左衛門尉《さえもんのじょう》が上司に差出した書面に、下賤のその日暮しの者共は、日々の元手にさしつかえるので、日成とか月六斎とかいうような金を借りており、これらの貸借がなくては、自然乞食非人になるほかなく、ためによんどころなく悪事もすることにもなるが、そうなるまいとして、これらの金を借りる者が多い、しかし、小金の分については、御触のとおりに、二十五両一分（一割二分）の利息で借りたいと思っても、貸す人は決していない、また百両前後の貸金では、貸主がなにほど強欲無道で五両一分（六割）の高利をむさぼろうと思っても借りる人はなく、たいてい廿両一分（一割五分）か廿五両一分で従来融通している、千両以上になると、御触面どおりの二十五両一分では進んで借りる者は少なく、一割ぐらいでなくてはなかなか貸せない、大金を並利《なみ》で借入れたいという者は返金も覚束ないというので、貸す人も稀である、こういうわけで、利息は相対で自然にきまるものであるから、御定書でも廿両一分以上の利息は廿両一分で済方《すみ》を申付けることにしているだけである、この金銀の利息に比べると、質物の利息の方が高利に定められているのに、引当物もない証文金の高利を咎めているのは不相当のようであるが、これは盲人等が武家その他に対し不法の催促に及び、甚だしい所業のある場合にだけ厳重の吟味に及ぶ趣旨である、とにかく、高利の吟味等は不法手荒の催促に及んだのを取締まるのは格別、ただ利合いの勘定のみで吟味しては、自然一切貸出す者はなくなり、借方はますます困窮し、かえって世上の難儀をますますようになるだろう、と申しています。

利息の前取りを当時は「天利」と呼んだようですが、この言葉は江戸でだけ用いられて、京坂にはなかったといいます。そのほか、礼金、手代筆墨料等と称して元金より差引いたこともありますし、借手はまた口入人にはお礼をし、また証人として加判した者には、判代を支払わなければなりませんでした。踊りということもありますが、これは、たとえば金を貸すのに期限を月末としないで、二十五日と定め、借主が、その日に返せば、貸主はこれを直ちに他に貸して、残りの日数、四、五日で一月分の利息をとり、もし初めの借り主が二十五日に返さないときは、二十五日以後の分に対して一月分の利息をとることをいいます。

最後に、江戸時代の利息について申述べましょう。質物の利息については前に申しましたので、一般の金銀貸借の利息です。元文元年（一七三六）九月までは年二割が最高利率で、二割以上の利息の訴えを提起したときは、年五分利計算で算出した利息の限度でこれを受理しましたが、この時以後は、年一割半（二十両一分）と改められ、これに超過した利息は寛保元年（一七四一）以後この最高利率まで引下げられました。天保の改革に際して、同十三年（一八四二）九月に、最高利率は一割二分（二十五両一分）に引下げられ、年一割二分以上の利息債権はこれを一割二分に引下げて受理しましたが、同年十月以後の契約であって、年利一割二分以上にあたるものがある際には、利息債権全部を受理しないこととし、同十月の法令では重利契約を伴なう場合には、利息債権のみならず、基本債権そのものの訴えも取上げないことにしました。そして、寛政ごろより以後は、最高利率を超過することのきわめて大な利息はこれを高利と称して処罰することになりました。その刑は高利の程度によって差があり、十両一分（年三割）の場合には所払ないし百日手鎖《てじょう》、九両一分（年三割三分強）前後以上五両一分（年六割）程度までは追放、四両一分（年七割五分）前後の場合は遠島でしたが、実際問題として、その処罰がなかなか困難であったことは、前記遠山左衛門尉の言によってわかります。

二三　座頭金のこと

前回で、庶民金融の名目として、日なし銭以下について申述べました。これらは死一倍や大尽金などを除けば、零細な貸金でしたが、いずれも高利の貸金であった点では同じです。高利という点では、座頭金《がね》もこれに劣らず有名なものですから、つぎにこれについて申述べましょう。

座頭金はまた官金《かんきん》とも盲金《めくらがね》とも呼ばれ、盲人の貸金です。元来、盲人が将来、検校《けんぎょう》の官を得る資金を増殖するための貸金なので、官金とも呼ばれたのでしたが、のちには、こういう目的とは関係なく、盲人が貸付ける金を広く官金、座頭金と呼ぶようになり、その取立てがきびしいので名を売りました。

座頭金について説明するには、いちおう、盲人について説明しておかなければなりません。町人百姓の伜で盲人になった者は、原則として検校の支配を受くべきものとされていました。安永五年（一七七六）十一月の幕府法令はつぎのように述べています。すべて、百姓町人の伜が盲人となったならば、検校仲間の弟子になり、それぞれの渡世修業をして、官位を得ることを第一に心懸くべきであるのに、近来は検校の弟子にならないで、琴、三味線、針治、導引を渡世とし、あるいは仕官の身となって、脇差などを帯びた盲人が多くなったようであるが、以後は百姓町人の倅の盲人で、琴、三味線、針治、導引を渡世にし、または武家へ抱えられても、市中に居住する者はもちろん、主人の屋敷に住んでいても、右家芸で他所へ稼ぎに出かける者は、検校の支配たるべく、武家の陪臣の倅の盲人でも、市中に住居して、琴、三味線、針治、導引を渡世とする者も同様であると。当時この検校および検校の支配する盲人を総称して当道の仲間と呼びました。

右の法令に見える官位というのは、盲人だけにあるものであって、その最高の官が検校です。盲人の官は下より数えて、都《はん》、市名《いちな》、紫分、座頭、勾当《こうとう》、検校と六つあります。これら各官の中も細分されていました。検校に一老より十老まで、勾当には一段より八段までの階級があって、最下の都より最上の検校に至るまで七十三段あったといいますから、随分複雑だったのでした。なお、市名というのは何の市と称することができるものです。この七十三段を経なければ、最上の検校になることは出来ないのですが、各段の昇進には、普通にいくと、一年三年または七年等の制限があったので、正当の順序をふんだのでは、とうてい一生の中に検校になることは出来ないわけですが、実際は一定の金額（官金）を納めることによって、一躍上級の官になることができたのです。その金額は、都の初級になるには金一分、その最上級になるには四両、市名は二分に始まり、最上級になるには六両、紫分は一両一分に始まり、最上級になるには八両を要したそうですし、座頭、勾当、検校の官金の額ははっきりしませんが、都より検校の最上級に至るまでには、総計で金七百十九両を要したといわれます。

盲人である座頭にとっては、官をとることが唯一の出世の途でした。官位さえ得れば、武家においても相当の待遇を与えられ、収入も多かったのです。天保年間の調べでは、江戸における検校の数は六十八人、勾当六十七人、座頭百七十人、市名三百五六十人だったといいます。右の諸官は京都の公卿の久我大納言から与えられるのであって、その辞令はつぎのようなものです。

何　誰

何々検校　又は勾当、紫分
市名、都　と可㆓名乗㆒者也、

年号月日　久我大納言 ㊞

関東地方の盲人が官を受けようとするときは、その旨を総録に願出て、官金を上納すると、総録はこれを久我家に伝達します。すると、久我家より辞令書が総録に交付されますから、総録より本人に渡します。ですから、関東地方に居住する盲人は官を受けるために上京する必要はありませんでした。久我家は右の辞令書だけで、多額の官金が収得できるのですから、莫大な収益があったに違いありません。もっとも、金を納めて市名以上の官を得た者には毎年幾分の割戻しがあったそうですが、それにしても、官金の大部分は久我家の収入になったものと思われます。

総録というのは検校の中より選ばれて、関八州の盲人を総管すべき職で、杉山検校が初代とされています。かれは元禄二年（一六八九）に本所一ツ目に千坪の地を屋敷として与えられ、その後、この屋敷を総録屋敷と称しましたが、杉山検校他界の後は、諸検校の中、新古の順で三年交

替でこの職にあたり、総録屋敷に出勤しました。なお京都には職検校がいましたが、これが最高の官で、総録はこの下に属したのです。

上記のように検校の支配に服せられた者の団体を幕府法上、座頭仲間《なかま》といい、またたんに座頭とも称しましたが、この場合の座頭というのは、瞽官《こかん》（座頭の官）の一つとしての座頭ではなく、無官の者を含めて、すべて検校の支配に服する者の総称です。関東地方でその検校をたばねる者が総録だったのでした。

座頭には座頭仕置の法が行なわれたことは「第一江戸時代漫筆」〔『江戸の町奉行』明石選書〕において申したとおりです。座頭の犯罪は座法に違背するものは総録が自分限り、または京都の職十老に伺って判決を言渡し、かつ刑も執行し、古くは簀巻《すまき》の刑なども行ないましたが、のちには死刑は行なわなくなりました。座頭の国法上の犯罪については、幕府の裁判所で裁判しますが、刑の執行は死刑を除いて、総録に交付して、仲間で科刑させました。総録の行なった刑として面白いものに、座敷牢での禁錮がありました。これは一ヵ月より一年ぐらいにわたり、食事はちゃんと与え、夜具類も貸し与えましたが、懲罰として文字を習わせました。目が見えないのですから、町医をやとって、指で字形を示させて習わせ、一日も休ませなかったといいます。

盲人の収入としては、その職業たる針治、琴曲、三味線、按摩の礼金がありましたが、そのほか配当と官金の利息とがありました。幕府の法事、将軍の死去の時などのときには総録に下賜金があり、総録より検校以下按摩に至るまで配当しましたが、そのほか武家町家の別なく吉凶の事のあるときは、盲人に金をやる例だったので、その事務を扱う配当頭の盲人は五、六人の按摩をやとい、非人小屋頭等と交際させて、吉凶のある家を探して貰いにいき、集金は総録へ差出し、月末に総録より検校、勾当等に配分しました。これが配当と呼ばれるものです。

座頭の貸金である官金がいつごろから始まったかはよくわかりませんが、正徳二年（一七一二）の幕府法令に、「近年官金と申云々」とありますから、この少し前、元禄、宝永ごろからでしょうか。この法令で、当時、官金と称して金を貸す際に、礼金をとり、その上三、四ヵ月限りにして前利を取り、返金が滞ると、座頭どもが借主の家につめて不作法の催促を行ない、また浪人町人の金子を官金と名付けて、座頭より旗本へ貸すことが行なわれたことがわかりますが、明和二年（一七六五）の江戸町触の示すところはつぎのようにさらに詳細です。

検校勾当そのほか座頭たちが、官金の由を申立てて、高利で世上へ貸出し、武士へ貸した際は、その玄関等へ詰めて、高声で雑言を申し、あるいは昼夜詰切って、我儘な体で催促する者があるそうである、もちろん借金の催促は時宜によって勝手次第であるけれども、右の致し方は借主に恥辱を与えて返金させようとするものであるから、催促の筋ではない、このように過分の高利で取引するから、外々より座頭へ金子を預けておいて、貸出させる者も多くある由である、座頭は過分の高利をとりまたは法外の催促をするので、奉行所吟味となり、処罰されることもあるが、なかなか止まらない、その上、借主の得心の事とはいいながら、返金が滞ったならば、法外の催促をする旨の証文を認めさせて取っておき、また利息の儀は証文には通例の利息を認めさせて、実は高利で取引し、そのほかにも礼金と名づけて、用立てた金子の中から差引くこともある由で、不埒の至りである、以後過分の高利で貸出してはならない、もちろん借金の催促は勝手次第であるが、玄関そのほか催促の者が行ってはならぬような所につめて雑言を申し、法外の義を申してはならない、もしこの法令にそむけば処罰する、また座頭ども所持の金子は官金にする金だから、所々に貸出すのは尤もであるが、他のものの金子を預かって、自分の金子のように貸出してはならない。このように命令しています。

文化十三年（一八一六）刊行の武陽隠士著の「世事見聞録」には、盲人の官金取立ての有様をつぎのように述べています。官金の弁済が滞ると、その者が武士ならば検校は玄関の真中にあがって、声高《こわだか》に口上を述べ、居催促《いざいそく》、強《こわ》催促などと称して、外聞外見をかまわないし、町家ならば、近所合壁に聞こえるように悪口を述べののしる、借りた方は不義理なわけであるから、言葉返しもできず、もしいいかえすと、なおさら募《つの》り立つゆえ、何ももっともと会釈《えしゃく》するほかなく、たとえ騒いでもしばるわけにもいかないのを見込んで、強気に構え、もしまた少しでも、身体に手をつけると、大騒ぎに申し立て、身体を傷けたなどと申しかけ、またその官職などを申立てて難儀を申しかける、そういうわけですから、借り手は、右の外聞外見をいとって、今日の食料を欠いても、また老人小児の衣類を脱いでも返済することになる、もしまた何らの手段もとらないでなおざりにすると、頭支配または家主の重役へ訴出て、盗み、かたりをしたかのようにあしざまに申立てる、陪臣の場合は、この事が留守居役、目付役や家老等に知られるときは、恥辱はもちろん、ことさら盲人の官金は格別と世間でも心得ているので、遠慮、差控《さしひかえ》または家風によっては、永の暇ともなり、心弱き者はそれまでの恥辱に堪えかねて、出奔《しゅっぽん》する者もあり、家族などまで一生の難儀におちいる事がある、といっています。

同じころには、浪人や、盲人でない者が、形だけ検校等の家来となって、自分の金を貸すことがあるに至りました。文化十二年（一八一五）二月の江戸町触は、近頃座頭仲間そのほかなどより、証文等は通例の利金に認め、実は格別高利の上、三ヵ月限りまたは四ヵ月限りに証文を書替えて、その度に前利（前払い利金）を引取る由であるが、その中には盲人でない者や浪人等が検校勾当等の家来となり、給金宛行等も申受けないで、自分の金を貸出して、滞った節は、武家の陪臣が借りたような場合には、貸主より借主の主人に申立てると、その品により主人が弁済して、借主の家来は処罰されることもあるので、貸主にとっては確実だから、近頃ではもっぱら陪臣その他表立ってはその身の難儀になる者ばかりに貸出すようになったと述べています。さらに、幕末になると、連印貸と唱えて、借主でもない者を借主の姿に連印させた証文を取置くものがあらわれています。これは連帯債務の一種と思われますが、幕府では安政五年（一八五八）これを禁止して、連印者はかならず証人（保証人）たるべきものとし、また師匠方同居の弟子の官金の訴えは、師匠よりの願いでなくては取上げないこと、期日が来ても、五六ヵ月過ぎなければ訴えを取上げないことを定めました。

官金の借用証文は普通の証文と違いませんが、その中に普通「官金の内正に借用云々」の文言を入れました。しかし、前記の法令に見えるように、法外の催促をしてもさしつかえない旨を約したものもありました。

官金借用証文の実例が中山太郎氏の「日本盲人史」に載っているので、つぎに引用します。

相渡し申す一札之事

一去る寅《とら》の十二月御屋敷御用のため、借用金三拾両年賦に御頼みにつき、貴坊え達《たつ》て御無心申し上げ、当卯《う》ノ暮より五年賦壱ヵ年に金六両宛《ずつ》未《ひつじ》の暮までに返金仕るべく候、万一定めの通り、延滞の儀も御座候はば、拙者持分の田地金にて相応に相渡し申すべく候、相違の儀も御座候はば、如何様《いかよう》の御催促又は何方え御届けなされ候とも、その節一言の儀申上げまじく候、そのため一札よってくだんのごとし、

延享《きよう》四年卯《う》十二月

上総《かずさ》国長柄郡中原村
金預り主　市郎左衛門㊞
証　人　忠左衛門㊞

小高検校坊え

〔原文〕

相渡申一札之事

一去寅之十二月御屋敷為御用、借用金三拾両年賦ニ御頼ニ付、貴坊江達而御無心申上、当卯ノ暮より五年賦壱ヶ年ニ金六両宛、未ノ暮迄ニ返金可仕候、万一定之通延滞之儀茂御座候者、拙者持分之

田地金ニ而相応ニ相渡可レ申候、相違之儀も御座候者、如何様之御催促又は何方江御届被レ成候共、其節一言之儀申上間敷候、其為一札仍而如レ件、

延享四年卯十二月　上総国長柄郡中原村

金預り主　市郎左衛門㊞

証　人　忠左衛門㊞

小高検校坊え

座頭金も川柳の好題目になっています。

　口借しき杖の下から借りるなり

座頭は身分によって形は違いますが、いずれも杖をついています、杖をついて人を人と思わぬ座頭から金を借りるのは残念というのでしょう。しかし、

　目はないが耳を揃へてもつてゐる

ので金を借りるには、便利ですから、あとで困るとは知りながら、

　大難所撞木《しゅもく》の杖を借りて越し

というように、この金で年を越すことにもなります。

　検校の言ふなりに書く口借しさ

というのは法外の催促をしてもよいという文句を書入れたことでしょう。一たん借りると、

座頭金十五夜お月さま見ておどる

というように、おどりの利子を払わなければなりませんから、元利は雪だるまのようにふえます。いよいよ催促が始まります。

つっついて来るので借金目だつなり

杖をついて借金の催促に来るので、すぐ近所に知れてしまいます。

須磨左内どのに逢はふと座頭来る

須磨左内は「済まさない」を擬人化したもので、旗本の用人の意味でしょう。用人で埒が明かないと

座頭の坊とのに逢はふと大きく出

というようなことになり（とのは殿様）、

やみやみと座頭へ渡る町屋敷

ということにもなります。完済すれば、もちろん

検校のはじめて笑ふ御皆済

という場面も見られますが、返す方からいえば、

座頭の顔をねめつけて金返し

だったでしょう。

官金は元来、盲人が瞽官（盲人の官）を得るための金でしたが、実際は、そのための金でなく

ても、盲人の貸金は官金、盲金または座頭金と呼ばれたのですし、盲人でない者が座頭に頼んで、その名で貸して貰う場合には、座頭より金主へは通常の金利を払い、残りの利子は座頭の所得となったものでしょう。座頭の辛辣な取立てで、貸倒れはあまりなかったでしょうから、貸主にとって有利だったと思われます。なお、紫分以上で座頭金を貸す者は、町人の住んでいる町屋敷でなく、多くは屋敷町に住んだそうですが、これは、町屋敷住居だと奉行所に訴えるときに、名主、五人組等の附添いを要するのみならず、その弁当代その他の費用を負担しなければならないので、これを節約するためだったといいます。

二四　栄誉の質入のこと

落語で、たまにまくらに出てくる話に、昔は人々が律義《りちぎ》だったので、借金の証文に、もし定めの期日に借金を弁済しない場合には、人中で御笑い下さってもさしつかえない旨を書入れたというのがあります。借金をすませば、笑われなくてすむのですが、さもないと、人中で笑われてしまうので、それを恥じてきっと金を返したに違いないし、またそういうことだけでほかに担保なくして金を貸した昔は、おうようだったというのです。人中で笑われることは名誉を失うことですから、こういうのを名誉の質入れとか栄誉の質入れといいます。

ところで、問題は、実際にこういうお笑い下されたくというような文句を書入れた証文が作られたことがあるのか、換言すれば、栄誉の質入は実際に行なわれたものだろうかということです。

そこで、江戸時代の記録を見ますと、こういう契約が実際に行なわれたように見える記述があります。中田博士はその例として、つぎの三つを挙げておられます。その一は、「摂陽落穂集」に見えるもので、

借り受け申す銀子の事

一銀百五十目《め》也
右の銀たしかに預り申し候、万一この銀子返済致し申さざる事御座候はば、人中《ひとなか》において、
お笑いなされ候とも、その節一言の申分これなく候、よってくだんのごとし、
万治三年子五月　　さの屋善兵衛判
はりまや嘉兵衛どの

〔原文〕

借り受申銀子の事
一銀百五十目也
右之銀慥に預り申候、万一此銀子返済致し不レ申事御座候はゞ、人中において御笑ひなされ候とも、其節一言の申分無レ之候、仍而如《よってくだん》レ件《のごとし》、
万治三年子五月　　さの屋善兵衛判
はりまや嘉兵衛どの

この証文は、典型的な、御笑い下されたくの証文です。摂津、すなわち大坂附近の文書でしょう。その二は、「甲子《かっし》夜話」に
或人曰、先年長崎にて老人反古《ほご》の中にて見たるとて昔の金銀借用の証文を話す、其前の文は今と異なることなかりしが、終に此金返弁方於二相滞一者《あいとどこおるにおいては》、面目失可レ申候《うしないもうすべく》と有り、……件の古証文は元禄とありしと覚ゆと、

これは長崎の証文です。その三は「商人心得草」に、

其証拠には京師ふるき町内に、昔の金子借用証文あり、其文言に、若此金子返済致さず候はゞ、御町内打寄御笑ひ下さるべく候とあり、又江戸表の古証文に、若此金子返済致さず候はゞ、沙汰之限りと思召さるべく候と有とかや、是今時の証文に受人を幾人もくはへ、亦引《ひき》当《あて》等を書入ると同じ義理なるべし、此頃の人気の律義なる事を能々《よくよく》思ひみるべし、借金をして其を得返さぬを恥かしくおもふて、世間へ顔出しもならず、誠に身の置所もなきほどに思ひたりと見えたり、

とあるものですが、ここにいう証文は、京都と江戸のものです。

京、大坂、江戸、長崎の例が一つずつあがっているのですが、この中「甲子夜話」と「商人心得草」のは又聞きの話ですが、「摂陽落穂集」には、証文そのものが載せてあります。しかし、この証文が実際にあったものか、または仮託に過ぎないかは、これだけではわかりません。そこで、何とかこの種の証文の実物にめぐりあいたいものと考えていますが、まだ出あったことはありません。わたくしの知人でも、その人の家にあるといってくれた人が二、三人ありますが、いざ見せて下さいと頼む段になると、襖の下張りにはってしまったとか、郷里の蔵の中にあるので、今ちょっと出せないとかいって、見せてくれません。「御笑ひ下されたく候」というような面白い文言が載せてあることを知りながら、襖の下張りにするとは解せない話で、いずれも嘘の話ではないかと思います。名古屋の近くのある市の市会議員の方が持っている由みずから宣伝してお

られることをある人から聞いて、その市へ行き、県庁より照会して戴きましたが、そういうものは持っていないということでした。この事を教えて下さった方の家には一通ありましたが、年号と干支とが一致せず、偽文書と思われました。

こういうわけで、実物がまだ見附からないわけですから、こういう契約が実際に行なわれたことがあると断言することはできないのですが、こういう証文がありえたことは、色色の事情から察することが出来ます。中田博士は比較法制史上、債務不履行者に対して、債権者および公衆にこれを侮辱することを許す法制の存在を指摘し、江戸時代末期でも、各地において、分散者（破産）に対して、諸種の恥辱（たとえば村外の小屋に住居せしめ、羽織を着け、傘を用いることを許さず、村人と尋常の交際をなさしめない等）の慣習法の存したことを挙げられ、さらに、このような時代において、債務者があらかじめ、特約で、債権者に対して債務不履行の場合に、債権者が特定の方法で債務者の不名誉を公示するの権利を附与することがあっても少しも不思議ではないとして、そのとくに広く行なわれたドイツ中世末近世初めの凌辱約款について述べられ、そして、これと根本思想を同じくするものとして、前項（座頭金のこと）においてあげた明和二年の幕府法令に見える、借金証文中に返金が滞ったときは、金主が「法外之催促」すなわち「借主に恥辱をあたへ候而、返金為ㇾ致候様可仕事」の特約を記入することが少なくとも座頭官金の貸借について行なわれていたことを挙げられ、これは自己の栄誉を賭して、もって債務の履行を担保するものにほかならないとて、この法外催促の約款から、江戸時代前半期における栄誉質入文言の実在を推測されています。

ドイツ中世末近世初めの凌辱約款というのは、たとえば、貴族がその貴族的栄誉伝来の令名および誠信によって何千ターレルの支払を約し、もし、違反のときには債権者に対して、われわれを共同にあるいは各別に、あるいはわれわれらの相続人とともに凌辱し、絵画を晒柱あるいは寺院の入口、もしくはその他の任意の場所に掲示し、そのほかすべての名誉愛惜者の間で、印章および約束を尊重しない者のように、嘲笑し、侮辱しおよび誹謗することとの全権力を附与する、というようなものですが、そのほか嘲詩を示して侮辱するとか、公衆の面前で債務者を無頼漢と罵詈するとか、債務者の姓名を刑具の晒柱や車輪にはりつけるような特約もしばしば行なわれています。

中田博士の挙げられた江戸時代の法外催促の約款は明和前後のもので、この後年の約款より江戸時代前半期における栄誉質入れ文言の存在を推測されたのですが、このことは、江戸時代前半期以前における同種文言の存在によってさらに補強されるでありましょう。そして、そのことを示す史料があります。室町時代の永享十年（一四三八）の田畑売渡証文に、もし、第三者がこの田畠に違乱したらば、その者は「商人たるべく候」旨記載したものがこれです。商人たるべしというのは、当時において、商人は不正を行なうものとして、商人であることは不名誉であると考えられたから、こういう表現が生まれたものと思われます。もっとも、この証文では、商人となるのは第三者であって、売主自身ではありませんが、こういう違乱担保文言が存した以上、田畑の売渡証文において、売主が契約に違反したらば、売主が商人たるべしというような契約、すなわち、自己が商人たらずという栄誉を質入れする契約も存したのであろうことは十分推察されると思います。

以上のような事情を顧慮するときは、室町時代の商人と江戸時代後半期の法外催促文言との間の時期において、御笑下され文言の契約証文が存在したことは十分ありうると考えます。

二五　起請文のこと

起請文《きしょうもん》というのは、中世において広く行なわれた証文で、神仏にかけてあることを誓った証文ですが、その内容を大別すると、すでに起こったある事実について、その異なることを誓うものと、将来自分がある行為をなし、または為さないことを誓うのとがあります。前者を確言的宣誓、後者を確約的宣誓といいます。起請文は通例、本文と罰文とに分けることができます。本文というのは、誓われた事自体を記した部分で、罰文というのは、もしこれに違背したらば、神仏の罰をこうむるべき旨記載した部分です。

江戸時代でも、起請文は、公法上しばしば用いられています。役人が就職する場合の誓詞、旗本御家人が老齢または病気等で乗馬できない場合に、駕籠で往来することを願出る際にその理由の虚なきを誓った誓詞のごときは一、二の例ですが、いずれも形式的のものに過ぎず、実際上、大して意味のあるものではありませんでした。

中世で、各種の契約証文に起請文を用いた例がありますが、借金証文の例は稀です。江戸時代になると、一般的に起請文附きの私法証文は少なくなります。しかし、初期にはないわけでありません。一例を挙げましょう。

永代売渡し申すむすこの事、梨子のゐつたを、但し十四歳の時なり、銀子十五匁にうり申し候、子々孫々まで譜代に進じ申し候、右相違においては日本国中の大小神祇《じんぎ》わけて一宮大明神の御罰をこうむるべきものなり、後日のためくだんのごとし、

慶長十七年子二月十一日

舟亙村　田村新吉花押

〔原文〕

永代売渡申むすこ事、梨子のゐつたを、但し十四歳之時也、銀子十五匁にうり申候、子々孫々まで譜代に進申候、右相違においては、日本国中之大小神祇別而一宮大明神之可レ被《こうむる》二御罰一為二後日一如レ件、

慶長十七年子二月十一日

舟亙村　田村新吉花押

私法証文における起請文は、契約担保の意味をもってなされているのですが、江戸時代においては起請文は裁判上は無視されたものと思われます。起請文の一種として見るべきものに、神を証人に立てるものがありますが、元禄三年（一六九〇）の「右之趣神八幡如在《によざい》致すまじく候」という神文を加えた金子預り証文に基づく訴えにつき、幕府の奉行所は全然この文言を無視した判決を下だしています。おそらく、普通の起請文附金子借用証文があったとしても、同様な判決が下されたろうと思います。

江戸時代の起請文で有名なのは、遊女の起請文です。遊女の起請文はのぼりつめた男の望みにまかせて書いたもので「罰当り女郎の百枚起請」などといわれましたが、勤めの中、七十五枚までは偽りの起請文を書いても神仏も許し給うとされていたそうです。近松の「心中天網島《てんのあみしま》」では、治兵衛と小春は毎月月の初めに起請文を取替わし、その数は二十九枚に達しています。こうしょっちゅう起請文を取替わすのは、一面では大あつあつだったからともいえましょうが、他面、相手方が信用できなかったからだともいえましょう。それはとにかく、つぎに、遊女の起請文の実例をお目にかけましょう。もっとも、遊女といっても、品川の飯盛の誓紙（起請文）です。

誓紙の事

一、そのもと殿と夫婦の約束致候事、相違これなく候、しかる上は外よりいかようなるさしつかえ出来《しゅったい》候とも、命かけそい申すべき事、

一、自然心がわり候はば、いかようにも勝手しだい心まかせに相成り申すべく候、その場に至り、何とも申分はこれなき事、

一、外より障《さわり》出来《しゅったい》、夫婦になりかね候はば、互いに死に申すべく候、いずれにも当暮までにはその屋を出候て、かたづき申すべく候、何事むずかしく、心にまかせかね候はば、心中致し申すべく候、かくのごとく堅き約束命かけ致し候上は、外へ附合いなりとも参り候ても、枕かわし申さざる事、

文化三丙寅年〔一月〕七日

右の条々相背く上は、氏神の御罰は申すに及ばず、日本国中六十余州の神々の御罰を蒙るべきものなり、よって誓紙くだんのごとし、

〔原文〕

誓紙之事

一其許殿と夫婦の約束致候事、相違無レ之候、然ル上は、外より如何様成差支出来候共、命掛《かけ》、副〔添〕可レ申事、

一自然心替り候ハヽ、如何様ニも勝手次第心任《まかせ》に相成可レ申候、其場に至り、何共申分ハ無レ之事

一外より障《さわり》出来、夫婦ニ成兼候ハヽ、互ニ死可レ申候、何レニも当暮迄ニは、其屋を出候て、方附《かたづき》可レ申候、何事六ケ敷《むずかしく》、心任兼候《こころにまかせかね》ハヽ、しんじう〔心中〕致可レ申候、如レ此堅キ約束命掛致し候上は、外へ附合《つきあい》成共、参り候ても、枕かわし不レ申事、

文化三丙寅年七〔月〕日

右之条々相背上ハ、氏神之御罰不レ及レ申、日本国中六十余州之神々可レ蒙二御罰一者也、仍誓紙如レ件、

品川の遊女がある男に対して、夫婦約束をした誓紙です。もし夫婦になれなければ心中するし、いずれにしても暮までには廓《くるわ》を出て一緒になるというのです。差出人の女の名も宛先の男の名も載せてありませんが、実物であることは間違いありません。

江戸時代の遊女の起請文の実物でわたくしの知っているのはこれだけですが、そのほかに小説や院本に載せたものがありますから、それを紹介しましょう。その一は、草薙金四郎「川柳辞典」に載せたもので、「連理梅」十四に見えています。

起請文の事

一、そもじ様と夫婦の契約致し候所、実正なり、然る上は、親どもたとへいか様に申候とも、外の夫持申まじく、かやうに申候事少しも偽御座候はゞ、日本六十余州大小の神祇別て、不動明王摩利支尊天の御罰を蒙り、未来永劫浮かむせさらに有まじく候、仍て天罰起請文如件《くだんのごとし》、

年月日

房二郎様さま

亥十八才
きく

房二郎はこの起請文を「血起請」と呼んでいます。血判してあるからでしょう。

その二は、中田博士のかつて引用されたもので、作者不詳の院本「加賀お菊妹背中酌」に載せたお菊が幸助に与えたつぎの誓紙です。

起請文の事

一つそもじ様と二世かけて女夫《めおと》になりまいらせ候、若心かはり、外の男と枕をかはし候はゞ、神々の御罰を蒙り、此世にては白癩《びゃくらい》黒癩の身となり、来世は奈落のそこへ落申、浮む世更に

有まじく候、

これらはいずれも作者の仮託に出たものでしょうが、前記品川の遊女の起請文の例から考えても、こういう文句の起請文はありえないわけではなく、実在したに違いないと考えます。そして、これをさらに実証するものは、「御用向願訴振合目録」という本に載せた左記文例です。

天罰起証文の事

一、そのもとどのと夫婦契約致し候ところ実正なり、しかる上はたといこの上親類兄弟何様の妨申候とも、われら少しも偽り申まじく候、もし相背き候はば、およそ日本六十余州の神々の御罰蒙り、あび大地獄へおち入り、永々うかむ瀬さらにこれなく候、よって天罰起証文くだんのごとし、

何ノ何月日

誰血判

誰どのへ

男は左の小指血判、女は右同断、但し女の方よりもこの趣にて文言敬い、男へ差入るべき事

〔原文〕

天罰起証《まゝ》文の事

一其許との夫婦契約致候所実正也、然上ハ縦此上親類兄弟何様妨申候共、我等少も偽申間敷候、若相背候ハゞ、凡日本六拾余州之神々之御罰蒙、あび大地獄えおち入、永々うかむ瀬更ニ無レ之候、

依て天罰起証文如件、

何ノ何月日

誰血判

誰どのへ

男ハ左ノ小指血判、女ハ右同断、但女之方よりも此趣ニて文言敬ひ、男へ可差入事

血判してありますから、いわゆる「血文」で、上記「血起請」にあたるものですが、「御用向願訴振合目録」は公私の証書の雛形を書いたものですから、それは実用を旨とするものであり、右の起請文雛形も実用されることを前提としています。すなわち、この種の起請文は実際に行なわれていたと解せられます。

前記起請文の雛形によると、男は左の小指で血判をし、女は右の小指で血判することになっています。男は左、女は右というのが、古来からの慣例のように思われますが、奈良時代から鎌倉時代ごく初期まで行なわれた画指《かくし》（文書の署名すべき個所に指をのせ、その関節の所に横線をひいて、その線の間の距離で個人を識別し署名に代える方法）でも、男は左の指、女は右の指を使うことになっています。古事記によれば、伊耶那岐命《いざなぎのみこと》と伊耶那美命《いざなみのみこと》と天《あめ》の御柱《みはしら》を廻ったときも、女性の伊耶那美命は右廻りをし、男性の伊耶那岐命は左廻りをしています。江戸時代は、犯罪事実を認めた口書にその犯人が爪印します（武士は書判しますが、庶民は爪判、牢内にいますから印を持っていません）が、これも男は左の親指、女は右の親指を使いました。西鶴の「好色一代男」巻三に、

「花川といへる男に起請を書《かか》せ、指しぼらせて、名書の下を染させけるに」とありますが、この場合、女は右手の小指をついて血を出したのでしょう。「類聚名物考」人事八に

起請文の後は無名指《クスリユビ》の血を出して判形とする事も、戦国の習はしに出たるべし、上古はその事見及ばず、男女の交の間にも起請あり、それは小指の血を絞るは、いかなる人の是等の事定めしにや、

とあるによりますと、小指の血を絞るのは、男女の契約の場合にだけ用いたので、一般的には薬指を用いたのでしょう。

起請文の効力として、「好色万金丹《まんきんたん》」に「貌《かお》をしぼられ、爪はなさるゝは、仏神をあだにちかひし起請の罰」とありますが、少なくとも、江戸時代後半期において、こういうことを本気で信じる人はあまりいなかったでしょう。

起請文には熊野の牛王《ごおう》と称する、熊野権現の使である烏を描いた紙の裏に書くことが中世より行なわれており、江戸時代でも、これが用いられたことは

約束に烏に指の血を吸はれ

という川柳の示すごとくです（「血を吸はれ」というのは血書したことをいいます）。しかし、のちになると、一般には牛王に書かないようになったらしく、右の品川遊女の起請文の用紙も牛王ではありません。

二六　保証のこと

前回までに、家質または質屋等について申述べましたが、さらに後述する田畑質、書入等の物的担保の他に債権を担保する方法に、人的担保としての保証の制度がありましたから、つぎにはこれについて記したいと思います。

ところで、江戸時代の保証の制度は遠く奈良時代からの流れをひいているのであって、奈良時代以来の沿革がわからないと、これを理解することはできませんので、筆を奈良時代から、始めることに致します。

奈良時代に制定された養老令の雑令《ぞうりょう》の中に左の規定があります。

　如《も》し負債者逃げ避《さ》れらば、保人《ほにん》代償せよ、

これは出挙《すいこ》という金銭財物（財物としては稲や酒が主なものでした）の利子附きの消費貸借に関する規定ですが、出挙の債務を負った者が逃亡した場合に、保人は代償の責任を負うものだと定めているのです。ここにいう保人は保証人の一種ですが、現行法にいう債務の保証人とは性質が大いに違っています。

現代の保証人は債務者が契約に従って債務を弁済しない場合に、一定の要件のもとに、これに代わって弁済する責任を負う従たる債務者です。債務者が弁済しない場合にだけ、弁済の義務を負うのです。ところが、右の令に規定した保人はこれと違って、債務者が弁済しないだけでは弁済の義務を負いません。保人が代償の義務を負うのは、債務者が逃亡したときだけです。たとえ、債務者が債務を弁済しなくても、逃亡さえしなければ、代償の責めは負いません。

簡単にいうと、現代の保証人は債務者が債務を弁済しない場合に弁償の義務を負うのに対し、保人は債務者が債務を弁済しない上に逃亡した場合にだけ、代償の責任を負わさせられたのです。それでは、なぜこういう保証人が生まれたかというと、それは、債務が弁済されないときは、債権者は債務者を労働させて、その賃銀で債務をなしくずしに弁済させることができたからです。くわしくいうと、つぎのようになります。

奈良時代でも借金の場合には、質物を差入れることが多かったのですが、この場合もし、債務者が契約どおりに期日に弁済しないと、債権者は質物を売却して、その代価を債務の弁済にあてることができます。そして質物の売却の代価では弁済に不足する場合およびはじめより質物のない場合には、債権者は役所に訴えて、裁判を経て、債務額の範囲内で、債務者の家宅と家財とを私的に差押えることができました。私的に差押えるというのは、自分で出かけていってあるいは代理人によって差押えることです。差押えた財産をもって債務の弁済にあてえたものと解されます。

この私的差押えで、債務が十分に弁済されれば問題はないのですが、もし不足するときは債権者は債務者を労働させて、その労働をその場所の普通の労賃に換算して、これをもってなしくずしに債務を弁済させることができます。このことを「役身折酬」すなわち、「身を役して、折ぎ《へ》酬う《むく》」といいました。すなわち、債権者には、最後には、債務者の労務をもって弁済を受ける道が開かれていたのであります。ところで、債務者をして労働させるためには、債務者がその住所地に居留していることを要します。もし、債務者が逃亡してその地にいなくなれば、債権者は債務者をして労働させることはできません。そこで、債務者がその地を去らないこと、逃亡しないことを保証する保証人が現われたのであり、この保証人が保人だったわけです。

すなわち債務者が「逃げ避《さ》れらば、保人代償せよ」という制度は、債務者の役身折酬《えきしんせつしゅう》を保証するものだったのです。現行法の保証のように、債務の弁済を保証する保証を支払保証といいますが、保人のように、債務者が逃亡しないことを保証する保証のことを、留住保証と称する学者もいます。

この養老令の保人の留住保証の制は日本で生まれたものではなくして、唐の制度にならったものであり、唐の雑令には、養老令の規定と同じものがあります。そして、唐代の借銭文書には、債務者が逃亡した場合に、保人が代償する旨を記したものが残っています。ただ役身折酬について、唐の制度では、債権者はまず債務者の家族中の男子を労働させ、男子のないときに、債務者自身を労働せしめることができましたが、日本の令では、債務者自身を労働せしめるにとどめています。

この留住保証の制は、唐にあっただけではなく、バビロン、ギリシャ、インド等の古代法にも見られるものです。

さて、このように唐から保人の制度が輸入されましたが、これだけでは、当時の日本の経済状態には不十分だったようで、これと相並んで、債務者が債務を弁済しない場合に、債務者に代わって弁済する現代の保証人と同じような保証人もありました。正倉院に残っている奈良時代の古文書に、債務者が弁済の期日に弁済しないときは、自分が返済する旨を約しているものがありま す。この種の保証人を償人と呼んだようです。この支払保証人としての償人が保人の制の輸入される前に現われたか、その後に現われたかは問題ですが、とにかく、奈良時代に保人、償人この両種の保証人があったことは疑いをいれません。

このように、保人は中国より輸入された保証人、償人は日本で発達した保証人であり、両者が奈良時代に併立していたのですが、興味あることには、この併立は江戸時代まで続きました。そして、その名残りは明治の初めまで見ることができるのです。

中世（平安時代後半期、鎌倉、室町時代）の保証人にも保人系統のものと償人系統のものとがありました。しかし、両者とも、請人と呼ばれていたので、たんに請人といったのでは、どの系統の保証人であるかわかりませんが、恐らくは、借金証文にたんに請人として加判（書き判をする）した者は保人的の責任を負い、証文の中で、債務者が弁済しないときに、代わって弁済する旨を約束した場合には、償人的責任を負ったものと思われます。

戦国時代になると、奥州の伊達家の法典である塵芥《じんかい》集に

口入《くにゅう》を相立、物を借候ところに、借主不沙汰《ぶさた》に至ては、口入人わきまへ、是を済《す》ますべし、

とあるように、債務者が債務を弁済しない場合には、保証人は当然弁済すべきであるとする分国法も現われてきました。古くは、特約がなければ、償人的義務は成立しなかったのが、保証人として加判したものは、こういう特約の有無にかかわらず、償人的義務を負うべきものとされたのです。すべての分国でこういう取扱いがなされたとはいえないでしょうが、償人的義務が重視されるようになったことは、これによってわかると思います。なお、口入人というのは、元来、契約成立の周旋をなす者ですが、平安時代末期以後、請人としての責任を負わしめられるようになったのです。

江戸時代になると、上記の傾向はさらに強められ、請人は当然に償人的義務を負わさせられ、保人的責任を負わせるためには、その旨を証文中に特約することが必要になりました。すなわち、中世法と逆になったのです。元禄十五年（一七〇二）に幕府評定所は、預り金および売掛金につき、債務者が死失した場合には、証文に「死失之文言」がなければ、保証人は責任を負わせない旨を申合わせています。「死失」というのは、死亡および失踪のことと思います。奈良時代には逃亡だけだのに、この場合にはそのほかに死亡が加わっていますが、すでに、平安時代の初期に債務者の死亡も逃亡と同様に取扱われることになっているのであり、その流れを汲んで、「死失

之文言」という文句が生まれたのでしょう。

右のような申合せがなされたのは、もちろん、当時の経済の実状にそうためだったのでしょうが、これでも金融の実状にそぐわなかったものと見え、宝永元年（一七〇四）に評定所では、売掛金につき、債務者が死亡した場合には、たとえ「死失之文言」がなくても、証人は代償の責任を負うべきものと定め、九年後の正徳三年（一七一三）には、

預ケ金買懸り等の出入、本人病死致し候ても、証人これあり、たとえ本人病死致し候とも、埒明くべき旨の文言はこれなく候ても、証人これある上は、向後本人死失の時は、証人に申しつくべき旨、

〔原文〕 預ケ金買懸り等之出入本人致二病死一候ても、証人有レ之、縦《たとえ》本人致二病死一候共、可《べき》二埒明《らちあく》一旨之文言ハ無レ之候ても、証人有レ之上ハ、向後、本人死失之時ハ、証人ニ可二申付一旨、

と申合わせて、これを確認しました。

すなわち、これによって、債務証書に「証人」として加印した者は、当然に、債務者がその債務を弁済しない場合およびその死失した場合に、ともに当然責任を負うべきものとされたのであって、ここに、保人と償人とが融合した新たな保証制が生まれたのです。

この後、文政三年（一八二〇）に、勘定奉行によって、借状に見える請人の保証文言が死失文言であるか、遅滞文言（債務者の弁済が遅滞したときに弁済すべき旨の文言）であるかによって、

区別をしようという提案がなされましたが、ついに採用されませんでした。

上記の史料で、証人というのは、保証人のことです。すなわち、江戸の奉行所では金銭債務の保証人のことを常に証人と呼んでいたのです。家や土地の賃貸借や奉公人の場合には、地請、店請、請人のごとく、請人と呼びました。これに対して、京都、大坂の町奉行所では、金銭債務を含めて、すべて、保証人を請人と呼びました。京都、大坂の町奉行所で、証人と呼んだものは証明人の意味でした。

なお、江戸時代を通じて、保証人の責任は一代限りでした。

二七　田畑質のこと

第二〇項で家質その他の質について記しましたが、つぎに在方で行なわれた田畑質について申述べましょう。

質という言葉は、古くより占有質すなわちその成立に目的たる物件の占有の移転を必要とする質と無占有質すなわち占有を移転しないで成立する質（現在の抵当権は無占有質の一種）との両者に通じて用いられました。もっとも中世では、占有質を入質、無占有質を見質《み》、差質《さし》と呼んで区別したこともありますが、すべての場合に区別されたわけではなく、両者を合わせて質と呼んでいました。ところが近世ことに江戸時代に入ると、占有質のみを質と呼び、無占有質は書入と呼んで区別するようになりました。書入《かきいれ》についてはのちに述べますから、ここでは質についてのみ申述べます。

町方における借金の担保としてもっとも確実であり、また有力だったのは家質ですが、在方においては田畑の質入れでした。

田畑の質入契約は質地の運命によって、三種に区別できます。

その第一は、いつでも請戻せる旨契約したものです。すなわち、質入主は随意のときに、元利を払って、質地を請戻すことができるものです。しかし、公事方御定書の規定では、質入後十年の間請戻さないと、質地は流れてしまいます。

その二は、質入期間（年季）を定めて、その期間の経過したときに請戻さなければ流地になってしまうという契約です。御定書の取扱いでは、年季明け以後二ヵ月以内に請戻さないと質流しになってしまいます。すなわち、二ヵ月の猶予期間が認められているのです。

その三は、年季を定めて、年季が明けたのちに請戻しうる旨契約したものです。この種の質田畑には流地の文言がないので、いつまでも請戻しうるわけですが、享保年間質入れの最長期を十年に限定したので、年季明け後十年間に請戻さない場合には流地となりました。

以上の三種の質地証文の文言の実例を挙げてみましょう。いずれも、どういう理由で金子何程を借用したについて、どの土地を質に入れるという意味の文言を記したつぎに、上記三種の文言が書いてあるわけですが、第一種のそれは、

　然ル上は、金子有合次第請返し申すべく候、

とか

　地所請戻之儀は、金子才覚いたし次第、

第二種の文言は

　返済之儀は、年季明け、何の何月急度《きっと》相済まし、地所請戻し申すべく、若返済滞候はば、質

地流地にいたし申すべく候、

第三種の文言は

尤年季明け、元金返済仕候はば、右田地相違なく、御返し下さるべく候、

のようなものです。第二種文言の質地証文を流地証文、第三種文言の質地証文を通例質地証文と呼びましたから、古くは第三種の文言の質地証文が普通だったと思われますが、のちには第二種の流地文言のそれが普通になりました。

江戸時代の債務契約については、普通、その内容につき、厳しい規定があるわけではないのですが、質地については、「六ケ敷《むずかし》」い「定法」が設けられていました。江戸時代には、百姓の所持する高請ある田畑の永代売買は禁止されていましたが、質流しはこの禁令の回避方法として、一番多く使われたのです。そして、幕府もこれを禁止することはなかったのですが、これに厳格な規定を設け、この規定に反する質入れは無効とすることによって、少しでも質流しによる田畑の移転を防ごうとしたものと思われます。

しかし、個々の規定については特殊の意味を有するものもあります。質地契約の成立には、質入主より質取主に対して質地証文を渡すことを要しましたが、質地証文にはかならず、質地所在地の名主の加印を必要としたごときは、名主をして、質田畑が質入主の所有であることを証明させるとともに、名主の帳簿に質契約を登記することによって、質権の設定に公示性を附与し、かつまた二重質を防ぐ効果があったものと思います。

このほかでは、年貢諸役は金主すなわち質権者が負担すべきことはとくに重視されました。この違反に二種あります。頼納および半頼納です。質地は質入期間中は、質取主がこれを利用して、収益を挙げて収取できるのですから、この質地に対する負担は質取主が負担するのが当然ですが、それを全部または一部質入主に負担させるのが、頼納または半頼納と呼ばれるものです。頼納は年貢諸役とも質入主が負担するもので、半頼納は年貢のみを質取主が負担して、諸役は質入主に負担させることをいいます。

上記したように、質取主は質地を用益できる建前でしたから、この収益が利子の代りになるので、債務者は利子を払うことを要しません。もし、利子を払うと、その契約は書入とみなされたことは家質の所で述べたとおりです。

質取主は質地を用益できますが、これに二つの方法があります。それは自分で手作《てづくり》する場合で、その二は質地を他に小作に出す場合です。他に小作に出す場合に二つあります。その一は、質入主に小作に出す場合であり、その二は、質入主以外の者に小作に出す場合で、前者を直《じき》小作、後者を別小作と呼びました。質地契約の成立には質地の占有を質取主に引渡すことを要しましたが、改めて、質入主をして質地を占有小作せしめるのが直小作です。直小作料は質地契約の利子にあたるものですから、直小作料を滞納すると、質取主は裁判所に訴えて小作人をして一定の期日までに弁済すべき旨の判決を得ることができ、そして小作人がその期日までに弁済しないときは、質入期限の到来前でも、質流しを命ぜられました。別小作料の滞納は質地の運命に関係ありません。

前に申したように、田畑の永代売買は禁止されていましたが、質流しは許されていましたから、質流しの方法によって、右の禁令を回避することも可能でした。そして、そのためにとくに工夫されたのが、倍金質です。これは初めから流すつもりで質入れする場合、質入主が請戻しが出来ないように、質入証文に、借金の金額を、田畑の実際の価格の二倍に記入することです。たとえば、価格百両の田畑を質入れするのに借金額をその倍の二百両と記載するのです。百両の価格のものを、普通、二百両払って請戻す人はありませんから、かならず流質になるわけです。もっとも、質入価格は実際の価格とは同じでなく、それより低いのが普通でした〔享保年間に幕府は田畑の質入価格を田地売買価格の二割引を基準としたことがあります〕から、右の勘定でも実際は二倍以上になりますが、倍数はかならずしも二倍でなくても、倍金質と呼んだのでしょう。

上記のように、江戸幕府は田畑の質入を、一般的にはそれが高請地であると否とにかかわらず禁止したことはありませんが、一時その質流しを禁止したことがあります。すなわち、八代将軍吉宗は享保六年十二月に左のような理由で、田畑の質流しを禁止しました。

しかれども、地方《じかた》の儀、かくのごとく申付け候〔質地流しを命じる〕えば、分限宜しき者は質流しに田地大分取集め、又は田地連《れん》々町人等の手に入候ようになり候、田地永代売御制禁にて候ところ、おのずから百姓田地に離れ候事は、永代売同然の儀に候条、自今質田地一切流地にならず候よう〔下略〕

〔原文〕　然共地方之儀如レ此申付候えば、分限宜キものは質流ニ田地大分取集、又は田地連々町人等之手ニ入候様ニ成候、田地永代売御制禁ニて候処、おのづから百姓田地ニ離候事は、永代売同然之儀ニ候条、自今質田地一切流地ニ不レ成候様〔下略〕

田地永代売買の禁令があるのに、田地の質流を許していては、田畑は富農または町人の手に入ってしまい、この禁令は空文になるから、これを禁止するというのです。のちに述べるように、延享ごろの吉宗は、質流しの形式で事実上田畑の永代売買が行なわれており、この禁令は空文に近いから、廃止したいという奉行の案に対して、禁令があれば一おう永代売買は思いとどまるであろうから、質入れの形式にさせる効果はあろうし、また質入なら請戻しも可能であるという考えで、質流しを当然のこととした上で、この禁令の存続を主張していますが、それよりやく二十年前の享保六年には、田地永代売買の禁令の趣旨に反するという理由で、この以後田畑の質流しを禁止したのです、そしてその経過措置として、質入年季中の小作米金を質元金の一割半に制限し、年季明け後は、元金のみを毎年一割半ずつなしくずしに返済させて、質地の請戻しをなさしめうるものとし、たとえ年賦期間内に元金を完済しないでも、質地は永久に流れることなく、幾年後でも元金を完済して、これを請戻すことができることに定めました。元金が弁済されない限り、永久に質地たる状態が続くのですが、そのほか、五年前酉《とり》年（元禄三年）以来の裁判で流地となったものについても、元金を残らず差出して、田地を取戻したいと願出る者には、請返させるようにしました。

享保六年の質地流禁止令の法令の反響は大きかったものと思われますが、その中でも、越後国（新潟県）頸城《くびき》郡地方に起こった質地騒動と出羽国村山郡（山形県）幕府の漆山陣屋支配の長瀞《とろ》村の質地騒動とはとくに有名です。家質について、大坂で家質騒動があったことを申述べましたが、田畑質についても、意味は違いますが、質地騒動が起こったのでした。越後の質地騒動はこの質地流禁止令を聞いた農民が質地の取返しを始め、実力で質取主を攻撃したことに端を発して、多くの犠牲者を出し、享保八年の流地禁止令の撤回後も運動は行なわれ、享保十年の大弾圧ではじめて鎮圧されました。

出羽長瀞村の質地騒動の場合は、享保六年の質地流禁止令が翌七年三月長瀞村名主の許に届きましたが、名主等はこれを農民に知らせないで、にぎりつぶしました。当時の長瀞村の田畑証文数は三百二十通、総金額三千九百八十両、債権者は四十六名、債務者は三百余人あったといいますから、もし質地流禁止令が村民に知られると、債権者が蒙る損害が甚大なので、これを秘密にしておこうとしたのです。ところが、その後質入人の百姓が他村から質地流禁止令を写して持ってきたので、その発布が村民に知られました。人々はこれを「徳政」と呼びましたが、八年一月より質入人の百姓等は対策を協議して、三百八十人の連判を取った上で、集合し、御触の条目を百姓中に申聞けないのは名主共の不届の至りであるから、質地流地とも金主すなわち債権者より取返し、その上過金、返り金等を引取ることを決議しました。過金、返り金というのは右禁令の認める以上に払った小作米金の意味でしょう。すなわち、とにかく、質地流地と余分に払った小作米金を取戻して、それから、元金を毎年一割五分ずつ返済しようというのです。やがて農民は債権者四十六人の家へ押寄せて、田畑質入証文三百二十通を取上げました。そこで、債権者達は代官役所に訴出たので、幕府は質入人十名および名主、組頭、債権者五名を江戸の評定所に呼出し、詮議の末、結局、百十四名が処罰されて、けりがついたのです。

幕府は一方では、これらの騒動にも刺激されたでしょうが、それでなくても、右の禁令で金主は田畑を質にとらないようになり、金融が梗塞したので、やむをえず、享保八年八月に享保六年の流地の禁令を廃止し、質地は享保六年以前の制で裁判することに定めたのでした。

二八　田畑永代売買の禁令のこと

前回で、田畑の質流しがしばしば田畑の永代売買の禁令の回避の手段として使われたことを記しましたから、つぎには、江戸幕府の田畑永代売買の禁令について申述べたいと思います。

田畑の永代売買を禁止したのは、江戸幕府が最初ではありません。戦国時代にこれを禁止した分国もありますし、江戸時代になってからでも、たとえば、加賀藩はすでに元和元年（一六一五）に田畑売買を禁止しています。しかし、その後代に与えた影響からいえば、幕府の田畑永代売買の禁止とは比較になりません。

江戸幕府の田畑永代売買の禁令は寛永二十年（一六四三）三月に出されました。この禁令を出すに至った事情を徴すべき史料はありませんが、何故幕府がこの禁令を発したか――もっとも表向きの幕府の意思ですが――を徴すべき史料はあります。

まず禁令の本文をつぎに挙げましょう。

田畑永代売買御仕置

一、売主牢舎之上追放、本人死候時は子同罪、

一、買主過怠牢、本人死候時は子同罪、
　但買候田畑は売主之御代官又ハ地頭え取上之、
一、証人過怠牢、本人死に候時ハ子ニ構なし、
一、質に取候者は作り取にして、質に置き候者より年貢役相勤候えば、永代売買同前之仕置、
　但頼納売といふ、
右之通、田畑永代売買御停止之旨被二仰出一候、

この四箇条の中、第四条は、前項に述べた頼納売に関するもので、その処罰が田畑の永代売買に準ぜられただけですから、田畑の永代売買に関係あるのは初めの三条だけです。

さて、この禁令を出した理由は、同年三月十日に、代官に出された覚書の中に見えています。すなわち、その第三条につぎのようにあります。

一、身上《しんしょう》よき百姓は田畑を買取り、いよいよよろしくなり、身体ならざる者は、田地を沽却《こきゃく》〔売却〕せしめ、なおなお身上成らず候間、向後田地永代の売買停止《ちょうじ》たるべき事

〔原文〕　一身上能《しんしょうよき》百姓は田畑を買取、弥《いよいよ》ヨロシク成《なり》、身体《しんたい》ナラサル者ハ田地令二沽却《こきゃく》一、猶々身上不レ成候間、向後田地永代之売買可レ為《たる》二停止《ちょうじ》一事

身上も身体も財産のことで、「身体ナラサル者」というのは、財産状態のよくない者という意味でしょう。すなわち、これによると、幕府が田畑の永代売買を禁止したのは、財産家の百姓は

田畑を買ってますます資産を増し、財産状態のよくない者は田地を売却（沽却）して、ますます悪くなるから、そういうことにならないようにするためだというのです。これは、代官に対する命令ですから、幕府の公けの態度を示したものということができます。そして、これが直接の原因だったといえましょうが、さらによく考えると、幕府はこういう貧富の懸隔がはげしくなることより生ずる色々な結果を恐れたものといえましょう。

田畑の兼併がはげしくなれば、村内は大地主と小作人との対立を見るでありましょうが、幕府諸藩の租税の負担者として、幕藩体制の経済的基礎をなしている村落がこういう状態になることは幕府の欲しないところであったでしょう。さらにまた大地主になるのが、普通の農民ならまだよいでしょうが、戦国時代以来の豪族や浪人に田畑を集中されると、かれらが幕藩体制に反抗する危険もあったでしょうから、こういう見地からもまた幕府は田畑の兼併を好まなかったでありましょう。

以上は一般的な原因ですが、この禁令が寛永二十年に出されたについては、十八、十九両年の飢饉が直接の原因だったろうと解されています。

以上はわたくしの考えですが、江戸時代にもこの理由について、色々の説がありました。二、三の例を挙げますと、荻生徂徠《おぎゅうそらい》は「政談」において、農民が田地を売って町人（商人）になるのを防止しようとしたのか、または当時の学者が百姓の田畑を律令時代の口分田《くぶんでん》と勘違いしたのかであろうといい、正司考祺《しょうじこうき》は「経済問答秘録」において、江戸近辺の農民が田畑を売って江戸に集まって町人になるのを防ぐためと述べ、真壁周秀は「地理細論集」において、百姓が田地に離れて困窮するのを防ぐためといい、筆者不詳「地方落穂集《じかたおちぼ》」においては、一面では金銀を多分に持った浪人、町人、百姓らが金銀に任せて田畑を買取れば、一村郡をも買取るようになり、ついには、その権勢を恐れないで一揆を起こすことを防ぐとともに、他面不如意の百姓が所持の田畑にはなれて退転するのを不便《びん》に思ったからである、といっています。

そこで、つぎに、この禁令の本文の意味を考えてみましょう。第一条は、売主は入牢させた上で追放し、本人が死んだときは、子は同罪たるべき旨定めます。本人が死んだときは子同罪というのは、本人が生きている場合は子を罰しないという意味ですから、本人の刑事責任が子に継承されることを意味します。似たような制度に縁坐《えんざ》があり、両者を混同している人がいますが、両者は意味が違います。すなわち、縁坐の場合には、本人が罰せられる上に親族の者が処罰されるのですが、この永代売買の禁令の場合には、本人すなわち親が生きている限りは子は処罰されないのですから、両者ははっきり区別するを要します。買主についても同じような規定がありますが、この刑事責任継受の規定は前後に類例の見られない独特のものです。

第二条では、買主は過怠牢に処せられ、本人が死ぬときは子は同罪、ただし買取った田地は売主を支配する代官または地頭が没収します。過怠牢というのは、元来、過怠と称する罰金の代わりに牢に入れることで、それが一つの刑になったものだと思います。

証人も過怠牢に処せられますが、本人が死ぬときは子が同罪という規定はありません。

つぎに、問題は、「田畑永代売買御仕置」という表題の「田畑永代売」という言葉の意味です。まず、田畑の所有者はどういう身分の人かというと、別に制限は定めてありませんが、上記のように、代官に対する命令を見ると、「身上《しんしょう》よき百姓」とありますから、少なくとも立法者の頭の中に考えられていたのは百姓持ちの田畑だったといえましょう。田畑そのものについても別に制限はありませんから、高請のある田畑であると否とを問わなかったと思います。

永代売買というのは、現在たんに売買というのと同じで、期限もなく、買戻特約もない売り切りのことです。ですから、百姓がその所有地を数年間の約束で売渡し、または買戻約款附きで売渡すことは禁止されていませんでした。

この禁令に違反した者の処罰の実例は寛永ごろのものは見当たりません。わたくしの知っている所では、天和三年（一六八三）の判決が一番古く、貞享、元禄ごろの判決があります。これらの判決を一々紹介する必要はありませんが、これらの判決について、二つのことが注目されます。その第一は、田地売買証文に、永代売という文言がなくても、買主の子々孫々まで名畑にする旨の記載があるとき、この文言がなくても、年季の定めがなく、また請返しの文言がないか、または祝儀金として、金を請取った旨の文言があるときは、永代売同然として処罰したことです。名畑というのは、田地につき所有地を名田《みょうでん》と称したのに対し、所有畑という意味で、名畑と称したのでしょう。その二は、天和、貞享ごろ以後は、本人が死んだらば、子を同罪にする旨の規定は適用されなくなったことです。

このような状態で、八代将軍徳川吉宗の享保時代が始まるのですが、吉宗は公事方御定書の編纂を企て、元文三年（一七三八）には田畑永代売買に関する規定の草案が出来ました。それはほとんど、寛永二十年の規定そのままでしたが、それが若干修正されて、公事方御定書下巻に収められました。左のごとき規定でした。

一田畑永代に売候もの　所払、家財不レ及《ば》二闕所《に》一、死候時は子同罪、
一同買候もの　過料、死候時ハ子同罪、
　永代売之田畑ハ取上、
一同証人　過料
一高請無レ之開発新田畑等其外浪人侍等所持之田畑　永代売無レ構《かまい》、

この第四条の「高請云々」という文言はこの時はじめて加えられたものですが、奉行のこの条文制定のときの伺書に「是ハ只今までの取計をもって相認め申候」とありますから、この時以前よりの慣行だったのですし、判例法として成立したものです。高請というのは、検地によって、高すなわち標準収穫高のきめられたことをいいます。

公事方御定書は寛保二年（一七四二）に制定されたのですが、その翌々年（延享元）に吉宗はこの条文の改正を発議し、評定所一座の意見をたずねました。第一条については、

右永代売は前々より御停止《ごちょうじ》に候、これは容易に田畑売払わせ申さず候ようにとの御事と相見え候、百姓さしつまり候えば、田畑質地に差入れ、流地にいたし申す事に候、元来所持

の田畑に放れ申したき者はこれなく候えども、年貢等不納致し、よんどころなき儀にて、御停止を忘却致したる事にて候、しからば向後所払には及ばず、過料は申付くべき事か、

〔原文〕　右永代売ハ従《より》二前々一御停止ニ候、是ハ容易田畑売払せ不レ申候様ニとの御事と相見《みえ》候、百姓差詰り候得者、田畑質地ニ差入、流地ニいたし申事ニ候、元来所持之田畑ニ放れ申度《たき》ものハ無レ之候得共、年貢等致二不納一、無レ拠《よんどころなき》儀ニ而、御停止を致二忘却一たる事ニテ候、然《しから》は、向後所払ニハ不レ及、過料ハ可二申付一事歟、

とあります。その意味は、田畑永代売の禁止は容易に田畑を売払わせないためである、差詰まれば百姓は田畑を質に入れて流すことはできるのだが、それだのに永代売するのは年貢等にさしつまって、やむを得ないという事情によるのであるから、所払という重い刑はやめにして、過料にしてはどうかというのです。

　右の文章で、百姓が田畑を永代売りするのは、永代売りの禁令に背く意思をもってするのではなく、よんどころない儀で禁令を「忘却」したからであると述べていますが、別に忘却したという証拠があるわけではないのであり、刑罰を軽くするために、そういう擬制を用いただけです。大岡裁判に対して、吉宗立法とでも呼ぶべきものでしょうか。

　第二条については、

　　右買候ものは、売放し候ものとは違い、よんどころなしと申す品これなく候間、田畑は取

上げ申すべき事に候、その上の過料には及ぶまじきやの事

〔原文〕　右買候ものハ、売放し候ものとハ違い、無レ拠と申品無レ之候間、田畑ハ取上可レ申事ニ候、其上之過料ニハ及間《ま》敷哉《じきや》之事、

とあります。すなわち、買主はさしつまってよんどころなく買うというわけではないから、買入れた土地は没収すべきであるが、これを没収する以上、その上さらに過料にする必要はないであろうというのです。

そこで、奉行はこの趣旨にのっとって改正案を作ったのでありますが、この際、売主買主ともに、親が死亡のときに子が同罪になるのが廃止され、また証人の刑は過料より一等軽い叱に改められ、また加判の名主の役儀取上の制が新しく設けられました。この延享元年に改正された規定が現在伝わる公事方御定書に載っているのです。つぎのものがこれです。

延享元年極
一、田畑永代に売候もの　当人過料
　　　　　　　　　　　　加判之名主　役儀取上
　　同　　　　　　　　　証人　叱
一、同買候もの　　　　　永代売之田畑
　　　　　　　　　　　　取上

従二前々一之例
一、高請有レ之開発新田畑等其外浪人侍等所持之田畑　永代売無レ構《かまい》、

この改正の際に、奉行より、吉宗のいうように、田畑に離れたい者はなく、やむをえず売買するのであり、ことに質流しの形式で事実上永代売買できるのだから、永代売の処刑は廃止しては如何と伺出たのに対し、吉宗は、この禁令は、一おう農民に土地の永代売買を思いとどまらせる効果があるとの理由で、これを廃止しないように指令したことは前項に述べたとおりです。

なお、寛保二年の成文には、証文の端書に「質地」とあっても、本文中に請戻文言の記載がなく、また端書に「譲証文」と書いてあっても、本文中に、祝儀金や礼金等を渡す旨の記載があるときは、永代売と同様に処罰すべきであるとの規定がありましたが、吉宗は延享元年に、この規定を削除しました。吉宗は、田畑永代売の禁令があるので、それを回避するために、質入れや譲渡の形式にするが、実際は永代売買であるから、請戻文言を入れなかったり、祝儀金や礼金等の文言を加えたりする、しかし、これは「下愚の輩」がいわば馬鹿正直に書くから、こういうことになるのであって、利巧に立廻って、請戻文言を入れて、普通の質入れの形式にし、祝儀金や礼金等を記載さえしなければ、咎にならないのであるから、あまり底意をさぐってはよくないというのです。

しかし、この吉宗の意向にもかかわらず、のちには、礼金付き、祝儀金付きの譲渡は処罰されています。もっとも、幕府としては、田畑の永代売を認めないのは、経済の大勢に逆向している

ことはよく知っていましたから、ある大名からの伺いに対して、関八州および伊豆には元文年間に田畑永代売買禁止の再御触（禁令）を出しているが、その他の地方では再御触が出されていないので、この禁令を忘却した者がいるかも知れないし、その所の仕来りには幕府も干渉できないから、処罰しない仕来りなら処罰しないでもよい、ただ問題の土地につき、下より訴出たときは、永代売買を禁止している藩では、しかたないから、永代売の咎に処するほかはないが、領分内の村々で右の禁令をわきまえていないような場合ならば、証文を書直さしてもさしつかえないといっています。すなわち、幕府でものちには田畑の永代売買の禁令を積極的に励行する意思はなかったのです。

幕府は寛永二十年に田畑永代売の禁令を出してから、多くの藩ではこの禁令を領内に施行しましたが、しかし、中にはこれを施行しなかった藩もあります。水戸藩や日向の延岡藩が知られていますが、盛岡藩でも禁止していませんし、幕末では、広島藩でもこれを禁止してはいなかったようです。上に挙げた指令に、永代売買を禁止している藩云々とありますが、これは禁止していない藩があることを前提としています。

この禁令の実効性を云々するときに、田畑永代売買証文の存在をその実効性のなかったことの証拠にあげることがありますが、そのためにはあらかじめ、その土地では田畑の永代売買が禁止されていたことを証明する必要があると思います。

二九　書入のこと

以上で質のことを申述べたので、つぎにこれに関連して、書入について記したいと思います。書入というのは、たんに借金証文に、自分はこれこれの家屋敷または田畑山林を持っているということを書入れることです。

江戸時代の記録に

書入と申すは、質地証文にこれなく、借金銀返済滞り候はば、地面相渡すべきの由の証文の事に御座候、

〔原文〕書入と申ハ、質地証文ニ無レ之、借金銀返済滞候ハヾ、地面可二相渡一由之証文之事ニ御座候、

とか

書入の儀は、定めのとおり、金子返済致さず候はば、地所屋敷等相渡すべき由の証文にて、その地面屋敷等先え渡置き候筋に御座なく、

〔原文〕書入之儀ハ、定之通金子返済不レ致候ハバ、地所屋敷等可二相渡一由

之証文ニ而、其地面屋敷等先ヱ渡置候筋ニ無二御座一〔下略〕

と説明しています。これらの史料によって、書入の成立には質の場合と異なって地所屋敷の引渡は必要ないのであって、債務者が、期日に債務を弁済しないときに、これに代えて、証文に書入れた不動産を債権者に引渡すことを約すときに、書入は成立したことがわかります。書入は結局、借主が借金のときにおいて、借金証文に載せた家屋敷地所を所有していること、そしてもし、借主が期日に弁済しないときに、これを弁済に代えて引渡すことを約したものであります。

書入の成立には、名主の加印は必要でありません。したがって、たとえ債務者がある家屋敷地所を書入れても、これが書入人の所有物件であることは何ら保証されていません。また質の場合には、名主の所にある奥印帳等と呼ばれる帳面に質地証文の写が保存されるので、質契約には公示性があったのですが、書入の場合には名主が関与しませんから、その契約には公示性がありませんでした。

債権者は債務不履行の場合において、書入物件の引渡を債務者に請求できました。この場合、債務者が契約の趣旨に従って、書入物件を債権者に引渡せばもちろん問題はないのですが、もし、債務者が引渡をこばんだ場合には、質地契約の場合と異なって、債権者は書入物件の引渡を裁判所に請求することはできません。債権者は裁判上はたんに、貸金の弁済を請求しうるに過ぎないのでした。この場合には、書入契約があっても、ないのと同じに扱われたのです。すなわち書入金の訴は普通の借金の訴と同一であって、何ら優先弁済の効力を有しなかったのです。

それでは、書入は法律上、全然無意味だったかといいますと、そういう訳ではありません。それは間接ではありますが、債権者の利益を保護しました。当時金を借りる場合、それが相当の金額であれば、無担保で貸すことは少なくて、多くの場合、不動産を担保にとって貸したものと思います。そして、その方法としては、質と書入とがあったわけであります。

質地も書入地も、通常、債務者の所有地でしたが、借入額は担保物件の価額の何割かに押えられたでしょうから、この額以上の借金はできないわけです。ところで質契約の場合には、前記名主の奥書加印の制がありましたから、二重質のおそれはあまりなかったと思われますが、書入の場合には、名主の奥書加印の制はなかったのですから、その土地が債務者の土地であったにしても、債務者が同じ土地を数人の債権者に書入れることがありえたのであり、この場合には、債権者は不当な損害を受けることがありえました。そして、民事的にはこれを防ぐ方法はなかったのですが、二重書入は処罰する規定がありましたから、債権者は二重書入による損害からは、罰の威嚇で保護されていたのでした。すなわち、公事方御定書下巻第三七条は、田畑屋敷を二重に書入れたものは、二重質の場合と同じように、追放に処する旨定めています。

なお、書入証文には、債務不履行の際には、書入物件を債権者に引渡す旨の証文のほか、債務不履行の場合に、書入人が書入地を質地として本債務の担保に供する旨約したものや、債務不履行の場合において、書入不動産を売却して、その代金を以て、債務の弁済に充当する旨約したものや、債務不履行の際に、書入地を債権者に引渡して、その収益をもって、債務の消却に充当すべき旨約したものもありましたが、いずれもその効力において上記したものと変りはありませんでした。

次に書入証文の実例を挙げましょう。

借用申す金子借入証文の事

一、金何両也

松木十年余に成る

松山一枚　　字何所

ただし三反歩余りの場なり、

松木三十年

松山一枚

ただし一町歩余りの場なり、

右は当何の御上納金に差しつまり、書面の松山二枚書入として、金子何両たしかに借用仕り候、御返済の儀は、世間並の利息を加え、来たる十二月二十二日までに残らず御返済仕るべく候、万一その節相滞り候節は、請人のわたくしども立合い、書面の松山二枚相渡し申すべく候、その節万一いか様の儀これあり候とも、加判のわたくし取りわけ、貴殿へ少しも御苦労御損毛相かけ申すまじく候、後日のため書入証文よってくだんのごとし。

年月日　　――○

村　——○

——○

〔原文〕

借用申金子借入証文之事

一金何両也

松木十年余ニ成

松山壱枚　字　何所

但三反歩余リ場也

松木三十年

松山壱枚

但壱町歩余リ場也

右は当何御上納金ニ差詰リ、書面之松山二枚為㆓書入㆒、金子何両慥《たしか》ニ借用仕候、御返済之儀は、世間並之利息加え、来ル十二月廿二日迄不㆑残御返済可㆑仕候、万一其節相滞候節は、請人之私共立合、書面之松山二枚相渡可㆑申候、其節万一如何様之儀有㆑之候共、加判之私取訳、貴殿え少も御苦労御損毛相懸申間鋪候、為㆓後日㆒、書入証文仍て如件、

年月日　——○

村　　──○
　　　──○

なお、質地契約は、それが債務者が利息を払う契約だったり、また質地証文に名主の加判のない不埒証文であったりすると、それは質契約としては取扱われず、書入契約とみなされたのでした。

書入は不動産のみならず、動産についても行なわれました。動産書入証文の文例を挙げましょう。

一札の事

一、金何両なり　　ただし文字金

右はよんどころなき要用の儀につき、借用申すところ、実正なり、来たる何月何日限りきっと返済申すべく候、自然相滞り候はば、われら所持別帳の品を書入置き候上は、違論なく貴殿え相渡し申すべく候、もっとも利足は何程の割合をもって、毎月相納め申すべく候、後日のため、品引当《あ》て証文よってくだんのごとし、

年号月日

何町誰店《だな》
借主　名
同請人　名

誰殿

〔原文〕　一札之事

一金何両也　　但文字金

右は、無レ拠《よんどころ》要用之儀ニ付、借用申所実正也、来ル何月何日限急度返済可レ申候、自然相滞候ハヾ、我等所持別帳之品を書入置候上は、無二違論一、貴殿え相渡可レ申候、尤利足は何程之割合を以毎月相納可レ申候、為二後日一品引当証文仍如レ件、

年号月日　　何町誰店

借主　名

同請人　名

誰殿

動産の書入は不動産のそれよりもなお、不確かだったと思われますが、文例が存するところをもって見ると、実際に行なわれたに違いありませんし、小説などにもその例が見えています。人身の書入も江戸時代初期にはその証文がありますが、半ばごろでも行なわれていました。中田博士の「徳川時代の文学に見えたる私法」には元禄時代のある小説（西沢与志「新色五巻書」）に、みのや平左衛門が三勝を書入れた証文なるものを載せています。もちろん、真物ではありませんが、大体の形式はこんなものでしたでしょう。

預り申す銀子の事

一、丁銀三貫八百五十目なり、

右の銀子預り申す所実正明白なり、いつなりとも御用次第に返弁申すべく候、もし右銀子御用の時分相立て申さず候はば、わたくし娘三勝をそなた様へ相渡し申すべく候、その時一言の申分これなく候、後日のため一札くだんのごとし、

大阪長町六丁目

預主みのや平左衛門判

年号月日

下市善右衛門様

〔原文〕

預り申銀子之事

一丁銀三貫八百五十目也

右之銀子預り申所実正明白也、何時なり共、御用次第返弁可レ申候、若右銀子御用之時分相立不レ申候者、私娘三勝を其方様へ相渡可レ申候、其時一言之申分無レ之候、後日之為一札如レ件、

大阪長町六丁目

預主みのや平左衛門判

年号月日

下市善右衛門様

附録

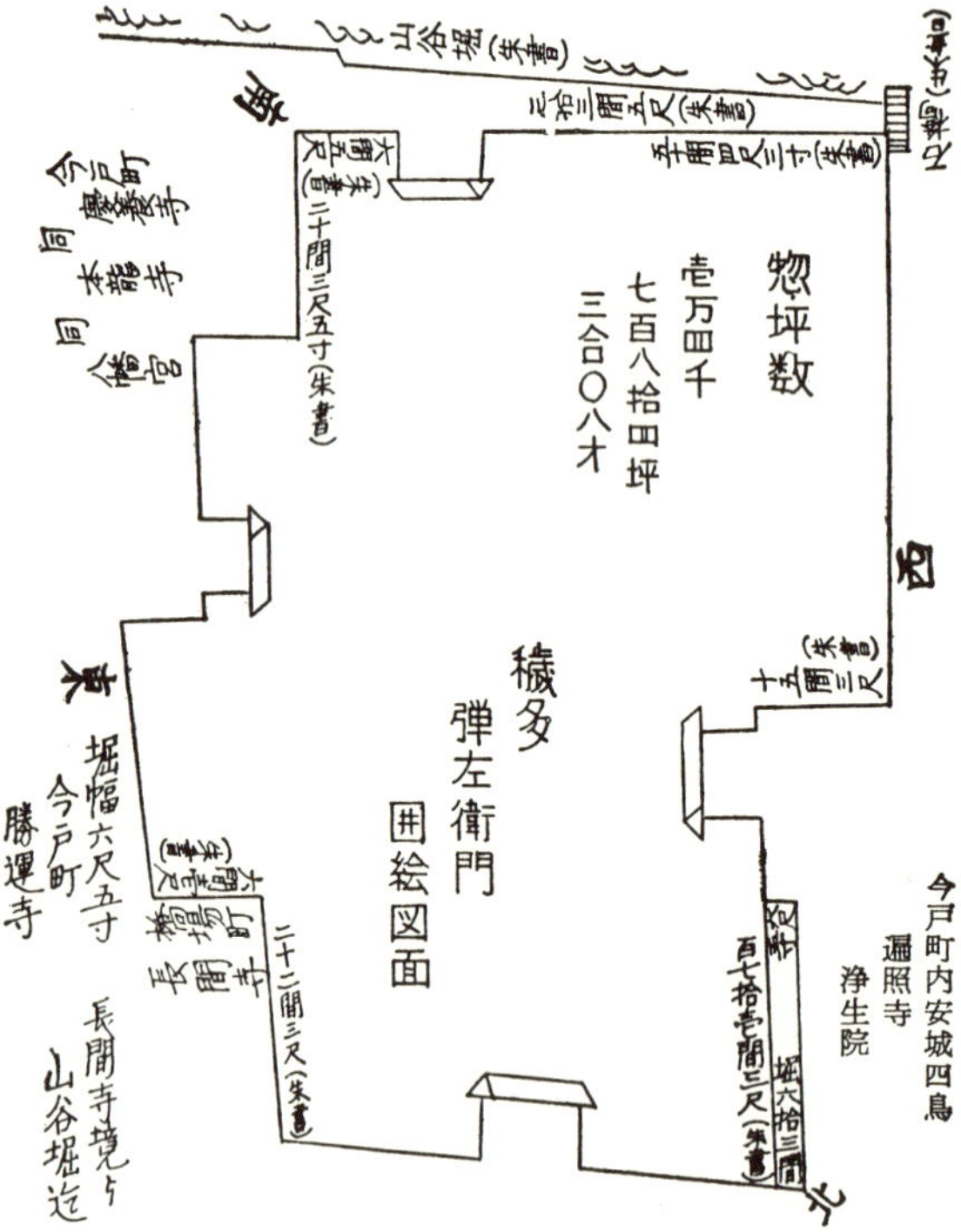

弾左衛門の囲絵図面（法学新報第六七巻第一〇号七三ページ所載）

弾左衛門

本書では、非人、かぶり乞食、猿飼、茶筅および夙について述べましたから、これに関連するものとして、序文に示しましたように、「徳川制度」中の、穢多頭弾左衛門に関する部分を掲載することにしました。もっとも、これは元来「穢多の一大族制」と題し、⑴穢多の起源、⑵弾左衛門の勢力、⑶弾左衛門の家系並に由緒、⑷弾左衛門の営業、⑸弾左衛門の年中行事、⑹弾左の徴税権と司法権、⑺弾左衛門の役人選挙、⑻穢多社会の雑事、の八項に分かれていますが、ここに収録したのは⑷以下だけです。⑴ないし⑶に述べるところは、あるいは、歴史的事実とは認め難く、あるいは、⑷以下と重複することが多いのでこれを省いたのですが、その中、歴史事実として重要と認められるものは、以下の解題の中に、引用しておきました。

穢多は、鎌倉時代弘安年間の史料に「ヱタ」とあるのを初見とし、室町時代には「ヱッタ」ともいい、穢多の字を宛て用いましたが、この語は「餌取《ゑとり》」に由来するものといわれます。特定地に集団して、生活するようになったのは、戦国時代に分国の領主が軍事上の必要から、これを城下町外の一廓に移し、革類の武器を製作せしめたのに由来するといわれます。

江戸時代の穢多は全国的な団体ではなくして、いくつかの集団に分かれていましたが、その中、最大のものが穢多頭弾左衛門のひきいるものでした。

本稿「弾左衛門の家系并由緒」には、

弾左衛門を単名と思うは誤りにて、弾は氏、名は左衛門、其姓《かばね》は藤原なりとぞいふなる。

とありますが、弾左衛門の幕府に対する書上において、御仕置の際に罷出る自分の手下を「矢のもの」というが、これは「私苗字ヲ矢野と申候故、矢の者と、唱ひ候に御座候」と見えていますから、弾左衛門の苗字は「矢野」だったというべきでしょう。もっとも、幕末維新の際に当時の弾左衛門は「弾直樹」と改名しましたから、この以後は、弾が名字になったのです。

弾左衛門の支配区域は、関八州と総称されますが、精密にいいますと、そのほかに、伊豆国全部と、甲斐、駿河、陸奥のごく一部で、その支配による長吏（穢多）の家数は嘉永ごろにはほぼ六千軒でした。

以下、本稿の順で簡単に解説します。

まず「弾左衛門の営業」です。革及び燈心の製造販売はその特権に属し、この特権を有するかわりに、幕府の必要とする陣太鼓、御太鼓をはじめ、一切の革類を無償で提供したのですが、江戸以外での革類の製造販売は平穢多でも行なうことができ、ただ弾左衛門配下の穢多は、その剥皮を弾左衛門のもとに送り、一枚につき銀一枚を納めて、その刻印を得るを要したのです。このように、革類の製造販売は穢多一般の特権でしたが、本書によると、関八州における燈心の製造販売（細工并商《あきない》）は弾左衛門だけの特権で、毎年燈心草の生育に適した村を十五箇村ずつ指名して、各村をして二百五十貫文ずつ製出せしめたのです。この「弾左衛門の家系幷由緒」によると、弾左衛門は、隔月甲子《きのえね》の日に配下の穢多をして、市中の問屋に売捌かしめたことになっていますが、弾左衛門由緒書によると、瀬戸物町小田原町の両辻で、役々の者六十五人の内が毎日罷出て無地代で商い、また浅草観音市場では毎年十二月に無地代で商いをしたことになっています。問屋に卸すほか、右の場所で、小売商いもしたのでしょう。

弾左衛門ははじめ、日本橋宮町に居住し、やがて、鳥越（現在の台東区浅草鳥越一、二丁目）に移り、さらに、正保二年（一六四五）に浅草新町（現在の今戸町の西の方、山谷堀の北）に移り、幕末までここに居住しました。新町は弾左衛門の支配場で、これを囲内といいました。そこに、太鼓、雪駄その他の革類の店が軒を並べていましたが、寛政の調べでは、囲内の手下の数は二三二軒、猿飼の数は一五軒でした。囲内の広さは、本書では一万四千四十二坪となっていますが、ある記録には、一万四千七百八十四坪三合八才となっています。一万四、五千坪の広さだったわけですが、当時の切絵図には「穢多村」として載せ、俗に「新町」と呼ぶといっています。その中に、大名の邸宅にも比すべき、二千六百四坪の弾左衛門の屋敷があったのでした。二七八ページ所載の図面がこれで、その詳細は、本書の記述に見えているので、省略しますが、文中中爵《ちゆうじやく》門というのは、その造りが鉄門のようであって、金具に真鍮《しんちゅう》を用いたものをいいます。

弾左衛門の生活が大名のそれのようであったことは、その邸宅のみならず、家従が大名のそれに類した組織になっていたり、家従女中が、これを「御前」と称し、また外出するときは、新町の中では「下に居ろ」と警蹕《ひつ》したことから知られますが、もとよりそれは新町中だけのことです。

「弾左衛門の年中行事」については、とくに述べるべきこともありませんが、ここで、弾左衛門の家計について一言したいと思います。弾左衛門の生計については、幸田成友博士に「弾左衛門の生活」(「日本経済史の研究」所収)があります。弘化三年より四年にかけての弾左衛門の収入および支出の一ヵ年分の調書の紹介ですが、これによりますと、かれのこの一年の収入は金五百九十七両と銭四百四十二文ですが、その中大部分を占める四百四十両二分二朱と銭九貫三百文は在方長吏より差出す家別役銀(一軒別二匁五分)と職場年貢銀です。前者は、長吏が一軒ごとに弾左衛門に納める税であり、後者は、長吏が牛馬の皮を剝切ったときに、弾左衛門より受ける刻印の料金です。支出の総計は七百二十二両二分と銭八十文ですが、その中、二百五十両ほどが、弾左衛門の暮し方そのほか座敷向建具畳等の修復料で、結局、百二十三両二分と十八文が不足になります。そのほか、当時かれは新旧の借財合計四千九百六十七両二分二朱を負っていましたから、少なくとも、幕末におけるその生活はあまり楽ではなかったようです。

「弾左の徴税権と司法権」も興味ある項目です。本書によると、弾左衛門はその配下の関八州の穢多九千八百五戸に一ヵ年一俵ずつの貢米を納めさせ、この米額が三千九百二十石となっていますが、前記弘化三—四年間の収入の調書では、一軒ごとに銀二匁五分の家別役銀を提出せしめることになっています。この相違はどういうところが出たのかわかりません。関八州の穢多の戸数の九千八百五戸というのも、嘉永ごろの弾左衛門の配下の穢多の総数約六千戸というのとも異なります。非人頭善七および松右衛門より「課役」に代えて莫大な額を納めしめたという記事もありますが、前記弘化三—四年の調書にはこの分は載っていませんので、検討を要するように思われます。

司法権については、弾左衛門は、その支配する穢多非人等相互間の犯罪については自分で裁判し、かつ処刑することができます。そしてこの場合、死刑も行ないえたことは、本書第四項（三六頁）において述べたとおりです。もし、事件が平人にも関連するときは、幕府や領主地頭などが裁判して刑を言渡しますが、刑の執行はその者が弾左衛門支配の者であれば、弾左衛門にこれを引渡して、その法に従ってこれを行なわせました。本記録に追放以上は罪状を具して奉行所に伺い、その指令を待ち云々とありましたが、伺出は必要でなく、届出をもって足りたようです。

「弾左衛門の役人選挙」に、御家老格とも称すべき者以外の上役下役とも、五年目に一回ずつ五百余人の触頭をして選挙せしめ、かつその理由をも投票用紙に書かせたとあるのは興味がありますが、開票が秘密であったのでは、弾左衛門の参考程度の意味しかなかったのかも知れません。

「穢多社会の雑事」において、平民より穢多に堕落した者はその入菰後十年間は、親類の懇請によって平民に立還ることを許したとありますが、江戸時代の穢多はすべて、生来の身分であって、平人がこの身分に移ることはないというのが通説ですが、実際はありえたようです。安政年間の町奉行池田播磨守が穢多の身分の卑賤なること平民に比して七分の一に過ぎずと判決したとありますが、わたくしはまだその判決を読んだことがないので、真否はわかりません。

弾左衛門の営業

弾左の営業は、概して、革の製造と燈心の製造とにて、供《とも》に専売の特権を独占したりき。勿論今時の如く法律上より特許を得るなど云ふことにはあらざれども、唯だ幕府の太鼓御用燈心御用等を勤めたるより、虎の威を藉る狐が御用の二字を利用して、専売の利を壟断したるものとは知られたり。されば幕府の調度は、皮類にまれ、燈心にまれ、御奉公と称して、無代価にて上納したりしは、暗に専売権に対して一種の納税義務を果せしものと謂ふも可ならん。幕府が弾左に命じたる革御用は、即ち陣太鼓、御太鼓（櫓《やぐら》用及び火消屋敷用の類）を始め、其他一切の革類にて、特に絆綱《はづな》の如きは、御城厩《うまや》は勿論武蔵府中の御厩、下総小金《しもふさこがね》御厩等にて所要の分迄も、尽く弾左の製造に係るものを用ひたりき。年々幾個の太鼓を納めたるや、其他の革細工品は幾何なりしやは、得て審らかならざれど、幕府御用の太鼓は栗毛馬の皮ならでは製すること能はざる制規なるをもて、其用ある時は、幕府より吏員を派出して、其原材料を検査せしめたりと云ふ。蓋し栗毛の皮は鼕《とう》々たる音響の殊にうるはしければとて、かくは撰択せられたるにこそ。荘周の所謂豊狐文豹其の皮災《かわわざわい》を為すのそれならで、栗毛の馬こそ死して余栄ありとも云ふべきなれ。さて又た、皮革の原料は何れより得たるやと云ふに、這《こ》は幕府御厩より以下諸大名諸旗本等の厩に於て、斃馬あれば、御厩よりは大概五百疋（一両一歩）を添へ、諸大名の分は多少の紙包を添て、直に之を弾左に下付したるなりとぞ。尤《もつと》も将軍家乗御の馬体には、金千疋（二両二分）を添て弾左に下渡さるゝの例にて、此馬に限りては、太鼓などに用ふることを許さずして、直ちに埋葬せしめたり。其の他民間に於て牛馬犬猫の類の斃れたるもの、一に皆弾左の収むる所なりしかば、革細工の材料は実に豊饒なる供給の道ありしと知るべし。左れども、革の製造の如き、又革類販売の如きは、弾左の一家にて尽く之れを行ひしには非らず。支配中の平穢多にも之れを許したり。例《たとえ》ば関八州に於て得たる斃馬牛の皮を其地の穢多が剝《むき》取りて、自家の商売用に供せんと欲するときは、一旦其の剝き取りし皮を江戸に送りて、弾左の刻印を請け、皮一枚につき銀一匁の税を弾左に納むるの規則なりき。

幕府の御用として弾左の納めたる燈心は、一ヶ年に五百貫目の定額にて、十一月初《はつ》の子《ね》の日を以て、上納するの例なりき。当時は行燈燭《あんどんしよく》台《だい》の類もて夜を照らす時代なりしかば、彼の千代田城に於る幾《いく》許《そばく》の間毎《まごと》々には、皆弾左手製の燈心の処得顔《ところえがお》に燈花を咲かして、貴公子の夜宴にも侍《はべ》り、御台所《みだいどころ》の石榴裙《せきりゆうくん》にも映じたりけん。穢多は穢はしとて、平民すら一杯の点茶を倶にするを嫌い、一燧《すい》の喫烟を同ふするを忌《い》みたるに、其の手製の燈心のみ、特《ひと》り大奥の雲深き辺《あた》りに立入りて、三百六十五日夜もすがら其寵を専にし、恠《あや》しむ人の絶えてなかりしもをかし。但し古文書によれば、大和国の長吏は昔時天子の高御座《たかみくら》に敷きませる金剛藺《ござ》を献上し奉り、御花畑の掃除をも仰せ承はりつることありしと云へば、穢多とてむげに醜業のみに従事したりとも覚えずなん。

さて燈心の原料即ち燈心草は、如何なる方法もて耕作収穫したるやと云ふに、家康公の御墨付《おすみつき》に、関八州の中何地を問はず、十五ヶ村に燈心草を培養せしむべき旨記しあるを利用して、弾左は関東八州中殊に燈心草の生育に適したる地を選み、毎年十五ヶ村宛《づつ》指名して、村名主に通牒し、各村二百五十貫目宛製出すべき旨を命じたるなり。さて十五ヶ村の名主等は穢多の命令いまはしくおもふものから、彼の御墨付の威厳は冒かすべきにあらざれは、唯々《いい》其の命に従ひて、村中の水田に燈心草を培養し、無代価にて弾左に差し出だしたるこそ是非なけれ。さて一村二百五十貫目十五村にて三千七百五十貫の燈心草の、一旦江戸に入りて、弾左の製造する所と為り、江戸市中は勿論、関東八州に於ける行燈用或は蠟燭《ろうそく》用の需用を充たしたる也。

燈心草の培養は関東八州中何れの地に命ずるも弾左の意の儘《まま》なりしが、其の好く生育に適したるは下総と常陸となるを以て、彼の十五ヶ村の指名に預かるものは此の二国に多かりしと云ふ。弾左の手代嘗て下総香取郡内井伊家の領地（井伊家の飛地一万石余ありし）に入りて灯心の作り方を命ぜしに、井伊家は当時大老の枢職に居りて威勢をさ〱飛ぶ鳥をも落すばかりなりければ、其の他の名主は此時こそ穢多の要求を拒絶するの好機会なれとて弾左の命を受けず、強て云はば、訴へ出づべしと脅《おびやか》したり。弾左の手代大に怒り、我家は権現様（家康）より燈心御用被㆓仰付㆒《おおせつけられ》、関八州の内御領地の外孰《いず》れの村方にても燈心の作り方勝手に申付けよとの御墨付を頂戴し居れり、御大老は一時の御役柄なり、御役柄も御家格も何為《なんす》るものぞとて、手強き談判に一歩だも退かざりしかば遉《さすが》に彦根の御領分の村方も閉口して、遂にその言ふが儘《まま》に、燈心を作り出せしとなり。又た寛保の頃穢多ども常陸なる水戸領内に入りて、例の如く燈心草の作り方を命じ、之れを拒むものは、東照公に対して理窟《りくつ》を云ふに異ならざれば、縦令《たと》ひ水戸殿の領内なりとも、用捨すべからずと説き廻りしに、村方大に不服を唱へ、彼れ穢多の分際として、恐れ多くも、水戸殿御領地に立入り、而かも燈心草を作れなど命ずるは不埒なり、或は騙詐《へんさ》の類が弾左の手代と称して来り欺くものか、いざ左《さ》らば、打殺して後々を懲らしめてんなど、村民挙《こぞ》って立ち騒ぎければ、手代の者大に驚き還りて主人弾左衛門に上申すらく、本年の作場は常陸《ひたち》で候へば、予《か》ね予ね御申付のごとく水戸殿領地へ立入り、十五ヶ村の燈心草を命じ候に、村民の激昂甚しくして、事によれば我等の命も危く候へば、止むなく逃げ還りて候ふと述べければ、弾左始めて辟易《へきえき》し、出張手代の心得違ひにて、御領に踏み入り、恐入りたる旨の詫《わび》証文を出して事済みとなりしが、是れよりして、水戸領のはふへと立入らぬ事とはなれりとぞ。彼の弾左が醜業の身として兎も角も国主大名の威権を冒かし、敢て良民の間に横行したること、如何にも不思議なるが如くなれども、是れ即ち東照公の御墨付を肩に着たるものにて、譬へば、卑怯なる犬の飼主を楯にして、道行く人を吠えさわぐに似たらんかし。さて燈心の売捌き方は隔月甲子《きのえね》の日配下の穢多をして、市中の問屋に売捌かしめたり。固より革類と云ひ、燈心と云ひ、当時弾左の専売に属したるをもて、彼れは需要供給の大法以外に立ちて、擅《ほしいまま》に相場を左右し得たるべしと思はるれど、今弾家に就て聞く所によれば、当時左《さ》せる弊害は全くなかりしとなり。是れ或は其の値段に就き、別に特別の制裁にてもありしものか不審《いぶか》しき限りなり。尚は遺聞あらば、探りて記することあるべし。

幕府御用の太鼓革類は無代価にて上納したることは前に記したる如くなれども、時には代価を下鼓されたることもありと見え、左の令達を弾左に下したることありき。

今度御陣為《して》二御用と一板目皮入用候間、方々へ相尋、矢部掃部殿へ可レ被二渡一、皮参着次第、代物の儀相渡可申候、為レ其如此候已上、

五月七日　内藤修理㊞

弾左衛門え

又御用にて革類を遠方に運送するときは、特に御伝馬（伝馬とは沿道宿駅をして幕府の御用物を無賃にて運送せしむるを云ふ）を以て運送したること、左の文書にて知るべし。

御此伝馬壱匹自㆓江戸㆒小田原迄無㆓相違㆒可㆑被㆑立候、鹿毛皮白皮に被㆑成候御用に参候もの也、

仍而如㆑件、

辰二月六日

青　常陸　判

内　修理　判

大　石見　判

長谷長左　判

伊　備前　判

右の文書によれば、鹿毛皮を小田原に送り、彼処《かしこ》にて白革に滑《なめ》したるものと見ゆ。弾左の営業《なりわい》は概《おおむ》ね右の如くなれども、尚は此の他に遁逃したる罪人の探索を任したるが如き罪囚御尋のとき、人足として穢多を差出すが如きも元《も》と彼れが営業の一部なりしが如し。但し罪人取扱ひの事は其の後何時頃よりか非人の受持となりて、直接に弾左は関係せざるに至れり。〔中略〕

弾左衛門の生活

今の浅草亀岡町一丁目二丁目三丁目は往時単に新町《しんまち》と称へ、一万四千四十二坪の一郭に、幾百とも知らぬ店の軒《のき》を駢《なら》べて、太鼓、雪駄《せった》其の他の革類を売捌きし所なり。是れ所謂穢多の故郷にて、彼の弾左が穢多頭として君臨したる版図なりき。市街の中央に二千六百四坪の地域を拓《ひら》きて、板塀いかめしく建て廻らし、をさ〳〵一万石の大名にも劣らざる邸第を構へたるは、即ち弾左の居宅にして。邸の表には長屋門あり。之を入れば、更に中爵《ちゆうじやく》門の設けあり。中爵門は当時大名といへども、容易に

許されず、徳川の御家門と二三の国主大名とを除くの外は、実に此の別天地の根城に之を看るのみ。中爵門を内に入れば、大玄関構《かま》への家宅ありて、大書院（四十畳敷）松の間、竹の間、梅の間、菊の間（各十二畳）てふ四君子の名に因みたる表座敷などあり。承塵《なげし》、床の間の造作等、いづれも大名の風を気取りて、華麗いふ許《ばか》りなかりしと、弾家の古老は親しく語りぬ。門は表門の外、猶北側の一方に勝手門ありて、弾左の奥方女中など是より出入し、又西側の裏通りに忍び門ありて、士族平民などが借金の為、出入するには、必らず此の忍門より身を忍ばせ耻を忍び、扨は人目を忍びたりとなん。邸内には本宅の外、別に金方《かねがた》役所と称する事務所ありて、茲に貸金の取扱いを為し、土蔵七棟には財貨を蓄へ、物置十一棟には営業品の皮類を納めたり、弾左邸の概況此くの如し。

弾左の家従は上役十五人、下役六十五人、小者七十人にて、孰《いず》れも新町に居住し、毎日弾家に勤任したり。上役は大名にて云へば、布衣《ほい》以上の格式にも当りぬべし。而して十五人の内、三人は御家老、三人は御用人、三人は公事《くじ》方奉行に、二人は御勘定奉行、二人は大目付、二人は御郡代とも、云ふべき役割にて、関八州支配の政務に与《あず》かるべき重役とこそは知らるれ。さて又た下役六十五人は御目見以上の格式にて、之れを大名に譬《たと》ふれば、御近習《おきんじゅ》役、御目附、御祐《ごゆう》筆、御用部屋、公事方《くじかた》、御勘定方、御郡代手附《てつき》の類ならん。その小者七十人は下役に附属して、夫々勤め向あり。武家に於る同心足軽にも比ぶべし。比の外非職にて革の製造に従事するもの七十五人あり、総計二百二十人の家従なり。実に恐ろしき程なりけり。

弾左の奥向にて召使ひの女中は概ね配下の娘にして、其の数十五人以上あり。いづれも美目《みめ》よきを撰みたるよしにて、大名の奥向に名物の椎茸髱《しいたけたぼ》に低鼻豊頰《ほうきよう》の肥健多かりしに似るべうもあらず。丸髷《まげ》、島田の髪さへいとあだめけりとかや。弾左の家従女中等は弾左を御前《ごぜん》と称し、又た左衛門様と称せり。

弾左が尊大の風想ひ看るべし。

台所には飯焚《めしたき》料理番など数人ありて、闔《こう》家の調烹《ほう》を事とし、食膳方丈など云ふべくもあらねど、日夕の料理なか〳〵に贅沢を極めたりとぞ。弾左の家斯くまで立派なるのみならず、文化文政の頃には、百七十万両余の金常にその金庫に収蔵せられ、田地は葛西、金町、越ヶ谷、上州太田の辺にて三千石を所有し、一万五千俵余の米穀は倉廩《そうこん》に充積したりと云ふ。左れば何不自由なきに似たれど、さりとて穢多は遂に穢多なり。花の晨《あした》、月の夕に訪ふて手を携ふべき交友もなければ、訪はれて一杯を倶にするの楽もなく、世間とは固より風馬牛も啻《ただ》ならざりしを以て、社交の狭隘なることいふ計りなし。是等の不自由あればにや、彼れは家居の贅沢に心を遣《や》りけん。

弾左は公用として自ら外出すること鮮《すくな》かりしかど、例年正月三日より八日までの中に、熨斗目《のしめ》麻上《かみ》下《しも》にて御老中若年寄三奉行の役宅に年始として廻礼することあり。其の行列は長棒駕籠、鎗、挟箱《はさみ》、合羽《かっぱ》籠等を持たせ、先供徒士《かち》は羽織袴《はおりはかま》両刀、駕籠《かご》脇近習は麻上下両刀を帯し、小者は真鍮金物付の木刀一本を挟むなど、上下の威儀菊の間大名（一万石）の行列に異なることなし。唯だ一事の他と同からざるは、鎗を竪立せずして、殊更に担《かつ》ぎ往くこと是れなり。されば、途人は堂々たる儀仗に逢ふて、大名かとおもふことあれども、忽ち鎗に着目して、扨て弾左たることを知れりとなん。

弾左の外出には公用私用を問はず、新町中「下に居ろ」を以て警蹕《けいひつ》したれども、其の妻乃至《ないし》娘に至ては、さることなかりし。但し妻及び娘等が上野の観桜などに出遊するときは、華顔嬌態少しも良家の人と異なることなく、或は大旗本の令嬢か、若しくは豪商の家内かとも見ゆるばかりの扮装なりければ、世人の疑を惹《ひ》くこともなかりしと云ふ。殊にかかるときは、自宅より舟にて両国橋まで潜行し、両国より上陸して、弾の家人たるを知らしめず。且つ順路に当る辻々に稼ぎ居る雪駄《せった》直し非人の類は、当日に限りて尽く追払ひの厄に逢ひたりといふ。

弾左衛門の年中行事

弾左の、正月の年頭に老中以下の役宅を廻礼したる儀仗の由々しかりしことは、前号に記せしが、当日老中以下の役宅に至りて、姓名を通ずれば、門番之れを玄関へ報道して、一声高く「弾左衛門」と呼び、故らに《ことさ》「殿」と称へず。さて弾左は門外に於て下乗し、熨斗目《のしめ》麻上下の扮装にて玄関に進み、「弾左衛門年頭の御祝儀を申上ます」と述べ、近習の穢多をして紅白の水引掛けたる立派なる紙包を呈せしむ。是れなん渠《か》れが年玉にて、其の品は手製の金剛草履《ぞうり》（束帯《そくたい》のとき穿《うが》つもの）なり。此の時老中以下役宅の取次の士敷台に下りて、弾左の礼を受くれども、唯だ佇立《ちょりつ》して頭を下げず、いと横柄に応接す。

弾左が官衙に出頭するは、年始の廻礼のみにして、其の他は三奉行所などより御用召を受くるも、自身に出頭することなく、家老用人格になぞらふべき手代を、代理として出張せしめたり。此の時出張手代の扮装《いでたち》は、羽織袴を着用し、両刀を帯び、若党草履取を供に連れ、左ながら大名の家来かと怪まるる計りなれど、生憎《あいにく》に袴の制を異にし、地は均しく仙台平小倉《ひらこくら》等もて仕立つれども、その裳《すそ》は必らず羅紗《らしゃ》、天鵞《びろうど》、羅脊板《らせいた》、黒八丈等もて縁《ふち》を取りたり。是を以て、少しく尋常の士と風標を異にしたるも是非なし。且つその帰途には、自ら刀を挾まずして、若党に担《かつ》がする制規なりしが故に、少しだに注意せば、扮装のいかめしきにも似ず、弾左の手下なることを知り得べかりしとなり。

彼の穢はしとて忌み嫌はれたる穢多社会にも、年たつ朝の晨曦《あさひ》は人間の階級を無みして、熙《き》々として麗《うら》らかに照り亘《わた》れば、彼等の心象も自ら春めきて、太平を謳歌する世の常にも異ならざりけん。正月二日は江戸在住の穢多惣出仕にて、弾左の邸に伺候し、下役以上は弾左に拝謁し、大書院に於て屠蘇を酌むの式あり。小者は親しく弾左に御目見を為すを得ざるをもて、玄関に至りて拝年の辞を述ぶるなど、なかなかに賑々《にぎにぎ》し。又た関八州在々に散布せる幾百部落の内五百人の触頭《ふれかしら》は皆江戸に上りて年始の礼を述ぶるの例なれども、正月早々より伺候することの得て望むべくもあらざれば、此等は二月十五日までに、思ひ思ひに新町の君邸に拝賀するなり。扨て年玉の進物は一定の制規もなけれど、上役共は羽子板鞠《まり》などを呈し、地方のものは其の地の土産を齎《もた》らし来れりとぞ。此の候問の礼は暑寒中元の節とも此くの如くなりし。

四月十七日は権現様《ごんげんさま》（東照宮）の御祭礼とて、弾左の家には赤飯を蒸し、ヘキ盆に盛りて惣穢多に振舞ひたり。是れ左もあるべきことにて、彼の一片の御墨付《おすみつき》ありて、此の陶朱《とうしゅ》「ロスチャイルド」の富を獲たるなれば、その洪恩こそ渠等《かれら》が身世を尽くしても感銘すべき所なりけめ。

盆には牛馬其の他の獣類を祭るとて、千住の常行庵に米二俵金五百疋を布施し、廻向《えこう》の料に取らするの例なり。平生牛馬犬猫の皮を利用して、彼等幾百千の営業材料と為すことなれば、さることも人情の天真に出でたるものとやいはまし。

十二月初子《はつね》の日をば子燈心《ねとうしん》として祝ふ。是れは幕府に燈心を納むる日柄《がら》なればにや。或は他に謂《いわ》れのありて、特に此日もて燈心を納めたるにや。兎《と》に角《かく》に此の日は穢多社会が営業上の祝日と知られたり。其の他初午《うま》の如き、五節句の如きも亦た、皆弾左の祝ふ所なれど、這《こ》は世間と異ならされば、茲に洩しつつ。

弾左の徴税権と司法権

弾左の家は、前にも記する如く、鎌倉時代より彼の二十八番の職業を手の下に属して虚威を張り、実利を収め来りしが、時移りて世は徳川の代となり、三代将軍家光公のとき、二十八番の中多くはその手を離るることとなり、唯だ一銭職（髪結床のこと）石切《いしきり》（石工のこと）紺屋職の三業のみ依然弾左に属して、月々冥加金を献納せしに、天明年間白河楽翁の老中となるに及びて、此の三業さへ亦た弾左の絆《きづな》を離れて独立するに至りしかば、爾後弾左の制を受くるものは自家直轄の穢多社会と非人社会との二者あるのみとなり、渠《か》れが模糊《もこ》たる歴史上の由緒に托して、叨《みだ》りに振り廻したりし権柄《けんぺい》も、世の推し移るに伴《つ》れて、その範囲を縮めぬ。

弾左が其の部下の穢多非人に対する権力をば、徴税権と司法権との二種に分つべし。即ち関東八州支配の穢多九千八百五戸より、一ヶ年一俵宛の貢米を収納せしめ、此米額三千九百二十石を穫たるが如き、非《ひ》人頭《にんかしら》善七より課役と称して毎月一千人の非人を無代価にて徴発使役するの権利を有し、月末に至りて其の月使用したる人数を計算して千人に充たざれば、其の残余の分は一人に付百三十文の賃銭を積りて却って彼の善七より徴集したるが如き、品川の非人頭松右衛門より五百人の非人を一日一人百三十文の代価に積りて月々上納せしめたるが如き、凡そ是れ皆渠《か》れが徴税の権もて獲たる濡《ぬれ》手に粟の攫《かく》打法なりしとは知らる。されば弾左の家百七十万の巨富は、唯だ革類燈心の営業上専売の利を網《あみ》したる瀦《ちょ》水のみにはあらで、利源は多く爰《ここ》に出でたりと見つべし。

按摩《あんま》鳥追《とりおい》の類も幾分か弾左に貢献したれども、這《こ》は塵銭と称して、弾左の内帑《ないど》には入らず、御用部屋役人の懐を肥やすに過ぎざりしとなり。

徴税権も驚くべけれど。司法権に至りては、更に驚くべきものあり。弾左固より一私人のみ。一石の家禄あるにもあらず。又た寸地の領地あるにもあらず。而かも其の同族幾万の穢多は勿論、非人等に対して、司法権を一握し、自ら裁判し、自ら刑罰したりければ、縦《よ》し其の法律は徳川大政府の制定に係る彼の御定め百ヶ条に遵由《じゅんゆ》したるにもせよ、又た追放以上の刑は一々町奉行に伺ひ出でて其指令を受けたるにもせよ、法律の運用は一に裁判官の手心に存する時代とて、幾万の生命は懸けて渠《か》れ弾左が一嚬《びん》一笑に依て決するものと謂ふも、不可なきに似たり。左るにても幕府は何故に司法権を挙げて渠《かれ》に一任したるやと云ふに、蓋《けだ》し所謂《いわゆる》夷《い》狄《てき》は夷狄の法を以て治むるの古言に徴し、醜類は醜類をして治めしむべしとの趣意に基き、幕府は成るたけ之れに直接するを欲せざりしに過ぎざりしなるべし。例《たと》へば、尋常の町家などを所有し居たる穢多が、平民に対する罪にて、財産欠所と為る時は、町奉行は決して其の所有の家屋等を官没せず、殊更に弾左に命じて之れを購買せしめ、扨て其の金を官納したりと云ふ。穢多所有の家屋にして穢はしければ、穢多の所有する金銭も穢はしかるべき筈なるに、彼を忌み、之を取る、五十歩百歩の取扱ひ、当時の政治も亦た奇ならずや。

　弾左の邸宅用部屋の脇に白洲《しらす》の設けあり。是れ実に穢多非人社会が冤《えん》を雪《すす》ぎ屈《くつ》を伸《のぶ》るの法廷なりしなり。扨て其の裁判官には弾左家の公事掛多く之に任じたれども、時には亦た主公自らすることあり。又た或は主公及び御家老の内聴ありて、裁判の理非を明にしたりとなん。冤はいかに雪がれ屈はいかに伸べられけん覚束なし。

　弾左が邸宅の向側に二千坪余の一構あり、是れ弾左一手の牢獄の所在とす。其の牢内の模様は一に傳馬町の牢屋敷と異ならざれば、詳かに述ぶることを休《や》めつつ檻倉は三棟ありて、二棟は穢多非人を入るべきものとし、一棟は町奉行所より預りの平民罪因を入れるべき所とせり。伝馬町牢獄の都合によりてか、平民の罪囚等を町奉行より往々茲に預け来ることありければなり。

罪科は一に皆幕府の法典によりて定めたれども、所刑は右牢獄の構内に在る刑場に於て執行し、追放以上は罪状を具して奉行所に伺ひ、其の指令を待つべき制規あるのみにて、死刑も亦た弾左の手にて行ひたりとはうたてや。

左の図は弾左に於て追放者処刑のとき黥したる法にして、右腕肩先より三寸下に於て巾三分長二寸五分の墨痕を印したり。此の黥痕あるものは、何地に往くも、顕はに弾左処刑の科人たることを標証したるなり。〔注「左の図」原本になし。本書三六ページ参照〕

弾左衛門の役人選挙

弾左の家従に上役十五人、下役六十五人、小者七十人ありしことは、前にも記したりしが、上役の中御家老格とも称すべきものは、古来丸山三右衛門、石原孫一両家の世襲する所なりしも、其の他の上役下役の類は、都《すべ》て関東八州の穢多より投票選挙せしめ、衆望の帰する所を抜て、之に任じたり。当時下は一家の内事より、上は幕府の大政に至るまで、社会の制度一に皆専擅に出でたる世に在りて、却《かえ》って此醜業中に公議を重んずるの風ありしこそをかしくも亦た不思議と言べけれ。扨て選挙は五ヶ年目に一回行ふ事にて、半数改選などいふにはあらず。毎回総選挙を行ふなりけり。但し弾左の都合によりては延期して、七年若くは十年に一回行ふこともありしよし。是れ等は弾君の大権に属したることにや。又た選挙は九千有余の惣穢多をして投票せしめたるにはあらで、五百人の触頭より封書もて投票せしめたり。此の触頭なるものは各部落に在て、村長とも云ふべき位置なれば、彼等は暗に其地の与望を集めて投票したりしにや。开《そ》ハ兎《と》も角《かく》も投票には単に何某を何役に挙たしと云ふとを記すに止《とど》まらずして、何某は何々の不都合あり何々の欠点ありなど、残る隈《くま》なく現任役人の非を挙げ、さて然るが故に、今回何某を推挙するなど記したるもあり。或は現任役人其の人を得たることを称賛して、任期を継続せしめんと言ふものあり。凡そ此の封書に於ては何等の不平を鳴らし、何等の誹謗を逞《たくまし》ふするも、措《お》て問はざるの規定なりしとぞ。左れば、此の投票は寧ろ弾左内閣の信任投票を諮《と》るものの如く、又た大臣の弾劾を許るすに似たり。左れども其の開票のときは、五百人の触頭が一々立合ふべくもあらず。又た立合人として代理など出したるにもあらず、畢竟弾家の主人及び二三の重役等が勝手に披閲したるに過ぎざりしをもて、果して誰が多数を得て誰は何点なりしや、彼の五百の選挙人と雖ども得て窺《うかが》ひ知ること能はず。唯弾家より今回何の誰当選して何役に任じたりとの布令に接して、始めて其の然りしことを臆測するに止《とど》まれり。されば今回は何某を当選せしめんと熱心するものは先づ豫《あらか》じめ弾家の専臣に苞苴《ほうしょ》を贈りて、其の歓心を得れば、専臣等は少数をも多数と称して、披露するが故に、意中の人を当選せしむること易々たりしとなり。収賄の弊は文明の世すら免かれず、当時醜族中に此事ありとて今更怪しむに足らずなん。

穢多社会の雑事

幕府より穢多に係る令達布告等出づるときは、弾左は之れを廻状と為して、関八州の触頭に送附し、遠次逓次《ていじ》に順達せしむるの例なれども、将軍家日光御社参とか、又たは将軍薨去のとき、鳴物停止などの至急を要する令達は、昼夜兼行の早飛脚を以て、各触頭に伝送したりとぞ。左れども、関東八州に散在する幾百部落の穢多は殆んど自治制の姿を為し、平生直接に弾左の支配を受くること鮮《すくな》く、各其触頭を戴きて、公共の事を所弁したり。故に大別帳の如きも、江戸在住のものは弾左の直轄なれども、地方の部落は各其の地に戸籍ありて、冠婚葬祭の如きも、其の地限り之れを行ひ、別に弾左に届け出づるの煩なかりしとなり。

穢多の所有地は概ね無税なりしかど、新に平民より買入れたる田地には、租税あること平民に異ならず。例《たと》へば弾の城下たる新町は、江戸市中に普通なる課役（課役とは間口一間に付若干の公費を課したる也）の負担を免かれたれども、越ヶ谷《こしがや》其の他に於て所有したる地面には租税を課せられたるの類なり。穢多の結婚は固より同族の外に出でざりしかど、弾左の妻に限りては、随分身元ある御家人抔《など》が窃《ひそか》に仮親を設けて結納《ゆいのう》したることありと云ふ。こも亦た渠《か》れが金嚢《きんのう》を拝するの徒ならんのみ。

穢多非人等が平民と公事《くじ》訴訟等あるときは、奉行所は直接に之れを召喚せず、特に其の地の村役人（平民の）に達して穢多何某召連れ可罷出《まかりいずべき》旨を命ずるなり。既に之れを召喚して白洲に入るるも、平民を筵《むしろ》の上に据ゆれば、穢多をば砂利の上に坐せしめ、又たは一段後に坐せしむるなど、事に触れ物にあたりて其の取扱を異にしたり。

足を洗ふと云うこと、往々諺に言ふ所なれども、這《こ》は中々六ヶ敷《むずかしき》事にて、弾家の作法より言へば、生来の穢多をば決して平民と為すを許さゞることとなり。左れども事によりて一旦平民より穢多界に堕落したる者は、其の入籍以来未だ十年ならざるものに限り、親属の懇請によりて、其の平民に立還るを許せりと云ふ。記者もこゝ、長々しく穢多族制の記事に逍遙したれば、最早足を洗ひて穢多社会の記事を畢《おわ》らんとするも、奈《いかん》せん、此社会の奇事異聞の読者に紹介すべきもの尠《すくな》からざれば、猶ほ一二日の紙面に続記すべし。

弾左の営業は前に詳悉《しょうしつ》したりしが、尚ほ其の配下に属する平の穢多は、何を職業と為し、其生活の貧富は如何なりしや。世人或は彼の弊衣竹笠を冠りて、街頭デーデーを呼ぶをもて、穢多の唯一職業と想ひ、彼等の生活も概《おお》むね此般《このはん》のものと憶ふものあるべけれど、這《こ》は穢多の中殊に貧乏なるものか、左なくば息子、養子、隠居の類の内職に過ぎざりしと知るべし。近頃の事なりけん、上野広小路の街頭巡査派出所の傍に莚折敷《むしろおりし》き雪駄《せった》直しの業を営む穢多ありけり。日々の事とて、査公の目にも自ら収利の多少を見分けたりしが、或日其の不景気なる様を愍《あわれ》み、今日の如き様子にて、汝が一家の口を支ふるに足るやと問ひしに、穢多答へて云ふ様、此の出稼ぎのみにては到底一家を支ふべくもあらねど、谷中に若干の地面を有するをもて、月々七八円宛地代の揚りありとて、更に憂ふる色もなかりしとなん。一を以て他を類推せんはいかがはしけれども、亦た以て彼等が内部のさほど貧しからざるを知るべし。但し穢多の職業の種類は矢張り雪駄日勤草履《にっきんぞうり》（竹皮緒《たけかわお》の雪駄《せった》）京草履（天鵞織緒《びろうどお》にして御殿女中用のもの）持草履《もちぞうり》（木綿緒にして武士の供に持たせるもの）及び燈心《とうしん》製造の類に出でざれども、其の原料たる革類、燈心草《ぐさ》の如きは、前にも記すが如く、革一枚に一匁など云ふ安価にて、弾左より買入るることを得るが故に、利益も自ら饒《おお》く、随分富有のものも尠《すくな》からず。殊に穢多の妻娘などは筆毫《ふでの》刷毛《はけ》雪駄表の類を製して、一日三十銭の利を収むること難からずと云へば、其生活のむげに低からざりしも理《ことわ》りなり。されば穢多の家に児を挙ぐるときは、大概非人などへ里に遣《や》りて、自ら養育せざりしも亦た、其妻女の業務あるが故ならんかし。

同じ雪駄にても、部落に拠《よ》て、牛皮を用ふると馬皮を用ふるとの制限ありしは奇なりと謂べし。例《たと》へば、新町の穢多は牛皮を用ひて雪駄を造ることを得れども、練馬《ねりま》村〔中略〕の穢多の如きは決して牛皮を用ふるを許されず。孰《いず》れも皆馬皮に限れり。若し敢《あえ》て牛皮を用ふるときは、弾左の法律之れを死刑に処するの規約なりしとは驚くべきに非ずや。

革晒《かわさら》しの場所は、部落毎に必らず其の設けあり。新町の部落にては弾左牢屋の裏に設けありしと云ふ。左れども、革細工の物品は尽く穢多の手にて製したりと云ふにはあらず。下駄の爪皮《つまかわ》の如き、皮具足の如き、又た金唐革《きんからかわ》、菖蒲革《しょうぶかわ》、正平革《しょうへいかわ》の如き、撃剣道具の如き、馬具の如きは、穢多営業の範囲を離れて、平民の職業なりしなり。唯だ穢多の方に於ては、此等の原料たる革類を滑《な》めして、夫々平民の職工に売渡したるに過ぎず。

江戸近傍にて斃馬《へい》ありて、持主より之れを引渡さんとて、弾左に言ひ遣るとき、弾左は直ちに之れを請取らず、道潅山の重助、山谷の五郎兵衛、葛西《かさい》の惣右衛門（倶《とも》に非人）をして順番に斃馬のことを司らしむる例なり。されば比三人の非人は其の手代を常に弾左家に出張せしめ置き、斃馬ありと聞けば、直ちに其の頭に通知して請取らしく、馬捨場（馬捨場には必らず馬頭観音を祭る）に持ち往きて皮を剝《は》ぎ、爪を取り尾を抜きて、弾左に上納するなり。此の三人の非人は斃馬の皮剝ぎに就き、別に利する所とてはなけれど、平生之れが為弾左より一里八町の勧進場を特許されたりといふ。

穢多には右の如き一定の職業ありて、自ら世間の競争場裏に立つの煩ひなかりしが故に、其の生活醜は醜なれども、亦た甚しき窮困者尠《すくな》く、女児を窃《ひそか》に売りて娼妓とするが如き醜事の却って之れなかりしは左もありなん。その外子弟教育の如きも、部落の内に寺子屋ありて、咿唔《いご》の声を聞けりとなり。寺子屋には盆暮一朱《しゅ》の謝儀を贈る例なれど、飯米其の他の雑費も亦た子弟の家より支給したり。

新町に鎮守神あり、穢多社会之れをイソジンサマと崇称す。今何の義なるを知らず。氏子は新町を限りにて、祭礼もまた此の町の外にかかづらはず。厘《わず》かに穢多どもの馳走するのみなれば、さまでの賑ひあるべしと思はれざるに、実際は中々の気組にて、七本の山車《だし》麗はしとも麗はしく練り出すキヤリの音調勇ましく聞えて、手子舞《てこまい》の意気姿も江戸の粋をや抜きけん。山谷《さんや》の芸妓の美形、イ組の兄の勇み肌に白縮緬《ちりめん》揃ひの単衣《ひとえ》を給し、祭礼三日の間の吾物に取入れてさんざめかせて、八百膳《やおぜん》仕出しの料理を饗応したるも事々しく、亦た彼等が金力の徳もて普通厭悪の情を圧服したるを知るべし〔？〕。左れば彼の芸妓舞ひ仕事師唄ふの歓楽は、彼等が平生人に嫌はるゝ不快の感を洗ひたる一服の清涼剤とも見つべし。但しその山車《だし》は新町以外に引出すことを許されざりしこそ、彼等が無限の恨みなりけめ。
弾左は八百膳《やおぜん》の大花主《だいとくい》にして浅酌低唱の間に醺《くん》を買ふこと常なりしが、さりとて八百善にては尋常の客間に弾左を請《しょう》ぜず。是れが為め特に一座敷を設け置きたりしとなり。されども何か差障りありて、其座敷に請ずる能はざる時は、通常の座敷に案内することなきにあらず。斯《かか》るときは弾左は翌日自費もて其の座の畳を取り替ゆるの例なりしと云ふ。但し這《こ》は平の穢多にもあることにて、彼等が忍びて遊廓などに入りしことの若し露顕するときは、其の家の畳建具を新調すべき義務あるものとせりとかや。

安政年間の町奉行池田播磨守が穢多の賤しさの平民に比して果して幾等なるやを数字にて諭示したるこそいみじくもをかしけれ。今其の顚末を聞くに、安政六年のことかとよ、山谷真崎《まつさき》稲荷の初午の日山谷の若者を穢多と端なく喧嘩を惹起し、竟に一人の穢多を死に致したれば、弾左は大に憤りて、直ちに之れを北の町奉行池田播磨守に訴へ出て、下手人を得て相当の刑に処せられんことを乞へども、播磨守示談を命じて、訴を取上げず。左れど弾左は再三強訴して止まざりければ、播磨守止むなく之れを評定所立合に持出し、提議一番して謂へらく、凡そ穢多の身分の卑賤なること平民に比して七分一の価に過ぎず、されば穢多七人を殺すにあらざれば、平民一人の下に人を出す能はざるものとす、若し強ゐて下手人を得人と欲せば、猶ほ六人の穢多を殺ろして後之れを出さしめんといひけるを、弾左は猶ほ嘆願すらく、一昨年（安政四年）竹屋の渡にて四人の酔漢女太夫（非人の女房）に戯れ、過ちて水中に擠し溺死せしめたることありしが、当時一人の死者にて一人の下手人を出せり、非人にして既に然るときは、我々と雖ども亦た、一人の死者に一人の下手人を出させしめて可ならずやといふに、彼れは四人の平民故《こと》さらに非人の営業を妨げて、水に溺らしめたれども、此は相対の喧嘩にて、理非固より分明ならざれば、彼此同一例として見るべからずとて、飽くまで聞届けなかりしとぞ。町奉行の説諭は頭こなし演繹《えんえき》的に論断したるものなり。穢多の身分は平民の七分一に価すと云ふ。知らず那辺《なへん》より此の数字を算出し来りしにや。奇《く》しく亦た怪し。兎《と》も角《かく》此の判決例ありてよりは、若者輩の喧嘩ありしとき、対手若し穢多なれば、打殺してしまへと云ふ声漸く高く、非人の方は却って少しく社会に優待せられしに至りしよし。蓋し是より先き穢多の輩世間に跋扈《ばっこ》して、良民を窘《くるし》むること尠《すくな》からざりしかば、播磨守殊に之れを戒飾〔?〕したるならん。左の文書は安永七年十月を以て令達されたるものにて、当時穢多の暴状を看るに足るべし。

近頃穢多非人等の類風俗悪《あ》敷《しく》、百姓町人に対し法外の働致し、或は百姓体《てい》に紛敷《まぎらはしき》旅篭屋煮《に》売《うり》小酒屋等へ立入、見咎《みとがめ》候得《え》者《ば》、六ケ《むずか》敷《しく》申掛、百姓町人等は外聞に拘り用捨致置く處法外致増長候〔中略〕

若し此輩見届候はゞ御料は御代官手代、私領は足軽差出召捕、御勘定奉行へ可相達候、本書は、１９８９年12月、明石書店から刊行された。

今回、明石選書版刊行にあたり、編集部の責任で、一部、ルビの追加および本文の修正を行った。

［著者紹介］

石井良助（いしい　りょうすけ）

一九〇七（明治四〇）年生まれ。東京大学法学部卒業。法学博士。東京大学名誉教授。一九九〇年文化勲章受章。一九九三年一月一二日逝去。

〈主要著書・論文〉

『江戸の町奉行』『吉原』『将軍の生活』『江戸の賤民』（いずれも明石選書）、『近世関東の被差別部落』（編・明石書店）、『日本法制史概説』（創文社）、『法制史論集』10巻（創文社）等

明石選書

江戸の遊女

2013年2月15日　初版第1刷発行

著　者――石井良助
発行者――石井昭男
発行所――株式会社 明石書店
〒101-0021　東京都千代田区外神田6-9-5
電　話　03-5818-1171
FAX　03-5818-1174
振　替　00100-7-24505
http://www.akashi.co.jp
装　丁――明石書店デザイン室
組　版――朝日メディアインターナショナル株式会社
印　刷――モリモト印刷株式会社
製　本――協栄製本株式会社
ISBN978-4-7503-3756-2
（定価はカバーに表示してあります）